U0886718

物联网工程专业系列教材

物联网系统架构

解运洲　编著

科学出版社
北　京

内 容 简 介

物联网技术旨在提升垂直行业的管理效率，各种网络技术都在积极适应垂直行业的应用诉求。全球各地运营商利用蜂窝网络为行业提供具备服务质量的物联网络，不管是 GPRS、LTE，还是 NB-IoT，或是大家期待的 5G 物联网，都是基于运营商的网络体系架构为物联网提供服务。

本书帮助读者在理解运营商网络优势的基础之上，从全局的角度掌握复杂的物联网系统架构，体会“云、管、边、端”的相互支撑和相互融合。本书以 NB-IoT 技术为基础展开阐述，涉及物联网系统架构、接入技术、硬件体系架构、软件集成开发环境、物联网操作系统、智能终端软件、物联网平台、工作流程设计、固件升级、产品认证、系统架构设计、产品设计实例等。

本书总结了物联网企业的产品设计经验，从总体到局部、从硬件到软件、从终端到平台、从理论到应用，既适合作为物联网从业人员的学习用书，也适合作为高等院校相关专业的教材。

图书在版编目（CIP）数据

物联网系统架构 / 解运洲编著. —北京：科学出版社，2019.9
（物联网工程专业系列教材）
ISBN 978-7-03-061991-4

Ⅰ. ①物… Ⅱ. ①解… Ⅲ. ①互联网络－应用－高等学校－教材 ②智能技术－应用－高等学校－教材 Ⅳ. ①TP393.4 ②TP18

中国版本图书馆 CIP 数据核字（2019）第 163603 号

责任编辑：赵丽欣 王会明 / 责任校对：马英菊
责任印制：吕春珉 / 封面设计：蒋宏工作室

科学出版社 出版
北京东黄城根北街 16 号
邮政编码：100717
http://www.sciencep.com
北京中科印刷有限公司 印刷
科学出版社发行 各地新华书店经销
*
2019 年 9 月第 一 版 开本：889×1194 1/16
2019 年 9 月第一次印刷 印张：18 1/2
字数：332 000

定价：58.00 元

（如有印装质量问题，我社负责调换〈中科〉）
销售部电话 010-62136230 编辑部电话 010-62134021

编 委 会

序

5G 时代的到来，物联网先行，5G 和物联网将极大改变社会的治理结构，决定未来智能产业的发展方向。物联网产业是新型基础设施建设的重要组成部分，不仅可以提升传统行业的管理效率，同时也会带来科技变革、产业升级、商业模式重构等重大变化。

中国的 5G 无线空口技术（RIT）方案基于 3GPP 新空口（NR）和窄带物联网（NB-IoT）技术。其中，NR 重点满足 eMBB（增强型移动宽带）、URLLC（低时延高可靠）的应用场景，NB-IoT 满足 mMTC（大规模机器连接）的应用场景。

对于 NB-IoT 的未来走向，3GPP 明确指出：NB-IoT 将继续服务于 5G LPWAN 场景，通过 R13/R14/R15/R16 逐步迭代到 mMTC，为海量的 5G 物联网需求提供支撑。

《物联网系统架构》一书从顶层设计出发，不仅介绍了相关理论知识，还涵盖了移动通信发展的脉络和演进趋势；同时结合市场产品的技术设计经验，为读者呈现了如何进行软、硬件系统架构设计，物联网平台设计，产品测试和一致性认证等；更为难能可贵的是利用开发板进行终端产品的实际动手操作演示，使读者深入了解实际产品的设计理念。总之，通过这一系统的理论学习、技术培训和动手训练，可满足市场对物联网系统架构人才的迫切需求。

作者解运洲 2017 年出版的《NB-IoT 技术详解与行业应用》一书，也是我写的序。作者近几年长期积极推广 NB-IoT 产业生态，对物联网的产业发展有了更深的理解。欣闻作者近期将出版《物联网系统架构》，借来手稿以阅之。阅后对作者长期工作在物联网第一线，对理论脉络的熟知、对核心技术的掌握、对物联网应用的实践和畅想非常欣赏。也很惊叹他对产业链相关理论研究所做的贡献，他不仅考虑企业的需求，还涉及了高等院校的教育培养体系，是一位非常有情怀和责任感的作者。

本书基于移动通信的系统架构，对 NB-IoT 技术进行详细的阐述。NB-IoT 经过短短三数年的发展，取得了引人瞩目的成绩，随着物联网的大规模部署，基于运营商体系的蜂窝物联网将是万物互联的重要组成部分。不管是在校学生，还是已踏入社会的工作人员，一旦掌握了 NB-IoT 的技术体系架构，将更容易获得 5G 和物联网领域的工作机会。

北京邮电大学网络与交换技术国家重点实验室主任、教授

张 平

前　言

万物互联，是我们对未来的憧憬！

物联网已经成为全世界公认的发展趋势，目前它正以极快的速度在全社会得到普及，改变着传统行业并提高它们的管理效率。未来几年，全球将有500亿台设备连接到物联网，由此带来的巨大市场潜力已经成为全球科技公司新的增长引擎。作为互联网的延伸，物联网利用各种通信技术把传感器、控制器等关联在一起，形成人与物、物与物之间的相互连接，最终形成产业生态的相互融合，为实际应用的领域打开无限可能。

在互联网时代，成功演绎了 B2C、B2B 的商业模式场景。而在目前物联网的发展阶段，B2B、B2G 的商业模式已趋向顶端，取而代之的是 B2B2C、B2G2C 的新型商业模式。这些场景的特点都是通过平台化的运营模式，降低运营和部署成本，至少服务三种对象的群体，并最终服务到人。

物联网在部署的过程中，曾经在技术上遇到过一些难题。新技术的诞生，很好地解决了物联网场景业务的诉求。NB-IoT（narrow-band Internet of Things，窄带物联网）技术就是新技术的典型代表。NB-IoT 自诞生以来，就携带了 5G 物联网的基因。NB-IoT 将逐步演进到 5G 物联网，这也意味着已经提前部署了为物联网服务的 5G 网络。

2016 年，随着 3GPP Rel-13 国际标准冻结，关于运营商部署 LPWAN（low power wide area network，低功耗广域网）的纷争告一段落，科研人员开始探寻 NB-IoT 技术的应用落地，其涉及芯片、通信模组、实验系统等各个领域。2017 年，全球范围内有 36 家运营商开始部署 NB-IoT 网络，全球一张网络的思维模式开始影响智能终端适应行业诉求的发展。2018 年，随着智能水表、智能燃气表、智能烟感、电动自行车监控等行业的积极探索，单体项目百万规模的 NB-IoT 应用项目渐次落地，全球有 68 家运营商部署了 NB-IoT 网络。2019 年，在政府、行业、消费者等多方面的努力下，具备千万规模部署的 NB-IoT 行业应用将越来越普遍。不久的未来，随着 NB-IoT 全产业链优势的发挥，上亿规模的 NB-IoT 连接必将出现并影响着各行各业。

在家中，采用 NB-IoT 通信的智能水表、智能电表、智能燃气表、智能烟感、智能门锁、智能空调、智能冰箱、智能洗衣机、智能新风系统、智能燃气报警器、智能净水器等智能终端产品将陪伴我们左右。

在城市的大街上，采用 NB-IoT 通信的智能路灯、智能停车、智能公交站牌、智能窨井盖、智能消火栓、智能垃圾桶、智能河道监测、智能污水监测、智能广告牌、智能古树保护、智能建筑监测、共享单车、电动汽车充电桩等智能终端将布满各个角落。

为了健康的身体，人们戴上了智能手表或智能手环；为了防范财产的损失，人们为汽车和电动自行车装配了追踪器；为了提高工作效率，人们广泛使用了智能工业表计、变电站监测、电力线监测、货物跟踪器、集装箱锁、车辆追踪器、风力发电监控、太阳能发电监控等。

面对各种各样的行业诉求，若想设计符合市场需求的智能终端产品，就必须具备物联网系统架构的全局把控能力。系统架构能力可以表现为抽象能力、整体规划能力、设计能力和沟通能力，需要站在业务的角度进行系统分解、技术选型、架构搭建，以及规范制定等。系统架构师必须要掌握主流技术的基本原理、应用场景，具备快速解决问题的能力。在客户提出诉求时，需清楚什么样的技术适合什么样的场景，并知道可能存在的风险。

有些人熟悉嵌入式系统，但缺乏对复杂的物联网系统的了解。有些人拥有 C 语言和单片机编程基础，但不知道如何设计具有联网功能的整体系统。有些人虽然知道用电池供电的设备对功耗要求很高，但不知道如何才能设计低功耗的智能终端。有些人在很多场合听说过“云、管、边、端”，但不知道这些字到底讲的是什么事情。有些人知道物联网操作系统非常重要，但不知道如何掌握 OS（operating system，操作系统）的基本技能。

编写本书的目的就是让读者真正掌握物联网的运行体系，能够从顶层设计全盘考虑物联网系统架构。物联网行业应用人员可了解整体系统的组成部分，芯片设计者可了解需要关注的重点，智能终端设计者可发挥各项优势资源，项目经理可作为工具书审视产品短板，初级工程师可寻找自己的职业方向，高校学生可探寻自己的兴趣点。

本书写作时得到了众多企业和朋友的大力支持，感谢华为、移远通信、ST、泰尔实验室、维力谷、艾拉比、桑锐电子等公司对本书的指导。为了使读者取得更好的学习效果，我们提供了配套开发板、培训课件和视频、实训案例、实训终端产品等，方便读者学练结合，尽快掌握物联网系统架构所需要的知识和设计、应用物联网的能力。联系邮箱：iot@zhiyeketang.com。

因为不懂，我们才要学习。

因为复杂，我们才要简化。

因为专业，我们才要系统。

因为需要，我们才要规划。

我们希望与大家一起，共同探寻物联网技术为垂直行业领域带来的精彩。

解运洲

2019 年 1 月 8 日于上海

目　　录

第 1 章
物联网系统架构概述

统观全局
高屋建瓴

1.1 物联网概述

物联网通过传感器实时采集数据，并对采集到的数据进行智能处理，反馈给运营管理平台实现高效管理或远程操控。因此，物联网具备三个主要的特征：首先是感知，最好是全面感知；其次进行传输，并且是可靠传输；最后进行处理，处理的超级境界就是智能处理，如图 1-1 所示。这三个环节缺一不可。

图 1-1 物联网的三个主要特征

> **什么是物联网？**
> 物联网是通过部署具有一定感知、计算、执行和通信能力的各种设备，获得物理世界的信息，通过网络实现信息的传输、协同和处理，从而实现人与物、物与物之间信息交换的互联的网络。

① 全面感知　利用传感器、摄像头等能够随时随地获取物体的各种信息。

② 可靠传输　通过各种电信网络和互联网的融合，将感知的各种信息进行实时准确的传递。

③ 智能处理　利用云计算、数据挖掘等智能计算技术，及时对海量的数据和信息进行存储、分析和处理，对物体实施智能化的管理。

从物联网的主要特征来看，在部署物联网应用的过程中，离不开互联网、云计算、大数据等技术的强力支撑，越来越多的物体连接到网络上，产生的数据量呈现指数级增长。和互联网有所区别，物联网和大数据相互交叉，因此收集、分析和理解物联网数据将成为关键。目前，在 AI（artificial intelligence，人工智能）的加持之下，更能凸显物联网作为基础建设的重要性。

物联网因为其“连接一切”的特点，具有很多互联网所没有的新特性。例如，互联网已经连接了所有的人和信息内容，提供标准化服务，而物联网则要考虑各种各样的硬件融合、多种场景的应用、人们的习惯差异等问题。相对于互联网，物联网需要更有深度的内容和服务，以及更加差异化的应用，也将更加人性化，这也符合人们不停地追求更好的服务体验的需求。

物联网的真正作用是提升各个行业的管理效率。行业的诉求开创了物联网垂直行业应用领域的创新大门，让几乎所有的传统行业认识到了智能化技术提升的必由之路。但是，物联网在部署的过程中，遇到了一些技术上难以逾越的问题。新技术的诞生，很好地解决了物联网场景业务的诉求，留足了行业用户发挥创新价值的想象空间。

1.2　物联网系统架构

在物联网领域，表现在用户面前的是物联网的应用层。物联网应用涉及国民经济和人类社会生活的方方面面，可满足各种行业的实际应用需求，并为智能交通、智慧医疗、智能电网、环境监测、工业监控等提供服务支持。

众多的物联网应用层决定了物联网系统应当具备的功能并对物联网服务设定了要求。同时，物联网应用层对网络层传输的海量数据进行及时的处理和控制，包括对数据的分类与整合、处理计算并对数据进行挖掘。

物联网应用层不但完成了对信息的处理整合工作，还负责构建服务平台，根据其他系统的需求对数据进行提取和挖掘，并为其需求提供服务。应用层是物联网为服务需求者提供的接口。

根据物联网的三个主要特征，物联网体系架构分为四个层次，分别是应用层、数据层、网络层、感知层，如图 1-2 所示。对于不同的行业应用，感知层、网络层、数据层分别对应了全面感知、可靠传输、智能处理的功能。

理念　我们在搭建和部署物联网系统的时候，一定要从垂直行业应用诉求出发，层层剥茧，采用合适的技术来搭建物联网体系架构，这样才不会纠结于物联网是不是碎片化的市场。

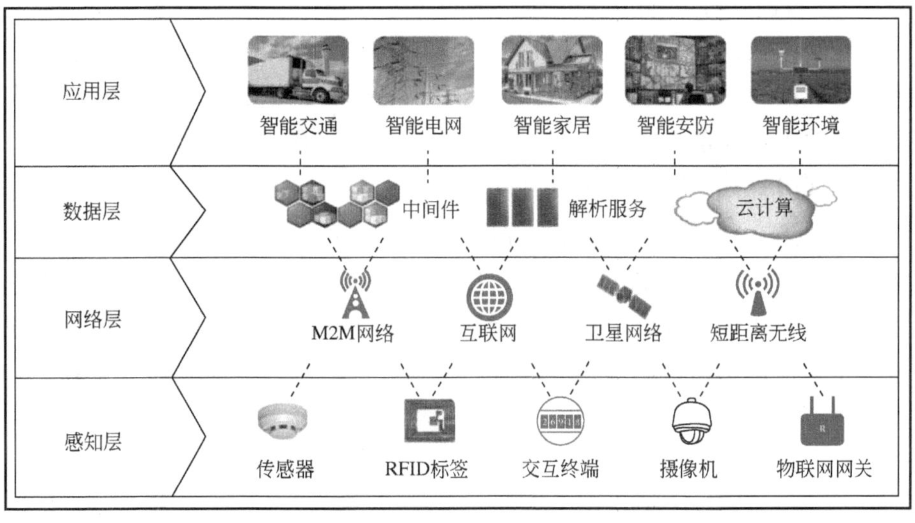

图 1-2
物联网体系架构

对人类而言，人们通过视觉、味觉、嗅觉、听觉、触觉等感知外部世界。而在物联网的世界，感知设备就像人类的五官和皮肤，用于识别外界物体和采集信息，解决的是人类世界和物理世界的数据获取问题。感知设备是物联网的基础，是信息采集的关键部分，我们熟知的感知设备包括摄像头、RFID（radio frequency identification，无线射频识别）、条码识别、二维码识别、GPS（global positioning system，全球定位系统）、各类传感器等。

传感器的存在和发展，让物体有了触觉、味觉和嗅觉等感官功能。传感器一般由敏感元件、转换元件、调理电路组成。敏感元件是构成传感器的核心，是指能直接感测或响应被测量的部件。转换元件是指传感器中能将敏感元件感测或响应的被测量转换成可用的输出信号的部件，通常这种输出信号以电量的形式出现。调理电路是把传感元件输出的电信号转换成便于处理、控制、记录和显示的有用电信号所涉及的有关电路。

在物联网时代，MEMS（micro-electro-mechanical system，微机电系统）传感器凭借着其体积小、成本低以及可与其他智能芯片集成在一起的巨大优势，已经成为传感器的主要生产技术。MEMS 传感器是由微传感器、微执行器、信号处理和控制电路、通信接口和电源等部件组成的一体化的微机电系统。MEMS 在手机、航空、航天、汽车、军事等领域都有着十分广阔的应用前景。

由于传感器感知到的信号人类是看不懂的，因此需要把这些信息传输到后台服务器进行解析。这中间就必须要利用各种各样的网络进行传输，如无线通信、光纤网络、卫星通信、有线通信等。物联网的发展离不开无线通信，无线通信技术随着不断的迭代，功能逐渐丰富，能够做到的事情也就更多。

对于广域网技术来说，包括 GPRS（general packet radio service，通用分组无线服务）、LTE（long term evolution，长期演进）等技术，已经发展得比较成熟；对于局域网技术，包括 Wi-Fi、Bluetooth（蓝牙）、ZigBee 等技术，也已经没有太大的想象空间。现阶段的低功耗广域网，包括 NB-IoT、LoRa 等技术，满足了很多行业应用场景的需求。未来 5G 网络，覆盖范围更广、涉及产品更多，将会不断涌现出各种创新的物联网产品与服务。

智能终端会产生大量的数据，后台服务器收集到这些信息后，对数据进行挖掘、分析和展示，并翻译成人类可以看得懂的图表数据。这需要依赖人工智能、云计算、边缘计算、大数据处理等技术，通过图形化的展示手段，形成各种各样垂直应用领域的物联网管理平台，如智能交通、智能电网、智能家居、智能安防、智能环境等。

1.3 物联网产业链

物联网产业链的演进发展是一个不断积累、不断扩散的过程。物联网体系庞大，参与者众多，为满足各行各业的智能化应用，“云、管、边、端”的物联网产业链划分得到了大家的认可。物联网产业链图谱如图 1-3 所示。

图 1-3　物联网产业链图谱

物联网技术是为行业服务的，行业应用包括智慧城市、智能交通、智慧医疗、智能制造、智能电网、智能安防、智能家居、智慧农业、智慧消防、智慧环境、智能园区等。

“云”，此处特指物联网云平台，是在云计算平台的基础上专门针对物联网应用的支撑技术。常规的包括 DMP 设备管理平台、CMP 连接管理平台、AEP 应用使能平台、BAP 业务分析平台，但随着云平台技术的演进，针对物联网云平台产业生态的建设越来越重要。

“管”，主要是通信管道，就是把感知设备采集的数据通过可靠的通信技术传输到物联网平台。在通信技术的演进过程中，目前和未来用于物联网的接入技术包括 GPRS、3G、4G、NB-IoT、eMTC、5G、LoRa、Wi-Fi、Bluetooth、ZigBee、以太网、Sub-GHz、光纤通信、卫星通信、量子通信、有线通信等。

“边”，就是边缘计算，随着智能终端的数据采集和处理性能的逐步加强，把全部数据都可靠传输到中心平台的压力越来越大，因此急需把计算向末梢前移，通过部署在网络边缘侧的智能终端进行数据处理，把提炼后的精简数据传输到后台，从而减轻通信管道的压力和释放中心服务器的算力。

“端”，就是各种各样的终端产品，主要是集成了各种感知设备，用来采集物理世界的信息，并翻译成机器可以理解的语言，如传感器、摄像头、电子标签、计量表计、地理位置、控制器等。

1.4 物联网接入技术种类

现实中，有很多种通信技术可以满足各种不同的通信需求，但是还没有哪一种通信技术可以满足所有的通信需求。有线连接稳定可靠，无线连接自由灵活。如果考虑成本、功耗、效率等因素的话，把数据传输到更远的距离以及传输更多的数据常常意味着更高的能耗和更高的成本。

物联网的世界不可能仅有一个标准，短距离与长距离多种通信技术共存是最合理和最能解决问题的手段。物联网应用需要考虑许多因素，如节点成本、网络成本、电池寿命、数据传输速率、延迟、移动性、网络覆盖范围和部署类型等。物联网接入技术种类繁多，目前已经大规模使用和未来有较大潜力的接入技术大致可归为四大类，分别是广域网通信技术、低功耗广域网通信技术、短距离无线通信技术、有线通信技术，如表 1-1 所示。

备注 在移动通信领域，因采用六边形描述基站覆盖的示意图，所以大家习惯性称之为“蜂窝网络”，而利用运营商基站搭建的物联网系统，习惯性称之为“CIoT（cellular Internet of things，蜂窝物联网）”。

表 1-1 物联网接入技术

通信种类	常用的通信技术
广域网通信技术	GPRS、3G、4G、5G、卫星通信、微波通信、量子通信等
低功耗广域网通信技术	NB-IoT、eMTC、LoRa、Sigfox 等
短距离无线通信技术	Wi-Fi、Bluetooth、ZigBee、Sub-GHz 等
有线通信技术	以太网、光纤、PLC、RS-232、RS-485 等

对于广域网通信技术，主要是基于运营商网络、卫星网络等，是实现长距离通信的主要手段。对于运营方来讲，整体投入成本高，覆盖范围广。但对于使用方来讲，不用关心网络覆盖和运营维护，只需关注如何高效利用即可。蜂窝网络的终端接入体系架构如图 1-4 所示。

图 1-4 蜂窝网络的终端接入体系架构

对于短距离无线通信技术，因网络范围覆盖有限，适合用户自主灵活的部署。若需要长距离通信，再通过广域网通信技术进行跨接。运营和使用通常融合在一起，设备、供电、选址、布线、维护、网优、扩容等都需要自主解决。

非蜂窝网络的终端接入体系架构如图 1-5 所示。

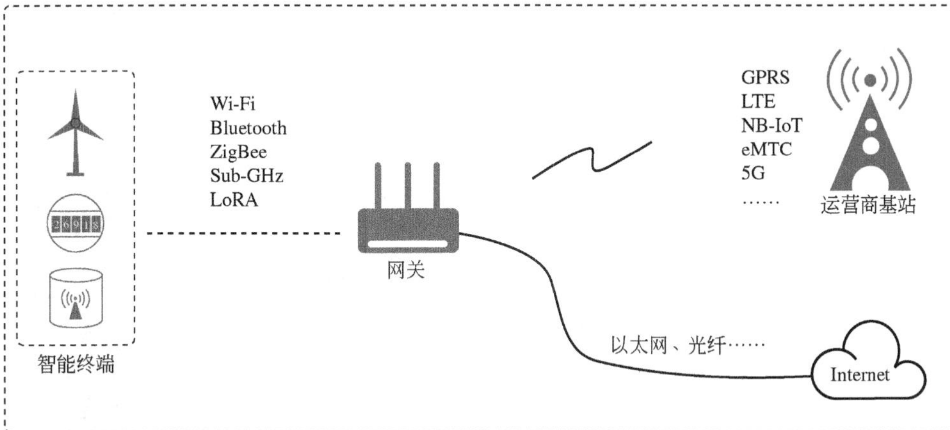

图 1-5
非蜂窝网络的终端接入体系架构

传统的蜂窝网络覆盖主要是针对人的诉求来设计的，在一些信号覆盖较弱的地方，我们可以移动位置或短暂忍受没有网络的世界。但是，对于物联网的部署场景，传统的蜂窝网络覆盖信号很弱甚至没有覆盖，如地下车库、远郊野外等，在安装位置无法变更的情况下，就要寻求较为复杂的解决方案，这会增加部署成本和维护难度。运营商的 GPRS 基站的频谱利用率很低，并发接入的用户数量有限，终端功耗也比较大，无法满足物联网应用的海量连接。

由于物联网实际部署的需求，需要成本较低、功耗较低、信号覆盖好、连接规模大的物联网接入技术，进而诞生了各种各样的 LPWAN 技术。

LPWAN 是面向物联网中远距离和低功耗的通信需求而演变出的一种物联网通信技术。LPWAN 技术特点主要包括传输距离远、节点功耗低、网络结构简单、运行维护成本低。LPWAN 技术的出现，填补了现有无线通信技术的空白，为物联网的更大规模发展奠定了坚实的基础。

备注 为了更好地理解 NB-IoT 技术，本书阐述的广域网通信技术主要是针对运营商网络，从 2G、3G、4G、5G 的技术演进之中，了解 NB-IoT 技术诞生的前因后果。

1.5 广域网通信技术

第一代蜂窝移动通信系统采用 FDMA（frequency division multiple access，频分多址），只能提供模拟语音业务，俗称“大哥大”，曾经是移动办公的主力军，目前偶尔可以在影视剧中见到。从 1991 年 GSM（global system for mobile communications，全球移动通信系统）第一次完成部署开始，移动通信产业一直在稳步发展，伴随着不断增加的带宽和网络速度，2014 年 3GPP（The 3rd Generation Partnership Project，第三代合作伙伴计划）在巴塞罗那举行的世界移动通信大会对 5G 进行了官方公布。

蜂窝网络是覆盖最广的陆地公用移动通信系统，从 1G 到 5G，移动通信网络之所以不断升级换代，性能不断提升，是因为人们对于高性能移动通信服务的需求一直未被充分满足。蜂窝网络的时代变迁如图 1-6 所示。

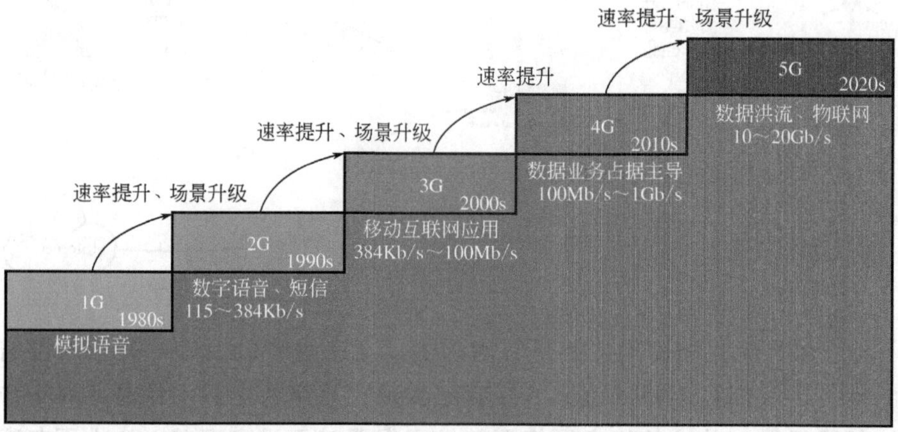

图 1-6
蜂窝网络的时代变迁

在 2G 网络的发展过程中，运营商的网络建设没有统一的规范，无法形成产业链的规模效应。因此，于 1998 年 12 月成立了 3GPP 组织，工作范围是为移动通信系统制定全球适用的技术规范和技术报告。

3GPP 由 6 个组织伙伴组成，分别是：

- 欧洲电信标准化协会（European Telecommunications Standards Institute，ETSI）。
- 电信工业协会（Telecommunications Industry Association，TIA）。
- 中国通信标准化协会（China Communications Standards Association，CCSA）。
- 日本电信技术委员会（Telecommunications Technology Committee，TTC）。
- 日本无线工业及商贸联合会（Association of Radio Industries and Businesses，ARIB）。
- 韩国电信技术协会（Telecommunications Technology Association，TTA）。

3GPP 制定的标准规范以 Release 作为版本进行管理，本书以 Rel-××代表不同阶段的版本编号。3GPP 以项目的形式管理和开展工作，最常见的形式是 Study Item 和 Work Item。

3GPP 共分为 3 个 TSG，分别为无线接入网（TSG RAN）、业务与系统（TSG SA）、核心网与终端（TSG CT）。每一个 TSG 下面又分为多个工作组，如无线接入网分为 6 个工作组，分别是无线物理层（RAN WG1）、无线层 2 和层 3（RAN WG2）、无线网络架构与接口（RAN WG3）、射频性能（RAN WG4）、移动终端一致性测试（RAN WG5）和传统基站射频和协议（RAN WG6）。

3GPP 官方网址：
https://www.3gpp.org

1.5.1　2G 通信

第二代蜂窝移动通信系统有 GSM 和 CDMA（code division multiple access，码分多址）两种通信方式。2G 的主要业务是语音通话，其特性是提供数字化的语音业务和低速数据业务。它克服了模拟移动通信系统的弱点，话音质量、保密性能得到了很大的提高，并可进行省内、省际自动漫游。

GSM 经过演进之后可以支持 GPRS 数据传输。GPRS 是终端和通信基站之间的一种远程通信技术，是 GSM 的延续，又称为 2.5G。GPRS 以数据包的形式进行传输，传输速率达到 56～114Kb/s。

GPRS 以封包方式进行数据传输，不独占频道，可以较好地利用 GSM 上空闲的频道资源。GPRS 终端在通信时需要使用运营商的基础设施，可以在信号覆盖范围内任意通信。随着业务量的逐步增加，由于 GSM 采用不同的制式，移动通信标准不统一，用户只能在同一制式覆盖的范围内进行漫游，无法进行全球漫游。由于 GPRS 带宽有限，限制了数据业务的应用，也无法实现高速率的业务，因此才有了后续更高带宽的网络建设。

在早期，GSM 是为人通话服务的，GPRS 主要是为数据服务。在远程通信的需求下，大家觉得采用 GPRS 是非常实用的技术，利用运营商基站的频谱资源，不需要自己布设基站或网关，只需交纳少量的数据流量费即可享受运营商的网络和服务。随着时间的推移和业务结构的发展，运营商需要投入大量的人力、物力、财力来维护 2G 网络的正常运转，甚至觉得现在频谱利用率太低，收取的流量费用还不够基站的电费支出和铁塔租赁。

备注　有些国家或地区的运营商直接关闭了 2G 网络，倒逼用户采用更新的技术和更优的网络。

1.5.2　3G 通信

第三代蜂窝移动通信系统是 UMTS（universal mobile telecommunications system，通用移动通信系统），包括 WCDMA（wideband code division multiple access，宽带码分多址）、CDMA2000、TD-CDMA，主要特征是可提供移动宽带多媒体业务。

备注　目前，大多数运营商已经不对 3G 网络进行投资，甚至已经开始关闭一部分 3G 网络。

中国国内支持国际电联制定的三个无线接口标准，分别是中国电信的

CDMA2000、中国联通的 WCDMA、中国移动的 TD-SCDMA。

3G 网络的部署，催生了智能手机的持续演进，也让大家逐步完成从利用 PC（personal computer，个人计算机）上网到手机上网的生活模式转变。

3G 缺乏全球统一的标准，所采用的语音交换架构仍然承袭 2G 系统的电路交换，而不是纯 IP（Internet protocol，互联网协议）的方式。3G 的业务提供和业务管理不够灵活，从技术架构上无法满足更高速率的服务。

1.5.3 4G 通信

现在，我们可以不用带着钱包去逛街，在乘车的时候办公或学习，躺在床上进行购物或视频聊天，这得益于在 4G 时代，微信、支付宝、导航地图等一系列手机 App 的大规模创新和应用。在 4G 的发展过程中，成就了即时通信、网络直播、移动支付、共享经济、在线教育等新兴行业，实实在在地改变了我们的生活。

LTE（long term evolution，长期演进）是第四代蜂窝移动通信系统的简称，也称 4G。LTE 有两种技术，分别是 FDD（frequency division duplexing，频分双工）和 TDD（time division duplexing，时分双工）。FDD 系统空口上下行采用成对的频段分别用来接收和发送数据，而 TDD 系统上下行则使用相同的频段在不同的时隙上收发数据。

因此，LTE 系统有两种制式，分别是 FDD-LTE 和 TDD-LTE，二者技术的主要区别在于空中接口的物理层（如帧结构、时分设计、同步等）。FDD-LTE 系统空口上下行传输采用一对对称的频段接收和发送数据，而 TDD-LTE 系统上下行则使用相同的频段在不同的时隙上传输，相对于 FDD 双工方式，TDD 有着较高的频谱利用率。

LTE 系统引入了 OFDM（orthogonal frequency division multiplexing，正交频分复用）和 MIMO（multi-input multi-output，多输入多输出）等关键传输技术，显著增加了频谱效率和数据传输速率（20M 带宽 2×2MIMO 在 64QAM 情况下，理论下行最大传输速率为 201Mb/s，除去信令开销后大概为 140Mb/s，但根据实际组网以及终端能力限制，一般认为下行峰值速率为 100Mb/s，上行为 50Mb/s），并支持多种带宽分配，如 1.4MHz、3MHz、5MHz、10MHz、15MHz 和 20MHz 等，且支持全球主流 2G/3G 频段和一些新增频段，因而频谱分配更加灵活，系统容量和覆盖率也显著提升。

LTE 系统网络架构更加扁平化、简单化，减少了网络节点和系统复杂度，从而减小了系统时延，也降低了网络部署和维护成本。在 4G 的标准之路上，

LTE 经历了 LTE、LTE-Advanced、LTE-Advanced Pro 三个发展阶段。未来即将成为 5G 时代。

1.5.4　5G 通信

未来，5G 将渗透到社会的各个领域，以用户为中心构建全方位的信息生态系统。

3GPP 作为国际移动通信行业的主要标准组织，承担 5G 国际标准技术内容的制定工作。5G 从移动互联网和物联网的主要应用场景、业务需求和各种挑战出发，3GPP 定义了 3 种重要的 5G 部署场景：

- eMBB（enhance mobile broadband，增强宽带移动通信）。
- mMTC（massive machine type communication，巨量机器类型通信）。
- uRLLC（ultra reliable & low latency communication，超可靠及低时延通信）。

5G 在提升技术指标的同时，切实考虑了场景化诉求带来的创新，自动驾驶、智能制造、远程医疗是大家期盼的场景，超高清视频直播、VR/AR（virtual reality/augmented reality，虚拟现实/增强现实）、全息成像等也许能渗透到我们的工作生活之中。同时，政府职能部门的管理结构有可能发生变化，定制化产品需求将改变工业生产模式，职业教育的方式将提高社会的生产效率。5G 将实现随时随地的人与人、人与世界的连接，形成万物互联的有机整体，极大地改善人们的生活质量，提高社会的运作效率。

4G 改变生活，5G 改变社会。这是大家对未来的期许，也是技术逐步迭代的结果。为人服务的网络向为场景服务的网络持续演进如图 1-7 所示。

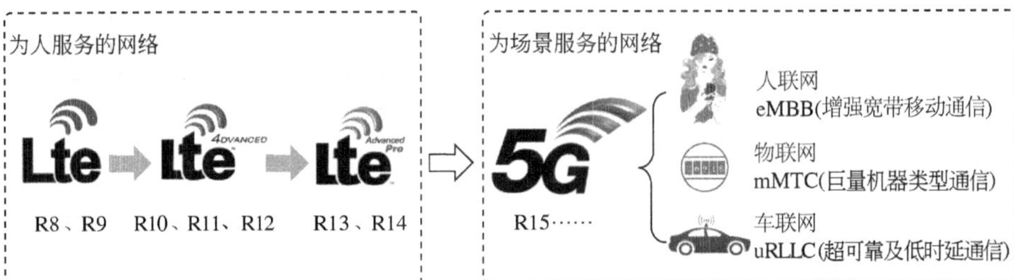

图 1-7
为人服务的网络向为场景服务的网络持续演进

5G 需要具备比 4G 更高的性能，支持 100Mb/s～1Gb/s 的用户体验速率，每平方千米 100 万的连接数密度，毫秒级的端到端时延，每平方千米数 10Tb/s 的流量密度，每小时 500km 以上的移动性和 20Gb/s 的峰值速率。其中，用户体验速率、连接数密度和时延为 5G 最基本的三个性能指标。同时，5G 还需要大幅提高网络部署和运营的效率，相比 4G，频谱效率提升 3～5 倍，能效和成本效率提升百倍以上。

5G 将在八大 KPI 指标上实现对 4G 的全面超越，如表 1-2 所示。

表 1-2　5G 和 4G 指标对比

名称	流量密度	连接数密度	时延	移动性	能效	用户体验速率	频谱效率	峰值速率
4G	0.1（$Mb/s/m^2$）	10 万/km^2	空口 10ms	350km/h	1 倍	10Mb/s	1 倍	1Gb/s
5G	10（$Mb/s/m^2$）	100 万/km^2	空口 1ms	500km/h	100 倍	100Mb/s～1Gb/s	3～5 倍提升	20Gb/s

未来，5G 将解决多样化应用场景下差异化性能指标带来的挑战，不同应用场景面临的性能挑战有所不同，用户体验速率、流量密度、时延、能效和连接数都可能成为不同场景的挑战性指标。

1.6　短距离无线通信技术

短距离无线通信技术有很多，常用的包括 Wi-Fi、蓝牙（Bluetooth）、ZigBee、Sub-GHz 等，还有一些小众市场的应用，包括 Z-Wave、RPMA 等。

1.6.1　Wi-Fi 技术

Wi-Fi 联盟官方网址：https://www.wi-fi.org

Wi-Fi 是一种短距离无线传输技术，又称 WLAN（wireless local area networks，无线局域网络），无线覆盖范围半径可达 100m。Wi-Fi 先后经历了 IEEE802.11（第一代）、IEEE802.11a/b（第二代）、IEEE802.11g（第三代）、IEEE802.11n（第四代）、IEEE802.11ac（第五代）、IEEE802.11ax（第六代）。Wi-Fi 版本发展路径如表 1-3 所示。

目前，智能手机、笔记本电脑、平板电脑等都具备 Wi-Fi 接入功能，我们在办公室、家庭、飞机场、火车站等场地都可以接入 Wi-Fi 网络。

表 1-3　Wi-Fi 版本发展路径

版本	描述
IEEE802.11	1997 年，发布了 IEEE802.11 标准，作为 Wi-Fi 的第一代标准，定义了 MAC（介质访问控制层）和 PHY（物理层）。物理层定义了工作在 2.4GHz 的 ISM 频段上的两种无线调频方式和一种红外传输的方式，总数据传输速率设计为 2Mb/s
IEEE802.11a/b	1999 年，发布了 IEEE802.11a/b 标准。IEEE802.11a 采用 5GHz ISM 频段，物理层数据传输速率可达 54Mb/s，缺点是覆盖范围小、穿透性差。IEEE802.11b 采用 2.4GHz ISM 频段，物联网数据传输速率可达 11Mb/s，缺点是抗干扰性差。虽然仍存在不足，但 IEEE802.11a/b 无论从速率还是价格上都相比前一代 Wi-Fi 标准有了很大的进步，移动性网络的优势也得到彰显，因此第二代 Wi-Fi 很快得到消费者青睐，尤其是 IEEE802.11b

续表

版本	描述
IEEE802.11g	2003年，发布了IEEE802.11g标准。采用2.4GHz ISM频段（与IEEE802.11b相同），物理层数据传输速率可达54Mb/s。IEEE802.11g设备向下兼容IEEE802.11b，都采用OFDM调制技术。在同样达到54Mb/s的数据速率时，IEEE802.11g的设备能提供大约两倍于IEEE802.11a设备的距离覆盖
IEEE802.11n	2009年，发布了IEEE802.11n标准。采用MIMO（多入多出）与OFDM（正交频分复用）技术，物理层数据传输速率提高到300Mb/s甚至高达600Mb/s。在覆盖范围方面，采用智能天线技术，通过多组独立天线组成的天线阵列，可以动态调整波束，保证用户接收到稳定的信号，并可以减少其他信号的干扰
IEEE802.11ac	2011年，IEEE802.11ac标准通过5GHz频带进行无线局域网通信，实现高达1.3Gb/s的传输速率，是IEEE802.11n最高速率的3倍，满足高清视频播放需求；可同时容纳更多的接入设备，提升网络覆盖范围，有效减少网络盲区；功耗上仅为之前产品的1/6，带给用户更好的移动体验
IEEE802.11ax	IEEE802.11ax最高支持8×8 MU-MIMO，上行和下行都支持MU-MIMO，引入了更为高阶的调制编码方案1024QAM，IEEE802.11ax则能达到1.73Gb/s，实现了4倍于上代Wi-Fi的速度。IEEE802.11ax还能进行更有效率的上行链路的管理，同时兼顾高数据量，并顾及物联网设备这种即时性要求高、但数据流量不是很大的需求

未来，5G移动通信的速度高达千兆级，在理论速度上已经超越了绝大多数家用的Wi-Fi。为了不被5G网络替代，也为了迎合未来无线环境的发展需求，第六代Wi-Fi技术——IEEE802.11ax应运而生，在继承了第五代IEEE802.11ac特色的MU-MIMO等技术的基础上，还引入了更多全新特性，更加符合未来物联网和智慧城市的演化趋势。

备注　很多城市部署的“无线城市”，就是采用AC+AP的组合方式进行部署。但在使用和维护的过程中，因局域网技术不适应广域网使用环境的诉求，变成了很多城市的“鸡肋”。消费者不愿意用，维护工作量大，商业模式不清晰。

Wi-Fi网络适合家庭或小型办公环境的部署，在第一次接入的时候，需要终端选择网络和输入密码，对于很多分散办公或商业部署的应用场景，用户希望输入一次密码之后，再也不需要重新操作。因此，Wi-Fi网络系统演进成AP（access point，无线接入点）和AC（access controller，接入控制器）的组合方式。

无线AP就是Wi-Fi网络的接入点，俗称“热点”。AP是连接Wi-Fi网络和有线网络的桥梁，主要作用是将各个无线网络客户端连接到一起，然后将无线网络接入以太网，从而达到网络无线覆盖的目的，是组建小型无线局域网时最常用的设备。

备注　AC+AP组合方式部署较为成功的应用场景为连锁店铺Wi-Fi网络和地铁Wi-Fi网络。

无线AC是无线接入控制服务器，负责把来自不同AP的数据进行汇聚并接入Internet，同时完成AP设备的配置管理、无线用户的认证、管理及宽带访问、安全等控制功能。

1.6.2 Bluetooth 技术

Bluetooth 是一种短距离无线通信技术标准，可实现短距离范围内电子设备之间的数据交换，广泛应用于智能手机、车载蓝牙、蓝牙耳机、平板电脑、鼠标键盘、可穿戴设备、智能手表、体重秤、血压计、血糖仪、游戏机等。

蓝牙支持点对点及点对多点通信，工作频段为 2.4GHz ISM，使用 IEEE802.15 协议，通信距离在 10m 左右。蓝牙的特点包括低功耗、体积小、成本低、覆盖范围广等。

目前，有 Wi-Fi 的地方，大多数都会有蓝牙的身影。

在手机厂商和计算机厂商的推动下，几乎所有智能手机、平板电脑、笔记本电脑都支持蓝牙通信，用户对于蓝牙的使用也比较多。之前，有大量用户觉得蓝牙使用起来很麻烦，每次断开连接后，都得在设置界面中手动选择一次才能重新连接配对。现在，两款带有蓝牙的设备在成功配对之后，重新连接时只要将这两款设备靠近，即可实现自动连接，完全不需要任何手动操作。

Bluetooth V1.0 版本是所有蓝牙版本的基础，但 1.0 版本并不成功，设备制造商在产品互操作性上遇到了一些困难。真正让蓝牙发挥作用的是后续演进的多个版本。截至目前，重要版本包括 V1.1、V2.0、V2.1、V3.0、V4.0、V4.1、V4.2、V5.0，蓝牙版本发展路径如表 1-4 所示。

表 1-4　蓝牙版本发展路径

版本	描述
Bluetooth V1.1	蓝牙 1.1 的传输率约在 748～810Kb/s，容易受到其他通信产品的同频干扰，虽支持 Stereo 音效的传输要求，但只支持单工通信方式，指标并不理想
Bluetooth V2.0	蓝牙 2.0 的传输率约在 1.8～2.1Mb/s，支持 Stereo 音效，支持双工通信方式，既可以语音通信，又可以同时传输文件
Bluetooth V2.1+EDR	蓝牙 2.1 使用数字密码进行配对与连接。手机可自动列出当前环境中可使用的设备，并且自动进行连接。蓝牙装置在开启蓝牙联机之后的待机时间可以有效延长 5 倍以上，开始支持全双工通信模式
Bluetooth V3.0+HS	蓝牙 3.0 的核心是一种全新的交替射频技术，允许蓝牙协议栈针对任一任务动态地选择正确射频。蓝牙 3.0 的数据传输率提高到了大约 24Mb/s
Bluetooth V4.0	蓝牙 4.0 包括传统蓝牙技术、高速技术和低耗能技术，最重要的特性是省电。此外，低成本和跨厂商互操作性，3ms 低延迟、AES-128 加密等诸多特色，可以用于对成本和功耗都有较高要求的无线方案
Bluetooth V4.1	蓝牙 4.1 可以以更高的速率传输批量数据，但仍然不可以传输流媒体视频。蓝牙 4.1 能够更快速地将跑步、游泳、骑车过程中收集到的信息传输到手机等设备上，用户就能更好地实时监控运动的状况

续表

版本	描述
Bluetooth V4.2	蓝牙 4.2 改善了数据传输速度和隐私保护程度，可直接通过 IPv6 和 6LoWPAN 接入互联网。在新的标准下，蓝牙信号想要连接或者追踪用户设备必须经过用户许可，否则蓝牙信号将无法连接和追踪用户设备
Bluetooth V5.0	蓝牙 5.0 的传输速度上限为 2Mb/s，是之前 4.2LE 版本的两倍。理论上，蓝牙 5.0 发射和接收设备之间的有效工作距离可达 300m。蓝牙 5.0 增加了导航功能，可作为室内导航信标或类似定位设备使用，结合 Wi-Fi 可以实现精度小于 1m 的室内定位

蓝牙系统由无线射频单元、链路控制单元、链路管理单元和协议栈单元四个功能单元构成。

① 无线射频单元　负责数据的发送和接收，其天线被设计成小巧灵活型。

② 链路控制单元　它描述了硬件将射频信号转换成数字信号，处理基带协议和其他一些底层常规协议。此外，建立物理链路、差错控制、验证和加密也是链路控制单元的处理范围。

③ 链路管理单元　建立与其他蓝牙设备之间的链路，验证和配置相应的数据，实现管理设备之间的通信。

④ 协议栈单元　负责完成数据流的过滤和传输、连接的建立和释放、链路的控制、数据的拆分和封装、QoS（quality of service，服务质量）、协议的复用和分用等功能。

蓝牙联盟官方网址： https://www.bluetooth.com

备注　蓝牙与其他无线传输标准一直处于竞争的状态，目前蓝牙的最大优势在于每部智能手机都支持蓝牙功能。当标准升级改版时，在芯片的助推之下，各家智能手机都会支持最新的蓝牙标准，也方便我们通过智能手机控制各种智能终端。

1.6.3 ZigBee 技术

ZigBee 基于 IEEE802.15.4 无线标准研制开发，是一种短距离、低速率、低功耗、双向通信、可自组织的无线通信技术，主要应用在工业、农业、医学、智能家居等领域。

ZigBee 协议可工作在 2.4GHz（全球适用）、868MHz（欧洲适用）和 915MHz（美国适用）3 个频段上，对应的最高数据传输速率分别是 250Kb/s（2.4GHz）、20Kb/s（868MHz）和 40Kb/s（915MHz）。

ZigBee 联盟官方网址： https://www.zigbee.org

ZigBee 采用 DSSS（direct sequence spread spectrum，直接序列扩频）工作方式。在不使用功率放大器的前提下，有效传输范围一般为 10～75m。在 2.4GHz 频段工作时，链路上的数据传输速率为 250Kb/s，除掉帧头开销、信道竞争、应答和重传，真正能被应用所利用的速率不足 100Kb/s。

ZigBee 的核心技术之一是动态组网和动态路由。网络中的每个节点相隔一定时间，需要通过无线信号交流的方式重新组网，并在每一次将信息从一个节点发送到另一个节点时，需要扫描各种可能的路径，从最短的路径尝试起，这需要占用大量的带宽资源，并增加数据传输的时延。但随着网络节点数目的增加和中转次数增多，实际可用速率将大大降低，同时数据传输时延也将大大增加，无线网络管理也就变得越麻烦。

在实际网络部署过程中，很多网络节点和数据传输途径是固定不变的，在电池供电的环境中，动态组网和动态路由反而是不可取的部署方式。

早期，ZigBee 协议的标准化做得不好，给予厂商太多的选择，可以定制非标准的 ZigBee 协议，导致不同厂家之间的产品不能互联互通。ZigBee 的重要版本经历了 ZigBee 2004（又称 ZigBee 1.0）、ZigBee 2006、ZigBee 2007 和 ZigBee 3.0。

ZigBee 2006 协议栈不兼容 ZigBee 2004 技术规范。从 ZigBee 2006 之后，ZigBee 实现完全向后兼容。

备注 实际应用中，ZigBee 远没有像 Wi-Fi 或者蓝牙那样得到广泛的应用，这是由于它工作复杂、成本高、抗干扰性差，ZigBee 协议没有开源，以及和 IP 协议的对接比较复杂等，限制了它在实际中的应用。

ZigBee3.0 的主要任务是为了统一不同的应用层协议，解决不同应用层协议之间的互联互通问题，用户只要使用任意一个 ZigBee3.0 的网关就可以控制不同厂家基于 ZigBee3.0 的智能设备。

ZigBee 3.0 完全兼容 IP。ZigBee 设备与 Wi-Fi 设备类似，需要通过路由器、网关等设备连接到互联网，也可以与智能手机的 Wi-Fi 直接连接 ZigBee 3.0 的智能家居和物联网设备。

1.6.4 Sub-GHz 技术

Sub-GHz 指通信频率在 1GHz 以下（27～960MHz，俗称“小无线”），数据传输率在每秒几千比特到几百千比特范围内的无线通信技术。由于其通信波长较长，可以达到几百米甚至几千米的通信距离，在工业监控、遥控玩具、智能抄表等领域有着广泛的应用。

备注 ZigBee 技术已经经历了 20 年的发展，但是，能否能被大规模商用，取决于 ZigBee 联盟能否积极适应物联网的应用场景诉求以及打造合适的产业生态。

无线传播与频率成反比，在低功耗、长距离通信或穿墙能力上，Sub-GHz 射频更有优势。对于许多应用，433MHz 成为 2.4GHz 的全球替代品（但日本不允许其用于无线应用）。基于 868MHz 和 915MHz 的设计可用于美国和欧洲市场。有许多可用的无需授权或需要授权的频段，对于系统集成商来说，既可选择在某些特定区域进行性能优化，也可配合公共事业公司在广阔区域设计系统。

长距离是 Sub-GHz 相比其他无线连接技术最为突出的长处。Sub-GHz 技术能够在一半的频率下提供两倍的覆盖范围，因为频率越低覆盖范围越广。与此同时，由于衰减与波长是成正比的，所以像 Sub-GHz 这样使用较低频率的技术就能够比高频率技术传输得更远。Sub-GHz 技术能够提供房屋整体和周边区域覆盖的解决方案，这是因为穿墙性会随着频率的增加而衰减，所以相对于

2.4GHz，Sub-GHz 具有更强的墙体穿透能力。此外，较低频率在房屋角落中的性能更佳，从而提供了更好的室内覆盖能力。

备注 常见的433MHz、470MHz小无线都属于Sub-GHz技术，从目前的技术发展来看，适合小规模部署，并不适合具备商业运营的大规模部署。

相较于蓝牙、ZigBee 和 Wi-Fi 等技术，Sub-GHz 频段技术具有超低功耗的特性。在Sub-GHz技术中，可以利用更小的传输功率来实现与2.4GHz频段技术一样的传输范围，因此适合用于电池供电的场景。

Sub-GHz 技术通常采用数据透明传输协议，网络安全可靠性较差；采用调幅技术和单频点工作，不能有效抵抗因遮挡而产生的多径效应，造成通信不可靠，系统不稳定；由于是免费频谱，非常拥挤，环境干扰特别大，对讲机、车载通信设备、业余通信设备等都集中在这里；频点飘移问题严重，不严密的试验发现不了，短期使用可能看不出，长期使用必然显现。

1.7 低功耗广域网技术

依据物联网的大规模部署需求，以往的通信技术已经无法满足物联网应用场景的诉求，因此诞生了各种各样的 LPWAN 低功耗广域网技术。

针对低功耗广域网技术的应用场景，可部署的垂直行业相当广泛，如表 1-5 所示。

表 1-5 LPWAN 技术适合的应用场景

应用场景	垂直行业
智慧城市	智能水表、智能燃气表、智能电表、智能热表、智能路灯、智能消火栓、智能窨井盖、智能垃圾桶、智能邮筒、广告牌监测、环境监测、环保监测、气象监测、桥梁监测、人防空间、积水监测、二次供水监测、水压监测等
智能交通	电动自行车监管、占道停车、场库停车、信号灯控制、公交电子站牌、交通诱导屏、车联网、共享单车、共享滑板车、电动汽车充电桩等
可穿戴设备	智能手表、智能手环、老人儿童定位、宠物监管、智能血压计、智能血糖仪、智能药盒、智能书包、智能鞋等
智慧物流	货物跟踪管理、集装箱跟踪、金融资产跟踪、冷链运输、快递物流、智能收货柜等
智能建筑	建筑物沉降监测、能耗分项计量、中央空调监管、电梯物联网、水箱监控、环境报警、智能新风系统、温湿度监管等
智能家居	智能烟感、智能温湿度计、智能可燃气体报警器、智能摄像机、智能门锁、智能空调、智能冰箱、智能洗衣机、智能门禁等
智能制造	工业表计、工业传感器、设备管理、管道管廊、油田物联网、风力发电、太阳能、铁塔监控、变电站监控、工程机械管理等
农业物联网	牛联网、羊联网、鸡联网、智能大棚、水产养殖、大田种植、智能喷灌、保护动物跟踪、古树保护等

LPWAN 技术分为两大阵营：一类是工作在授权频谱的技术，包括 3GPP 组织定义的 NB-IoT、eMTC 等；另一类是工作在非授权频谱的技术，包括 LoRa、Sigfox 等。

LPWAN 与传统的物联网技术相比有着明显的优势。在连接距离上，LPWAN 比 ZigBee 的连接距离要远。在能源功耗上，相比于蜂窝技术（GPRS/3G/4G）更低。其特点还包括数据速率低、占用带宽小、传输的数据量少、通信频次低、网络信号穿透力强等，更适合于大规模的物联网应用的部署。

如今，物联网领域的无线通信技术选择之多已经超乎想象。在一个平台上，不仅联网设备高速增长，同时，还对电池寿命和低数据速率提出了更高的要求，于是 LPWAN 技术被视为是支撑这一需求的核心要素。在 LPWAN 领域相继出现了多种无线通信的创新技术，使得这一领域的竞争愈演愈烈。

LPWAN 的发展，让运营商、产品制造商、服务提供商等看到了新的市场发展机会，纷纷搭建平台、连接产品、拓展应用，试图在新的物联网应用领域里先人一步并取得商机。

目前，参与 LPWAN 市场的六大实体包括：

- 移动网络运营商（mobile network operator）。
- 非移动网络运营商（non-mobile network operator）。
- 系统集成商（system integrator）。
- 大型工业区和园区（large industrial areas and campus）。
- 产品制造商（product manufacturer）。
- 传感器原始设备制造商（sensor original equipment manufacturer）。

物联网的消费模式和手机不一样。消费者愿意为手机支付更多的费用，也会经常更换手机。同时他们希望在价格不变的情况下得到更多的数据，互联网就变成了其数据的来源。而物联网的消费者只需要很少量的数据，同时每个数据的价值非常高，因此商业模式必须保证系统投入和持续运营可以得到商业回报。

在大规模连接上，由于需要连接的物联网设备太多，如果用现有的 LTE 网络去连接这些海量设备，将会导致网络过载，即使传输的数据量很小，信令流量也会令网络过载。

从 2015 年开始，移动通信行业内部普遍认同一个观点，即 LTE 技术的特点并不适合于物联网的行业应用，包括带宽需求大、流量开销大、较难快速降低的 LTE 芯片成本、流量服务成本高等。另外，由于 4G 网络比 2G、3G 网络具备更好的通信效果和运营效率，加之消费者对视频通话的诉求越来越高，因此，很多运营商正在积极考虑重新分配 2G、3G、4G 的频谱利用问题。

不管结果如何，移动通信产业已经产生了巨大的分支，物联网已经从根本上并且不可逆转地改变了移动通信的现状，同时产业链对技术演进和商业模式的创新要求也越来越高。

蜂窝网络是一种移动通信架构，主要由移动终端、基站系统、网络系统组成。其中，基站系统包括移动基站、无线收发设备、专用网络、无线数字设备等。基站系统可以看作无线网络与有线网络之间的转换器。

备注　本章对 NB-IoT、eMTC、LoRa 技术只作简单介绍，供读者参考。

我们使用的所有无线通信技术，都需要占用一定的频谱带宽。由于有商用价值的无线频谱是稀缺的并且具有排他性，因此需要合理地规划和使用。通常情况下，各国或地区的无线频谱都有对应的组织（如中国的无线电管理委员会）进行管理，属于政府管控的一种战略资源。授权频谱是通过各国政府授权使用的收费频谱，非授权频谱是在符合无线电管理委员会的要求下免费使用的频谱。

1.7.1　NB-IoT 技术

备注　NB-IoT 主要是替换 GPRS 市场。由于很多运营商认为 2G 基站的频谱利用率太低，发展再多的用户也无法支持基站的运营维护成本，急需利用新的技术进行替换。由于全球部署的运营商较多，产业链已经逐步形成。

根据物联网垂直应用领域的发展需求，全球各大电信运营商倾向于支持 3GPP 提出的 NB-IoT 技术，由于其使用授权频谱，并且可以在现有的蜂窝网络上快速部署 NB-IoT，对运营商而言可以节省部署成本和快速整合现有的 LTE 网络，是全球大多数电信运营商的中意之选，具有广阔的商业价值。

在核心网侧，蜂窝物联网是指 3GPP 定义的物联网标准。根据 3GPP 对物联网业务模型的研究，CIoT 业务模型和传统 LTE 系统业务差别很大，为了更好地支持蜂窝物联网业务，系统架构也做了增强和改进。NB-IoT 是蜂窝物联网的研究重点之一，并于 2016 年 6 月正式成为 3GPP 国际标准。

NB-IoT 的典型特征为广覆盖、低功耗、低成本和大连接。NB-IoT 基站可在 LTE 基站的基础之上进行部署，未来将逐步演进到 5G 物联网（mMTC 巨量机器类型通信）。由于 NB-IoT 是国际标准，全球各地的 NB-IoT 网络建设，除了频谱不一样之外，其他的体系架构和协议完全一致。这不仅可以保护运营商投资的延续性，也可以促进芯片、通信模组、智能终端的产业链规模化，从而降低物联网部署的建设成本和维护成本。

备注　关于 NB-IoT 详细介绍请参考本书第 2 章、第 3 章或科学出版社出版的《NB-IoT 技术详解与行业应用》。

1.7.2　eMTC 技术

LTE-M（LTE-machine-to-machine，LTE 机器到机器）是基于 LTE 演进的物

联网技术，在 Rel-13 中被称为 LTE enhanced MTC，即 eMTC 技术，旨在基于现有的 LTE 载波满足物联网设备需求。eMTC 技术通过对 LTE 协议进行裁剪和优化以适应中低速物联网业务的需求，传输带宽是 1.4MHz。为了平滑地过渡到 5G 网络兼容的 5G 物联时代，承载速率较高的一些蜂窝物联应用将转向使用 eMTC。

由于 eMTC 的基础设施是现成的，大部分 LTE 基站可以升级为支持 eMTC，因此对于运营商部署来说是没有障碍的，关键问题是如何降低芯片成本、智能终端的研发成本和产业链使用成本。

备注 eMTC 主要是抢占3G、LTE Cat.1～Cat.4 的市场。由于现阶段部署的运营商较少，产业链规模化尚未形成。

相对 NB-IoT 而言，eMTC 只需 LTE 基站的软件升级即可完成商用部署。虽然，NB-IoT 在网络侧可实现大部分的复用，包括天线、RRU（remote radio unit，远端射频单元）、BBU（building baseband unit，基带处理单元）等，但商用准备的工作量还是大于 eMTC。

虽然在 3GPP 组织的设想中，eMTC 和 NB-IoT 可以相互补充，但是二者之间的界限并不十分清晰，NB-IoT 用户终端成本、功耗更低，而 eMTC 在移动性、语音、数据速率等方面具有一定优势。随着后续版本的演进，两项技术在 LPWAN 领域将会互相融合、互相补充，以提升用户体验。

1.7.3 LoRa 技术

备注 在中国，LoRa 可使用 470～510MHz 频段，按照无线电的法规规定，基站的最大发射功率不能超过 50mW。

LoRa（long range radio，远距离无线电）是 Semtech 公司的一种物理层技术，基于非授权频谱，采用 FEC（forward error correction，前向纠错）的调频解调扩频技术。LoRa 典型工作频率在美国为915MHz，在欧洲为868MHz，在亚洲为433MHz。

Semtech 控制着 LoRa 最主要的知识产权，芯片几乎是垄断供应，并成立了 LoRa 联盟。LoRaWAN 是基于 LoRa 物理层协议而设计的 MAC（media access control，介质访问控制）层协议。LoRa 终端若想工作，必须要额外实现 LoRaWAN 定义的 MAC 层协议。

备注 LoRa 网络属于私有化部署，类似于 Wi-Fi 网络的部署，既可以在小范围内进行单基站部署，也可以利用运营商网络进行多基站部署。

LoRa 采用异步通信协议，在处理干扰、网络重叠、可伸缩性等方面具有自己的特性，但却不能提供像蜂窝网络一样的 QoS。

任何人都可以购买LoRa 网关，并且自主组网，很多公司称之为私有网络。相对于全国性的部署，LoRa 更适合区域性的部署。在企业部署时，较大的难题是 LoRa 基站的选址，需要现场有电源供电。在网络部署边界区域，也许只有少量的用户终端，但为了实现全部覆盖，必须增加基站部署，这些都会导致网络建设成本增加、施工困难、维护不易等问题。

下行链路低功耗是大部分 LPWAN 技术的难点。LoRa 有三种工作模式，其中 Class A 模式不支持下行通信，Class B 模式和 Class C 模式在开启下行通信之后将会显著提高终端的功耗。

1.8　其他物联网接入技术

物联网接入技术种类众多，下面仅对卫星通信、量子通信、光纤通信、电力线载波通信、以太网通信、串口通信做一些简单的介绍，以方便读者掌握各种技术的适用场景。

1．卫星通信

卫星通信是指利用人造地球卫星作为中继站，转发或反射无线电波，在两个或多个地球站之间进行的通信。根据卫星运行轨道的高度不同，可将人造地球卫星分为三种类型。

① 低轨道卫星（low earth orbit，LEO）　高度范围 500～1500km，相应轨道周期约为 1.5～2h；用户间单跳通信的信号传播延迟一般小于 20ms；必须解决快速移动带来的多普勒效应；最大卫星可视时间 20min；信号传播距离短，链路损耗少，对用户终端的发射功率要求不高。

② 中轨道卫星（medium earth orbit，MEO）　轨道高度为 8000～18000km，轨道周期为 5~10h；用户间单跳通信的信号传播延迟一般小于 50ms；最大卫星可视时间一般为几小时。

③ 地球同步轨道卫星（geostationary earth orbit，GEO）　轨道高度约为 36000km，围绕地球旋转周期为 24h；用户间单跳通信的信号传播延迟一般为 250ms。

备注　为解决山地、林地、海洋等人迹罕至地方的物联网应用问题，基于卫星通信的物联网将成为市场的热点。

2．量子通信

量子通信（quantum communication）是指利用量子效应加密并进行信息传输的一种通信方式，具有不可分割性和不可复制性的特点。

量子是构成物质的最基本单元，是能量、动量等物理量的最小单位。例如，电子、光子等构成物质的基本粒子，统称为量子。

量子纠缠是两个量子形成的叠加态。一对具有量子纠缠态的粒子，即使相隔极远，当其中一个状态改变时，另一个状态也会即刻发生相应改变。量子纠缠被爱因斯坦称为“鬼魅般的超距相互作用”。

备注　量子通信作为前沿科学技术，可作为一种值得期待的物联网接入技术。

量子通信主要有两种方式，一种是利用量子的不可复制性质生成量子密码，它是二进制形式，可以给经典的二进制信息进行加密，这种通信方式称为“量子密钥分发”。另一种是利用量子纠缠来传输量子信息的最基本单位——量子比特。两个处于纠缠态的粒子 A 和 B，不论它们分开多远，我们把其中一个粒子（A）和携带想要传输的量子比特的粒子（C）一起测量一下，C 的量子比特马上消失，但是 B 就马上携带上 C 之前携带的量子比特，我们把这个过程叫作“量子隐形传态”。

3. 光纤通信

OFC（optical fiber communications，光纤通信）是利用光波作为载波，以光纤作为传输媒质将信息从一处传至另一处的通信方式。如今，光纤以其传输频带宽、抗干扰性高和信号衰减小而远优于电缆、微波通信的传输，已成为世界通信中的主要传输方式。

备注 在通信领域，未来将会依靠 AON（active optical network，有源光网络）来提高传输速率。

光纤通信系统整体由数量众多的光纤组成，其主要制作材料为玻璃，本身属电气绝缘体，无需考虑接地回路问题。自光纤通信技术研发开始，该技术凭借良好的性能而发展迅猛，尤其在现今信息大爆炸时代，光纤通信技术的应用为通信行业的发展乃至整个社会的变革做出了巨大的贡献。

4. 电力线载波通信

PLC（power line carrier，电力线载波）通信是指利用现有的电力线，通过载波方式将模拟或数字信号进行高速传输的技术。最大的特点是不需要重新架设网络，只要有电线，就能进行数据传递。

备注 PLC 已沦为小众技术，未能大规模部署应用，除非自身实现功能升级，否则前景不容乐观。

目前，PLC 主要用于电表远程抄表、路灯远程监控、工业智能化设备方面。

当电力线空载时，点对点载波信号可传输到几公里；但当电力线上负荷很重时，只能传输几十米。

5. 以太网通信

备注 在很多领域，以太网线缆在逐步被 Wi-Fi 和光纤通信取代。但在工业领域，工业以太网正在逐步取代其他工业通信线缆。

以太网（Ethernet）是一种局域网通信技术，传输速率可分为 10Mb/s 以太网、100Mb/s 以太网、1000Mb/s 以太网，每种以太网又根据不同的物理介质有多种物理子标准，形成了一个 IEEE 802.3 标准系列。以太网使用双绞线作为传输媒介，在没有中继的情况下，最远传输距离可达 100m。以太网组网非常灵活和简便，可组成总线型结构、环形结构、星形结构等不同的拓扑结构。

6. 串口通信

串口（serial port）是一种通用的用于设备之间通信的接口，广泛用于设备以及仪器仪表之间的通信。常见的串口有 RS-232（使用 25 针或 9 针连接器）和工业计算机应用的半双工 RS-485 与全双工 RS-422。RS-232 串口通信使用 3 根线分别完成地线、发送和接收。串口通信可以在使用发送线发送数据的同时用接收线接收数据，它很简单并且能够实现较远距离的通信，其通信长度可达 1200m。

备注 串口通信在智能终端硬件中依然是简单有效的数据通信协议。本书中将在多处体现串口通信的实际功能。

第2章
NB-IoT 系统架构

不谋全局者
不足以谋一域

2.1 NB-IoT 技术概述

NB-IoT 是一种全新的基于蜂窝网络的窄带物联网技术，是 3GPP 组织定义的国际标准。它聚焦于低功耗广域网，基于授权频谱运营，可直接部署于 LTE 网络，具备较低的部署成本和平滑升级能力，可在全球范围内广泛部署。

NB-IoT 技术已经引起了整个通信产业链的广泛关注，并成为运营商角逐物联网市场的关键武器。由于物联网应用场景的移动化，蜂窝网络所承担的物联网连接的比例也将逐步提升。在物联网应用快速发展的过程中，运营商面临着前所未有的大连接机遇，但同时也面临着能否抓住机遇实现业务快速发展的挑战。

在 NB-IoT 提出之前，业界都非常认同未来物联网的发展趋势，M2M 通信前景也被 3GPP 组织视为标准生态壮大的重要机遇，而在物联网时代，具备广覆盖、低成本、低功耗、低速率、大连接等特点的 LPWAN 技术将扮演重要的角色。

3GPP 一直在推动相关物联网无线通信技术的发展，并且主要致力于以下两个方向。

方向一：面对非 3GPP 技术的挑战，开展 GSM 技术的进一步演进和全新接入技术的研究。长期以来，电信运营商的物联网业务主要依靠成本低廉的 GPRS 通信模组，然而由于 LoRa、Sigfox 等新技术的出现，GPRS 通信模组在功耗和覆盖方面的传统优势受到威胁，于是在 2014 年 3 月的 GERAN62 号会议上 3GPP 提出成立新的研究项目“FS_IoT_LC”，研究演进 GERAN（GSM/EDGE radio access network，GSM/EDGE 无线电接入网）系统和新接入系统的可行性，以支持更低复杂度、更低成本、更低功耗、更强覆盖等增强特性。NB-IoT 正是源于这个方向的全新接入技术。

方向二：考虑未来替代 2G、3G 物联网通信模组，研究低成本、演进的 LTE-MTC 技术。进入 LTE 及演进技术发展阶段后，3GPP 也定义了许多可适用物联网不同业务需求场景的终端类型，Rel-8 版本已定义不同速率的 Cat.1～Cat.5 的终端类型，在之后的版本演进中，在新定义支持高带宽、高速率的 Cat.6、Cat.9 等终端类型的同时，也新定义了更低成本、支持更低功耗的 Cat.0（Rel-12）终端类型。在 Cat.0 的基础上，2014 年 9 月的 RAN65 号会议中 3GPP 提出成立新的研究项目“LTE_MTCe2_L1”，进一步研究更低成本、更低功耗、更强覆盖的 LTE-MTC 技术。

NB-IoT 技术国际标准的发展时间关键节点如下：

- 2015 年 9 月，3GPP 正式启动 NB-IoT 标准工作立项。
- 2016 年 4 月，NB-IoT 物理层标准在 3GPP Rel-13 冻结。
- 2016 年 6 月，NB-IoT 核心标准在 3GPP Rel-13 冻结，确认 NB-IoT 作为标准化的物联网专有协议。
- 2016 年 9 月，3GPP 完成 NB-IoT 性能部分的标准制定。
- 2017 年 1 月，3GPP 完成 NB-IoT 一致性测试部分的标准制定。
- 2017 年 6 月，3GPP Rel-14 对 NB-IoT 增强技术进行了标准制定。
- 2018 年 6 月，3GPP Rel-15 对 NB-IoT 的灵活部署实现了增强。

标准化工作的完成使全球运营商有了基于标准化的物联网专有协议，同时也标志着 NB-IoT 进入规模化商用阶段。在 5G 商用前的窗口期和未来 5G 商用后的低成本、低速率市场，NB-IoT 将有很大的应用空间。

2.2 NB-IoT 系统架构介绍

备注 1 NB-IoT 基站只能由各个国家或地区的电信网络运营商建设，运行在法规指定的授权频谱。

备注 2 NB-IoT 是国际标准，任何企业都可遵循标准开发芯片、通信模组、智能终端、通信基站等。

作为运营商体系的物联网通信技术，NB-IoT 在网络架构的设计与搭建上与传统 2G、3G、4G 网络既有相似性，又有新的特点。

传统的 LTE 网络体系架构，目的是给用户提供更高的带宽、更快的接入，以适应快速发展的移动互联网需求。但在物联网应用方面，由于智能终端数量众多、功耗控制严格、小数据包通信、网络覆盖分散等特点，传统的 LTE 网络已经无法满足物联网的实际发展需求。

NB-IoT 系统架构分为 5 个部分，分别是智能终端（也即 NB-IoT 终端）、运营商基站（也即 NB-IoT 基站）、运营商核心网（也即 NB-IoT 核心网）、物联网平台，以及各种物联网垂直行业应用，如图 2-1 所示。

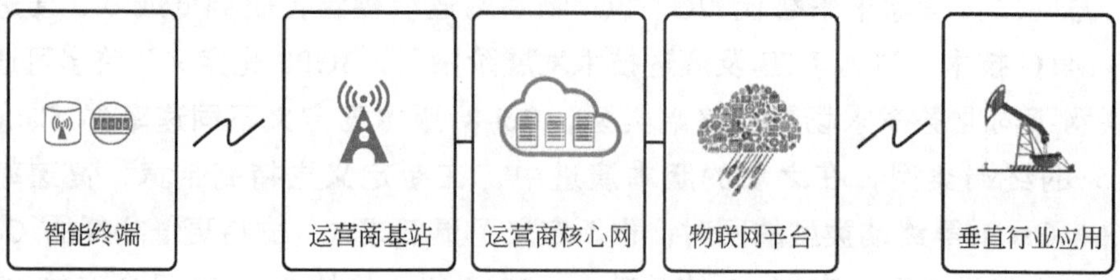

图 2-1
NB-IoT 系统架构

① NB-IoT 终端　涉及 NB-IoT 芯片、NB-IoT 通信模组、NB-IoT 智能终端、传感器等。

② NB-IoT 基站　实现 NB-IoT 智能终端和运营商核心网之间通道连接的功能。

③ NB-IoT 核心网　用来完成 NB-IoT 智能终端在运营商网络体系内的接入和交互流程处理。

④ 物联网平台　主要用于管理海量的智能终端，提供云服务平台能力和大数据分析能力等。

⑤ 垂直行业应用　主要针对每个细分领域，提炼各自的行业属性和管理诉求，服务最终用户。

备注　对于本书读者来说，只需了解运营商基站和运营商核心网的基本功能，掌握工作流程即可，重点在于如何掌握 NB-IoT 智能终端的软硬件系统设计和物联网平台的二次开发，方便读者实现垂直行业应用的创新和使用。

2.2.1　NB-IoT 基站

NB-IoT 基站由运营商建设，是移动通信中组成蜂窝小区的基本单元，主要完成运营商网络和智能终端之间的通信和管理功能。换句话说，通过运营商网络连接的 NB-IoT 智能终端必须在基站信号的覆盖范围内才能进行通信。

NB-IoT 基站不是孤立存在的，属于网络系统架构中的一部分，是连接移动通信网和智能终端之间的桥梁。基站一般由机房、信号处理设备、室外的射频模块、收发信号的天线、GPS、各种传输线缆等组成。

NB-IoT 基站组成包括 BBU（building baseband unit，基带处理单元）、RRU（remote radio unit，远端射频单元）、铁塔、线缆（馈线和天线）和电源模块组成，如图 2-2 所示。

① BBU 功能　主要完成信道编解码、基带信号的调制解调、协议处理等功能，提供对外接口，完成系统的资源管理、操作维护和环境监测功能等。一般放置在基站底部的机房。

② RRU 功能　主要完成射频信号调制解调，射频模拟信号功率放大，通过天线发送出去。一般安装在基站的铁塔上或机房的墙壁上。

③ 铁塔　支持各种通信天线，使其占有一定空间和高度，因此铁塔结构除了用作支撑和受力的塔身外，还包含高空安装天线的数个平台，以及通往平台的垂直爬梯、起安全防范作用的避雷设施和航空障碍灯等。

④ 馈线和天线功能　传导电信号，并将电信号转换成电磁波，通过电磁波在地面进行传播。

图 2-2　NB-IoT 基站

1. 基站室外设备

天线是信号的收发单元，天线的形状有多种，也有很多不同的安装方式。若要实现基站功能，首先需要通过室外的天线收发信号。在室外判断是否周围有基站最明显的标志就是看有没有天线。

室外天线接收和发送的都是射频信号，BBU 接收和发送的都是光信号，因此 BBU 和天线不能直接相连，需要通过 RRU 作为中间桥梁，对信号进行相应处理。接收信号时，RRU 将天线传来的射频信号经过滤波、低噪声放大、光电转换等操作转换成光信号，传输给室内处理设备；发送信号时，RRU 将从机房传来的光信号，经过光电转换、变频、滤波、线性功率放大等操作，转换成射频信号，最后通过天线发送出去。

室外还有用于系统定位和提供时钟同步信号的 GPS 模块，因为长得像蘑菇，也称 GPS 蘑菇头。当室外的 GPS 蘑菇头传下来的是模拟信号时，室内就需要一个时钟盒，其作用是将模拟 GPS 信号转换成数字信号，然后送入主系统模块。当室外的 GPS 蘑菇头传下来的是数字信号时，室内则不需要时钟盒。

2. 基站室内设备

大多数情况下，基站设备中的天线、RRU、GPS 蘑菇头等设备安装在铁塔、抱杆等室外环境，其他设备安装在特定的机房内。

机房内一般包括基站设备、安装设备的机柜、电源柜、蓄电池、空调、走线架、接地排、各种线缆等。其中，电源柜负责给机房设备供电；蓄电池在断电时，给电源柜供电；空调用来降温；室内走线架用于线缆走线；室内所有设备的接地线最终都要接到室内接地排，对设备起到保护作用。室外接收的信号通过线缆传入室内机柜的信号处理模块，对信号进行处理等。

3. 宏站和室分站

根据环境、覆盖模型不同，站点可分为宏站与室分站。宏站一般指室外大范围的覆盖站点。由于天线覆盖无法做到无缝覆盖，宏站天线无法完全覆盖至室内，或室内覆盖信号很差、环境复杂，针对楼宇需要做室分覆盖。简单来说宏站是大范围室外覆盖的站点，而针对高楼层、覆盖差的室内而设的站点为室分站。

宏站和室分站的区分比较简单。宏站在室外有明显的天线，一个基站被划分为3个扇区，用3个天线来覆盖。而室分站的天线多为在楼道天花板里的吸顶天线。

NB-IoT 上下行有效传输带宽为 180kHz。下行采用 OFDM（orthogonal frequency division multiplexing，正交频分复用技术），子载波带宽与 LTE 相同，均为 15kHz。上行有两种传输方式：单载波传输和多载波传输，其中单载波传输的子载波带宽有 3.75kHz 和 15kHz 两种；多载波传输的子载波间隔为 15kHz，支持 3 个、6 个、12 个子载波的传输。NB-IoT 支持三种部署方式，如图 2-3 所示。

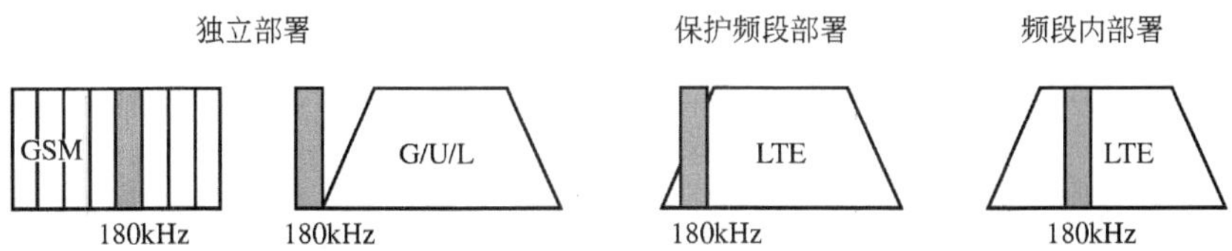

图 2-3
NB-IoT 部署方式

① *独立部署（standalone operation）方式*　独立部署是指利用现网的空闲频谱或者新的频谱进行部署，不与现行 LTE 网络或其他制式蜂窝网络在同一频段，不会形成干扰。传输带宽为 180kHz，系统带宽为 200kHz。

② *保护频段部署（guard-band operation）方式*　保护频段部署是指利用 LTE 边缘保护频段中未使用的 180kHz 带宽的资源块，最大化频谱资源利用率。可以在 5MHz、10MHz、15MHz、20MHz 的 LTE 系统带宽下部署。

③ *频段内部署（in-band operation）方式*　频段内部署是指占用 LTE 的一个 PRB（physic resource block，物理资源块）资源来部署 NB-IoT。可以在 3MHz、5MHz、10MHz、15MHz、20MHz 的 LTE 系统带宽下部署。

2.2.2　NB-IoT 核心网

NB-IoT 核心网由运营商部署建设和运营维护。

NB-IoT 系统网络架构和 LTE 系统网络架构相同，都称为 EPS（evolved packet system，演进的分组系统）。EPS 包括三个部分，分别是 EPC（evolved packet core，演进的核心系统）、eNB（eNodeB，基站）、NB-IoT UE（user equipment，智能终端）。NB-IoT 无线接入网整体架构如图 2-4 所示。

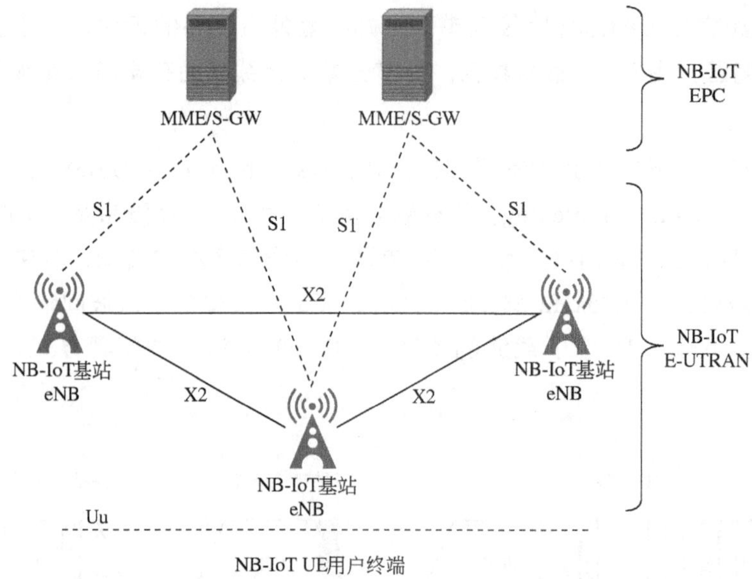

图 2-4 **NB-IoT** 无线接入网整体架构

eNB 基站负责接入网部分，也称为 E-UTRAN，本书中也称为无线接入网。

NB-IoT 无线接入网由一个或多个基站（eNB）组成，eNB 基站通过 Uu 接口（空中接口）与智能终端通信，给智能终端提供用户面［包括 PDCP（packet data convergence protocol，分组数据汇聚协议）、RLC（radio link control，无线链路控制层）、MAC（media access control，媒体访问控制层）、PHY（physical layer，物理层）］和控制面［如 RRC（radio resource control，无线资源控制）］的协议终止点。eNB 基站之间通过 X2 接口进行直接互连，解决智能终端在不同 eNB 基站之间的切换问题。接入网和核心网之间通过 S1 接口进行连接，eNB 基站通过 S1 接口连接到 EPC。

具体来讲，eNB 基站通过 S1-MME 连接到 MME（mobile management entity，移动性管理实体），通过 S1-U 连接到 S-GW（serving gateway，服务网关）。S1 接口支持 MME/S-GW 和 eNB 基站之间的多对多连接，即一个 eNB 基站可以和多个 MME/S-GW 连接，多个 eNB 基站也可以同时连接到同一个 MME/S-GW。

eNB 基站通过 S1 接口连接到 MME/S-GW，只是接口上传输的是 NB-IoT 消息和数据。尽管 NB-IoT 没有定义小区切换功能，但在两个 eNB 基站之间依然有 X2 接口，X2 接口可以使智能终端在进入空闲状态之后快速启动恢复进程。

EPC 负责核心网部分，提供全 IP 连接的承载网络，对所有的基于 IP 的业务都是开放的，能提供所有基于 IP 业务的能力集，包括 MME、S-GW、P-GW（PDN gateway，分组数据网关）、SCEF（service capability exposure function，业务能力开放单元）、HSS（home subscriber server，归属用户服务器）。NB-IoT 网络体系架构如图 2-5 所示。

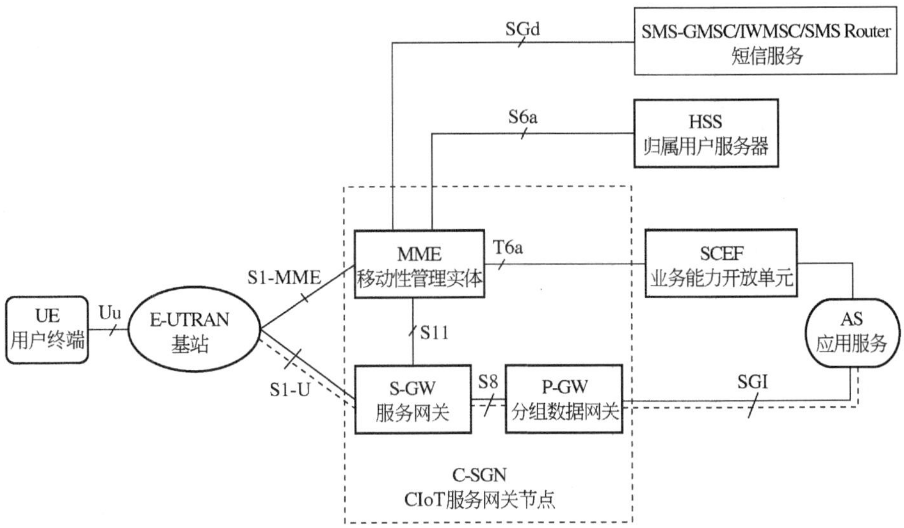

图 2-5
NB-IoT 网络体系架构

其中，MME 负责 EPC 的信令处理，实现移动性控制。S-GW 负责 EPC 的数据处理，实现数据包的路由转发。若支持短信功能，NB-IoT 网络将包含 MSC（mobile switching center，移动交换中心）服务器和短信中心。

NB-IoT 网络和 2G、3G 的网元之间不存在接口，不具备网间互操作能力。

智能终端可以在附着、TAU（tracking area update，跟踪区更新）过程中，与网络协商自身支持的 NB-IoT 能力，必须支持 CP（control plane，控制面）模式，可选支持 UP（user plane，用户面）模式，当 MME 或 P-GW 发送上行速率控制信息给智能终端之后，智能终端必须执行，以此来实现对上行小数据包传输的控制。

和 LTE 系统相比，NB-IoT 网络体系架构主要增加了 SCEF 来支持 CP 模式和 Non-IP 数据的传输。在实际网络部署中，为了减少物理网元的数量，可以将部分核心网网元（如 MME、S-GW、P-GW）合并部署成一种轻量级核心网网元，称为 C-SGN（CIoT serving gateway node，CIoT 服务网关节点）。

为了将物联网智能终端的数据发送给 AS（access stratum，接入层）应用服务，eNB 基站引入了 NB-IoT 能力协商，支持 CP 模式和 UP 模式。

对于 CP 模式，上行数据从 E-UTRAN 传输至 MME，传输路径分为两条：一条分支是通过 S-GW 传输到 P-GW 再传输到应用服务器，另外一条分支是通过 SCEF 连接到应用服务器。下行数据传输路径一样，只是方向相反。

SCEF 是专门为 NB-IoT 设计而新引入的，用于在控制面上传输 Non-IP 数据包，并为鉴权等网络服务提供一个抽象的接口。通过 SCEF 连接到应用服务器仅支持 Non-IP 数据传输，这一方案无须建立数据无线承载，数据包直接在信令无线承载上发送。因此，这一方案非常适合非频发的小数据包传输。

HSS 引入了对智能终端签约 NB-IoT 接入限制、为智能终端配置 Non-IP 的默认 APN（access point name，接入点名称）和验证 NIDD（non-IP data delivery，非 IP 数据传输）授权等。

对于 UP 模式，物联网数据传输方式和传统数据流量一样，在无线承载上发送数据，由 S-GW 传输到 P-GW 再到应用服务器。因此，这种方案在建立连接时会产生额外开销，它的优势是数据包序列传输更快。这一方案支持 IP 数据和 Non-IP 数据传输。

2.2.3 NB-IoT 终端

NB-IoT 终端即智能终端，是移动通信网络的接入点，其通过 NB-IoT Uu 接口与支持 NB-IoT 的增强型无线基站（eNB）相连，并通过这个 eNB 基站与支持 NB-IoT 的核心网（EPC）实现通信，进而完成整个端到端的业务接续。

智能终端是 ME（mobile equipment，移动设备）与 USIM（universal subscriber identity module，通用用户身份识别模块）的综合体，使用 Cu 接口连接 ME 与 USIM。

ME 在逻辑上可进一步分为更小的单元设备，它们分别是负责无线接收和发送及相关功能的 MT（mobile termination，移动终端）和负责运行端到端高层应用的 TE（terminal equipment，终端设备）。MT 设备和 TE 之间可以通过多种物理方式（有线或无线）实现连接。

1. NB-IoT 智能终端入网流程

NB-IoT 终端设备刚上电后，对于网络侧来说是不可达的，需要与 NB-IoT 网络建立连接关系，即入网过程。

具体来说，智能终端开机后，首先进行初始化。初始化主要包含 SIM（subscriber identity module，客户识别模块）卡识别和搜网相关 NV 项（系统运行过程中各个模块可能用到的一些参数值）读取两部分内容。

之后进行小区搜索，小区搜索过程是智能终端和小区取得时间和频率同步并检测小区 ID 的过程。

小区搜索完成后，智能终端会获得当前小区的 PCI（physical cell identifier，物理小区标识），智能终端使用获得的 PCI 去解当前小区的 MIB（master information block，主系统模块）和 SIB（system information block，系统信息模块）消息，然后进行消息解析。MIB 消息包含天线数、下行带宽、小区 ID、注册的频点等消息；SIB 消息包含 PLMN（public land mobile network，公共陆地移动网络）、小区 ID、S 准则中的可用信息。下一步根据得到的信息进行小区选择。在 SIB 信息中会携带网络侧的 PLMN 列表，智能终端的接入层（access stratum，AS）会把解析的 PLMN 列表上报自己的非接入层（non-access stratum，NAS），由 NAS 层执行 PLMN 的选择，选择合适的 PLMN。选定 PLMN 后会在该 PLMN 下选择合适的小区，小区的选择按照 S 准则，智能终端选择该 PLMN 下信号最强的小区进行驻留。

小区选择成功后进行小区驻留。当驻留到小区后，启动随机接入过程建立 RRC 连接，完成上行链路同步。随机接入过程是智能终端向系统请求接入，收到系统响应并分配接入信道资源的过程。

RRC 连接建立，完成 attach 附着。附着过程完成后，网络侧记录智能终端的位置信息，相关节点为智能终端建立上下文。同时，网络建立为智能终端提供“永远在线连接”的默认承载，并为智能终端分配 IP 地址/智能终端驻留的跟踪区列表等参数。

此后，智能终端在空闲状态下需要发送业务数据时，则发起服务请求过程。当网络侧需要给智能终端发送数据时，则发起寻呼过程。当智能终端关机时，则发起去附着流程通知网络侧释放其保存的该智能终端的所有资源。

2．上行链路与下行链路

上行链路与下行链路所蕴含的概念有很多。通俗地讲，上行链路的代表是上行流量，它是指智能终端向外部发出信息的流量，即智能终端向外部发送为上行；下行链路的代表是下行流量，它是指智能终端从外部接收到信息的流量，即智能终端从外部接收为下行。

上报数据流程如图 2-6 所示。

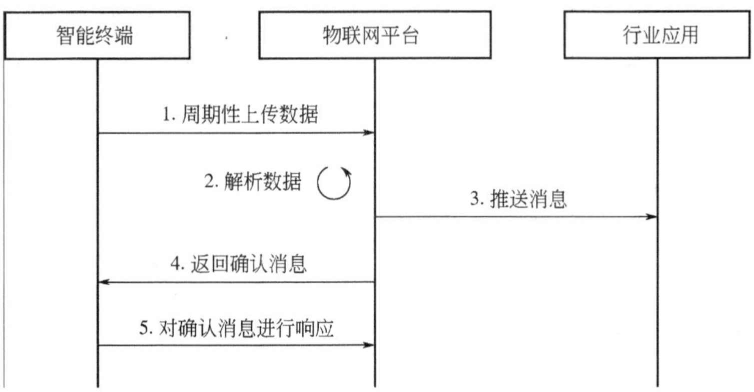

图 2-6
上报数据流程

1）终端设备采集和收集相应的信息，整合成数据存储到设备之中。终端设备选取数据，调用 AT（attention）命令集的命令通过串口发送到 NB-IoT 通信模组之中。终端设备的 NB-IoT 通信模组接收到 AT 命令后，将数据封装成特定的协议格式，发送到附近的基站。

2）当消息到达物联网平台，解析消息，获取相应的信息。

3）将信息以推送的方式，上报至应用侧。

4）物联网平台接收到终端设备的数据，返回一个确认的消息。

5）终端设备接收到物联网平台的确认消息之后，需要返回一个响应。

下发指令流程如图 2-7 所示。

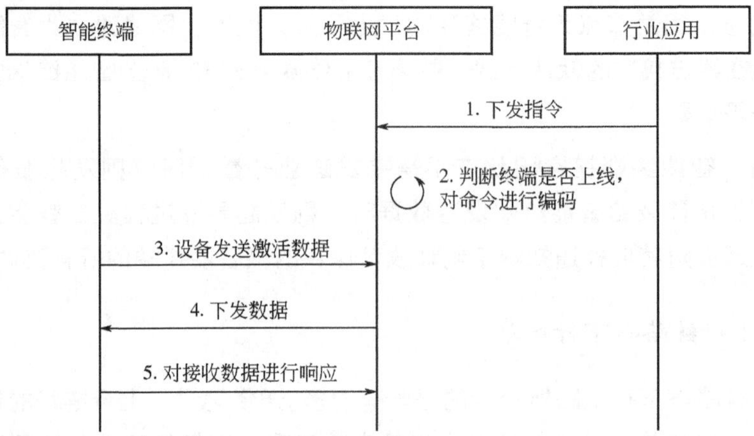

图 2-7
下发指令流程

1）应用侧下发指令，指令到达物联网平台。

2）物联网平台会根据当前终端设备状态的参数以及缓存队列之中的优先级，判断接收到的指令是立即下发还是缓存。

3）如果设备未上线，终端设备会周期性发送一条激活数据。

4）物联网平台会按照缓存队列之中的指令将数据下发到终端设备。

5）终端设备对下发数据返回一个确认响应。

备注　本书重点围绕 NB-IoT 智能终端展开对 NB-IoT 物联网系统架构的理解。

2.2.4　物联网平台

物联网平台可以由运营商部署，也可以由服务商部署。目前，运营商、通信设备商、芯片商、互联网平台、软件系统集成商、行业应用服务商等都在积极参与物联网平台的建设和运营。

物联网平台通常具有设备接入及管理、数据采集管理及分析、各种终端适配及扩展等功能，支持直连设备和非直连设备场景下的各种连接方式，具有跨硬件平台、跨操作系统、高性能、结构标准、易于扩展等特性。

物联网平台都是搭建在云平台基础之上，因此也称作物联网云平台。云平台通常分为三种服务模型，即 SaaS（software as a service，软件即服务）、PaaS（platform as a service，平台即服务）和 IaaS（infrastructure as a service，基础设施即服务）。

SaaS 主要作用是将应用作为服务提供给客户，主要面对的是普通的用户，可以免去初期高昂的软硬件投入，便可以直接使用在云端上运行的应用。

PaaS 主要作用是将一个开发平台作为服务提供给用户。用户可以在一个包括 SDK（software development kit，软件开发工具包）、文档和测试环境等在内的开发平台上非常方便地编写应用，而且在部署的时候都无须考虑服务器、操作系统、网络和存储等资源的管理。

IaaS 主要作用是提供虚拟机或者其他资源作为服务提供给用户，主要用户是系统管理员。

物联网平台积极推进大规模连接，初期的重点是连接管理与设备管理，海量的终端设备需要和物联网平台之间进行通信，不仅可以掌握每台终端的运行情况，也可以通过下发控制命令实现所需的远程功能。未来，随着连接规模的扩大，应用使能和安全服务的重要性逐渐凸显。因此，平台服务是海量连接的生态聚合点，也是各方争夺的重点。

当物联网连接数和经济规模达到一定的量级后，如何将设备进行连接管理，以及如何将 IT 技术和行业知识进行有效融合，实现行业应用创新将成为价值争夺区。这将大大加速全球物联网平台领域的竞争。领先的物联网平台将在这一时期凸显出巨大的技术优势、生态优势和市场优势。

备注　具体细节请参见本书的第 8 章。

目前，IaaS 云服务市场格局相对稳定，PaaS 服务是全球物联网产业链竞争的战略要地。

2.2.5　垂直行业应用

NB-IoT 展现在垂直行业应用领域，就是为行业提供简单易用的运行维护管理平台。

物联网垂直行业应用对智能终端采集的数据进行计算、处理和挖掘，从而实现对物理世界的实时控制、精确管理和科学决策。大多数行业应用关注数据展示、数据上传、数据下发、数据存储等功能，与物联网平台的北向接口进行通信，隐藏实现方式，帮助用户建立新兴的管理模式和商业模式。

备注　因垂直行业应用的多样性，本书选择了几种典型的传感器进行应用功能的开发，对于更多的内容，有兴趣的读者可参阅《NB-IoT 技术详解与行业应用》（科学出版社出版）。

由于物联网行业种类繁多，并且每种行业都有自己的特殊属性，不仅有多种实现手段，部署规模也有大有小，各种技术在驱动行业应用向智能、便捷、低功耗方向发展，这也将促进物联网产业链由智能终端红利阶段迈向数据和信息红利阶段。

2.3 SIM 卡

USIM（universal subscriber identity module，全球用户身份识别卡）属于 SIM 卡的升级版。按照习惯，本书统称为 SIM 卡。目前若想使用运营商网络，须在智能设备上安装 SIM 卡。SIM 卡由 CPU（central processing unit，中央处理器）、ROM（read only memory，只读存储器）、RAM（random access memory，随机存储器）、EEPROM（electrically erasable programmable ROM，电可擦除可编程 ROM）和 I/O（input/output，输入/输出）电路组成。

物联网卡是面向集团企业和相关专业领域使用的套餐卡，个人用户在营业厅里无法办理集团客户套餐。物联网卡不能打电话，是专注于上网的流量卡。

2017 年 8 月，中华人民共和国工业和信息化部（简称工信部）发放了《电信网码号资源使用证书》（2017 年第 10 批），此次分配的物联网号段数量超过几十亿，移动、联通、电信三家通信运营商全部获得物联网专用号段。

物联网卡号段采用 13 位号码，属于物联网专用号段，如表 2-1 所示。

表 2-1　物联网卡号段

运营商	老号段	新号段
中国电信	10649	1410
中国移动	10648	148/1440
中国联通	10646	146

MP 卡（插卡式）尺寸与普通 SIM 卡相同，采用工业级材质，如图 2-8 所示。MS 卡（贴片式）是芯片封装，采用工业级材质，如图 2-9 所示。

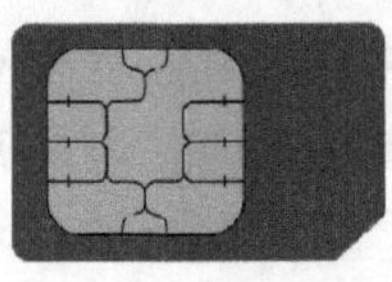

图 2-8　MP 卡

图 2-9　MS 卡

很多物联网应用场景处在高温、高湿、震动和粉尘等环境中，相对于传统插拔式 SIM 卡，eSIM 芯片更耐恶劣环境，运行更加稳定，也可有效避免机卡分离带来的风险。

eSIM 芯片可以消灭卡槽，大幅减少主板的面积，有效节省智能终端产品空间。基于 NB-IoT 网络的 eSIM 芯片在大幅降低功耗的同时可以大幅提升设备续航能力，很多产品可以长期免维护 10 年以上。

eSIM 芯片通过空中写卡，可满足物联网带号销售、快速开通的需求，降低用户使用门槛，可以将运营商码号和卡数据远程配置到 eSIM 智能终端产品中。目前国内市场优先采用企标，不支持跨运营商切换。国际市场若有切换运营商需求时采用 GSMA M2M 标准。SIM 卡类型及规格如表 2-2 所示。

表 2-2　SIM 卡类型及规格对比

SIM 卡类型	物联网 SIM 卡	eSIM 普通卡	eSIM 工业级卡
卡型号	MP2	MS0	MS1
产品形态	插卡式	贴片式	贴片式
封装材料	工业塑料/陶瓷	工业塑料/陶瓷	工业塑料/陶瓷
耐高低温范围	-40～105℃	-40～105℃	-40～105℃
抗震动能力	5～500Hz	20～2000Hz	20～2000Hz
使用寿命	50 万次	50 万次	50 万次
尺寸大小	25mm×15mm	5mm×6mm	2mm×2mm

eSIM 芯片空中写卡流程如下：

通过预制临时码号提前进行设备生产备货，形成独立生产周期，不依赖于最终客户订单。运营商与客户签约，确定资费套餐，完成正式码号开卡，并向运营商提交空中写卡申请。eSIM 芯片空中写卡流程如图 2-10 所示。

1）eSIM 芯片是当前对贴片式 USIM 卡的称呼，业内一般把不能更新 USIM Profile 的嵌入式 USIM 叫作 embedded SIM，把可以更新 USIM Profile 的嵌入式 USIM 叫作 eUICC（embedded universal integrated circuit card，嵌入式通用集成电路卡）。

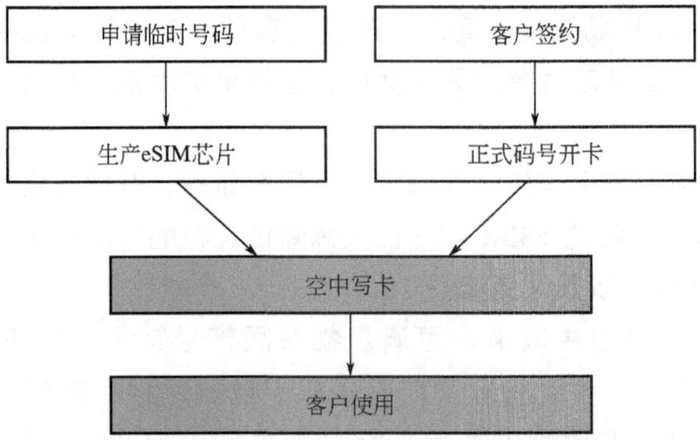

图 2-10
eSIM 芯片空中写卡流程

2）GSMA 制定了针对 eUICC 进行更新、切换运营商 Profile 等操作的管理规范，针对消费类设备（主要是手机和手表）的是 SGP.22-RSP，针对物联网设备的是 SGP.02-M2M。

目前，共存两套标准，在国内采用企业标准，在国际上采用 GSMA 标准。中国运营商的企业标准不支持国内运营商之间的切换需求，但在国际上支持运营商之间的切换需求。eSIM 需预置临时号码，通过 SMS 写入码号。

2.4 NB-IoT 产业链优势

任何一种无线技术若想得到大规模的产业化应用，必须要寻求全产业链的共同参与。全产业链包括国际标准、芯片、运营商、通信设备、通信模组、智能终端、嵌入式软件、协议软件、测试仪器、服务商、公共服务平台等。NB-IoT 产业链生态如图 2-11 所示。

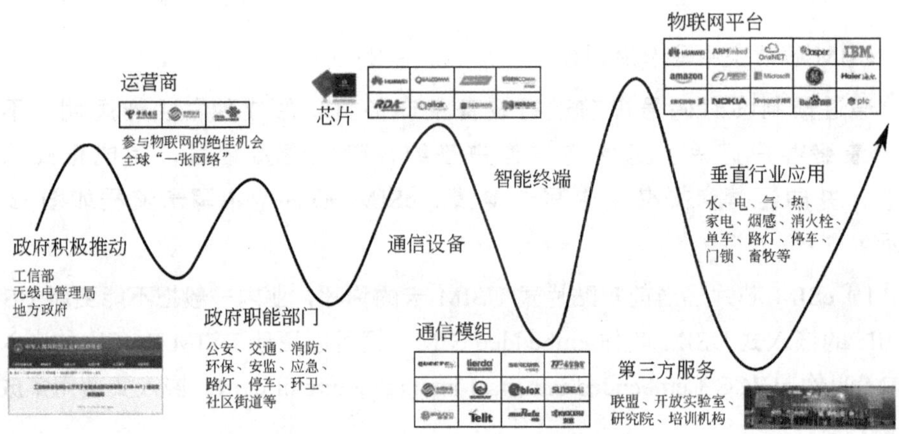

图 2-11
NB-IoT 产业链生态

对于 NB-IoT 来讲，首先在多方努力之下，形成了大家都可接受的国际标准，即 3GPP 的 NB-IoT Rel-13。

其次，基于 NB-IoT 是开放的国际标准，芯片企业就比较容易设计 NB-IoT 芯片，不仅有传统的 LTE 芯片企业，还有很多 MCU 企业和初创企业加入 NB-IoT 芯片的队伍。

再者，运营商苦于没有抓手参与大规模的物联网建设，NB-IoT 给予运营商参与物联网的绝佳机会。

由于 NB-IoT 是全球公开的标准，运营商部署 NB-IoT 网络，除了频谱不同之外，部署方式、协议架构都完全一致。这给智能终端企业开辟了一条容易规模化的道路，便于实现全球复制。

NB-IoT 芯片选择多了，NB-IoT 通信模组的选择也就更多了，为了适应各个垂直行业的应用诉求，衍变出的 NB-IoT 智能终端更是花样百出。

为了管理大规模的终端接入，很多小型的管理平台已经不能适应，因此就有了物联网平台的戏份。传统的互联网平台公司遇到了发展瓶颈，纷纷涉足物联网平台。就连芯片商、通信设备商、行业用户等也未能淡然处之，纷纷投入资源扩充物联网平台。

在众多资源的重点关注下，政府职能部门也意识到应积极呼吁更多的资源参与如何利用 NB-IoT 技术推进智慧城市的建设，如何提升行业的管理效率的研发之中。

高等院校、产业联盟、开发实验室、培训机构等第三方平台纷纷出动，助推 NB-IoT 整个产业链的快速发展。

在如此众多角色的推动之下，物联网已经是一种不可逆的产业生态，人们不是犹豫用还是不用，而是要琢磨如何用好物联网。

第 3 章 NB-IoT 技术理解

新技术催生新场景
新场景促进新技术

3.1 NB-IoT 技术适用的物联网场景

结合第 1 章的物联网系统架构分析，每种技术都有自己的长处和弊端，而物联网场景则是五花八门，例如，

> 备注 任何一种无线技术都有其适合的应用场景，NB-IoT 技术也不例外。

- 有些场景需要大数量通信，有些需要小数据量通信。
- 有些需要远距离通信，有些需要短距离通信。
- 有些需要电池供电，有些就不需要考虑省电。
- 有些是高速移动，有些是低速移动，有些则是固定位置。
- 有些采用有线通信，有些必须采用无线通信。
- 有些需要自建基站或中继，有些直接利用运营商网络部署。
- 有些考虑成本投入，有些则对成本不敏感。
- 有些在人口密度大的地方部署，有些在人迹罕至的地方部署。

NB-IoT 智能终端多种多样，处理流程也不尽相似。但根据 NB-IoT 的技术优势，也有其典型适用的应用场景。主要分为四大类场景：固定上报类（智能水表、智能燃气表、智能烟感等）；固定控制类（智能路灯、白色家电、智能门锁等）；移动上报类（物流追踪器、智能手环、可穿戴设备等）；移动控制类（共享单车、电动车控制器、金融租赁等）。

> 备注 每种场景都有多种应用，具体业务需要具体分析。例如，同样是智能水表，都属于固定上报类应用，但不同的水表企业会根据水务公司理解的不同采用不同的设计方案。

① 固定上报类 固定上报类的终端应用部署位置固定，数据传输业务具有周期性；大部分时间处于睡眠状态，无须接收寻呼消息，仅在终端发送上行数据时接收下行数据。此类终端应用要求低功耗以及高数据传输成功率，但对数据实时性要求低。

② 固定控制类 固定控制类的终端应用部署位置固定，不仅需要上报数据，还要能及时接收下行控制数据。若通过电池供电，为了省电，大部分时间仍然处于睡眠状态；若通过外部电源供电，大部分时间处于在线状态，能实时接收下行数据。

③ 移动上报类 移动上报类终端应用会在移动状态下进行数据传输业务；无需接收寻呼消息，仅在终端发送上行数据时接收下行数据。该类终端应用要求低功耗，对数据实时性要求低。

④ 移动控制类 移动控制类的终端应用处于在移动状态下，且在大部分时间处于在线状态，要求能实时接收下行数据或传输上行数据。此类终端的

电池容量较大，或者是充电电池，不用过多考虑低功耗特性，但对数据实时性要求高。

3.2 NB-IoT 技术优势

NB-IoT 定位于运营商级，是基于授权频谱的低速率物联网市场，可直接部署于 LTE 网络，也可以基于目前运营商现有的 2G、3G 网络，通过设备升级的方式来部署，可降低部署成本和实现平滑升级，是一种可在全球范围内广泛应用的物联网新兴技术，可构建全球最大的蜂窝物联网生态系统。

NB-IoT 技术的优势如表 3-1 所示。

表 3-1 NB-IOT 技术优势

技术优势	详情
广覆盖	NB-IoT 与 GPRS 或 LTE 相比，最大链路预算提升了 20dB，相当于提升了 100 倍，即使在地下车库、地下室、地下管道等普通无线网络信号难以到达的地方也容易覆盖到
低功耗	NB-IoT 可以让设备一直在线，但是通过减少不必要的信令、更长的寻呼周期及终端进入 PSM 状态等机制来达到省电的目的，有些场景的电池供电可以长达 10 年之久
低成本	低速率、低功耗、低带宽可以带来终端的低复杂度，便于终端做到低成本。同时，NB-IoT 基于蜂窝网络，可直接部署于现有的 LTE 网络，运营商部署成本也比较低
大连接	NB-IoT 基站的单扇区可支持超过 5 万个智能终端与核心网的连接，比现有 2G、3G、4G 移动网络有 50～100 倍的用户容量提升
授权频谱	NB-IoT 可直接部署于 LTE 网络，也可以利用 2G、3G 的频谱重耕来部署，无论是数据安全和建网成本，还是在产业链和网络覆盖上，相对于非授权频谱都具有很强的优越性
安全性	继承 4G 网络安全的能力，支持双向鉴权和空口严格的加密机制，确保用户终端在发送接收数据时的空口安全性

NB-IoT 的系统带宽为 200kHz，传输带宽为 180kHz，这种设计优势主要体现在以下三个方面。

1）NB-IoT 系统的传输带宽和 LTE 系统的一个 PRB（physical resource block，物理资源块）的载波带宽相同，都是 180kHz，这使得 NB-IoT 系统能够与传统 LTE 系统很好地兼容。此外，窄带宽的设计为 LTE 系统的保护带（guard-band）部署带来了便利，对于运营商来说，易于实现与传统 LTE 网络设备的共站部署，有效降低了 NB-IoT 网络建设与运维的成本。

2）NB-IoT 系统的系统带宽和 GSM 系统的载波带宽相同，都是 200kHz，这使得 NB-IoT 系统可以在 GSM 系统的频谱中实现无缝部署，为运营商重耕 2G 网络频谱提供了便利。

3）NB-IoT 将系统带宽收窄至 200kHz，将有效降低 NB-IoT 用户终端射频芯片的复杂度。同时，更窄的带宽提供更低的数据吞吐量，NB-IoT 用户终端芯片的数字基带部分的复杂度和规格也将大幅降低。这使得 NB-IoT 芯片可以实现比传统 LTE 系统更高的芯片集成度，进一步降低芯片成本及开发复杂度。

3.2.1　NB-IoT 的广覆盖

NB-IoT 的广覆盖能力示意图如图 3-1 所示。

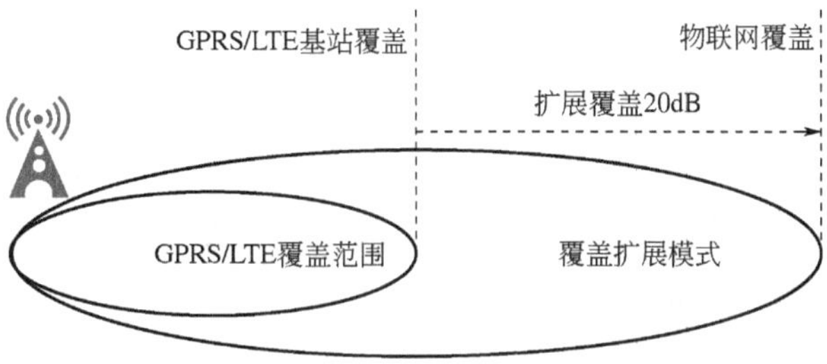

图 3-1
NB-IoT 的广覆盖

和 GPRS 相比，NB-IoT 在下行信道上覆盖增强的增益主要来源于重复发送，即同一个控制消息或业务数据在空口信道上发送时，多次重复发送，用户终端在接收时，对接收到的重复内容进行合并，以提供覆盖能力。

在上行方向上，NB-IoT 支持 3.75kHz、15kHz 两种子载波间隔，支持单子载波（single-tone）和多子载波（multi-tone）资源分配。NB-IoT 依赖 PSD Boosting（power spectrum density boosting，功率谱密度增强）和 TDR（time domain repetition，时域重复）来获得比 GPRS 或 LTE 系统多 20dB 的覆盖增强。

功率谱密度增强是把 NB-IoT 上行的信号发射功率通过更窄带宽的载波进行发送。这样，单位频谱上发送的信号强度便得到了增强，信号的覆盖能力和穿透能力也因此得到了增强。此外，在上行方向上，支持通过信道的重复发送，进一步提升上行信道的覆盖能力。

一般情况下，通信链路的下行覆盖大于上行覆盖，这是因为用户终端的发射功率往往受限，而网络侧远端射频模块发射功率理论上是很容易提升的。在链路预算中，计算 MCL（maximum coupling loss，最大耦合损耗）时大部分只是计算上行链路。

NB-IoT 将 CE Level（coverage enhancement level，覆盖增强等级）分为三个

等级，根据 MCL 的数值进行划分。NB-IoT 基站 eNB 与智能终端之间会根据其所在的 CE Level 来选择相对应的信息重发次数，划分标准如下。

- 常规覆盖（normal coverage）：MCL < 144dB，与现有的 GPRS 覆盖一致。
- 扩展覆盖（extended coverage）：144dB < MCL < 154dB，在现有 GPRS 覆盖的基础上提升了 10dB。
- 极端覆盖（extreme coverage）：MCL > 154dB，在现有 GPRS 覆盖的基础上提升了 20dB。

备注　针对广覆盖，运营商会根据用户诉求实现优化，对于室内覆盖，将是未来需要重点突破的领域。

考虑很多智能终端都是在室内部署的，因此室内覆盖也是 NB-IoT 必须支持的场景之一。在某些极端覆盖情况下，NB-IoT 的覆盖增益必须可以超出现有商用系统的 20dB 以上。

3.2.2 NB-IoT 的低功耗

NB-IoT 的工作状态分为数据传输状态和空闲状态。其中，在数据传输状态，智能终端和运营商基站之间通过无线射频进行数据传输。与 GPRS 通信相比，因频谱相同、理论相同，数据传输时的功率消耗都差不多，只有通过在空闲状态的改变来降低智能终端的功率消耗。

NB-IoT 的用户终端可以工作在省电模式，用来降低电源消耗和延长电池寿命。用户终端在省电模式下工作时和设备关机类似，看起来好像和网络失联，但用户终端仍然注册在网络中，不需要重新附着或重新建立 PDN（packet data network，分组数据网络）连接。

低功耗特性是物联网应用的一项重要指标，特别是对于一些不能经常更换电池的设备和场合，如大范围分散在各地的传感监测设备，它们不可能像智能手机一样一天充一次电，长达几年的不充电电池使用寿命是最基本的需求。在电池技术无法取得突破的前提下，只能通过降低设备功耗来延长电池供电时间。

备注　在缺省状态下，终端使用 DRX 模式。用户可以单独使用 PSM 和 eDRX 省电模式中的一种，也可以两种都激活。

通信设备消耗的能量往往与传输数据量或通信速率有关，即单位时间内发出数据包的大小决定了功耗的大小。如果传输的数据量小，用户设备的调制解调器和 PA（power amplifiter，功率放大器）就可以调到非常小的水平。NB-IoT 聚焦于传输间隔大、小数据量、小速率、时延不敏感等应用，因此 NB-IoT 设备功耗可以做到非常小。

NB-IoT 在 LTE 系统的 DRX（discontinuous reception，非连续接收）基础上进行了优化，采用 PSM 和 eDRX（enhanced discontinuous reception，增强型非连续接收）两种模式。这两种模式都是通过用户终端发起请求，并通过和 MME 核心网协商的方式来确定。

不管是 PSM 模式还是 eDRX 模式，都可以理解成通过提升深度休眠时间的占比来降低功耗，但从另外一个方面来讲，实际上是牺牲了实时性的要求。相比较而言，eDRX 模式的省电效果会差一些，但实时性会好一些。这也是为什么在有了 PSM 模式之后还需要 eDRX 模式的理由。这两种模式各有所长，又各有所短，正好可以用来适配不同的物联网应用场景。

尤其需要指出的是，NB-IoT 的低功耗设计目标是针对低速率、低频次、电池供电的业务，10 年的使用寿命是根据 TR45.820 的仿真数据得出的结果。在 PSM 模式和 eDRX 模式均部署的情况下，如果用户终端每天发送一次 200B 的报文，则 5W · h 电池可工作长达 12.8 年。

1．PSM 模式

在 NB-IoT 系统中，在空闲（IDLE）状态下再增加一个新的 PSM 模式。在此状态下，智能终端射频被关闭，相当于关机状态，但是核心网侧还保留着用户上下文，用户进入空闲状态或连接状态时无须再进行附着 PDN 建立。

在 PSM 模式下，下行数据不可达，DDN（digital data network，数字数据网络）到达 MME 之后，MME 通知 S-GW 缓存用户下行数据并延迟触发寻呼；当上行有数据或信令需要发送时，触发智能终端进入连接状态。

当智能终端处于 PSM 模式时，不再监听寻呼消息，并且停止所有接入层的活动。如果有被叫业务，网络需要支持 HLC（high latency communication，高时延通信）的功能。为了支持 PSM 模式，智能终端在每一次附着或 TAU（tracking area update，跟踪区更新）时向网络侧请求 AT（active timer，激活定时器）的时长。

智能终端何时进入 PSM 模式，以及在 PSM 模式驻留的时长由核心网和智能终端协商。如果设备支持 PSM 模式，在附着或 TAU 过程中，会向网络申请一个激活定时器。当设备从连接状态转移到空闲状态之后，该定时器开始运行。当定时器超时时，用户设备进入省电模式。

进入省电模式后用户设备不再接收寻呼消息，看起来设备和网络失联，但设备仍然注册在网络中。智能终端进入 PSM 模式后，只有在智能终端需要发送数据或者 TAU 定时器超时后需要执行 TAU 时，才会退出 PSM 模式。

PSM 模式的优点是可进行长时间休眠，缺点是对终端接收业务响应不及时，主要应用于远程抄表等对下行实时性要求不高的业务。

实际上，物联网设备的通信需求与手机不同，才可以设计成 PSM 模式。物联网应用大多是发送上行数据包，并且是否发送数据包由智能终端来决定，不需要随时等待网络的呼叫，但是手机则需要时时等待网络发起的呼叫请求。如果按照 2G、3G、4G 的方式设计物联网通信方式，则意味着物联网的设备行为也和手机一样，会浪费大量的功耗在监听网络随时可能发起的请求上，这样就无法做到较低的功耗。

基于 NB-IoT 技术，智能终端在发送数据包之后，立刻进入一种休眠状态，不再进行任何通信活动，等到有上报数据请求时，才会唤醒自己，随后发送数据，然后又进入休眠状态。按照智能终端的行为习惯，大约有 99%的时间处在休眠状态，这样就会使智能终端的功耗非常低。

如果网络支持并接受智能终端的省电模式请求，网络侧会确认省电模式，并根据智能终端提供的激活定时器的时长、HSS（home subscriber server，归属签约用户服务器）可能提供的可达性定时器的时长及 MME 可能提供的本地配置的时长来决定给智能终端分配多长的活动时间。

在 PSM 省电模式（图 3-2）下，有上行数据或信令消息要发送时（如周期性的 TAU），智能终端才进入连接状态。因此，PSM 模式只适合于不频繁数据传输的业务，并且针对被叫业务，能接受相应的时延。如果智能终端想更改激活定时器的时长，则可通过 TAU 来实现。

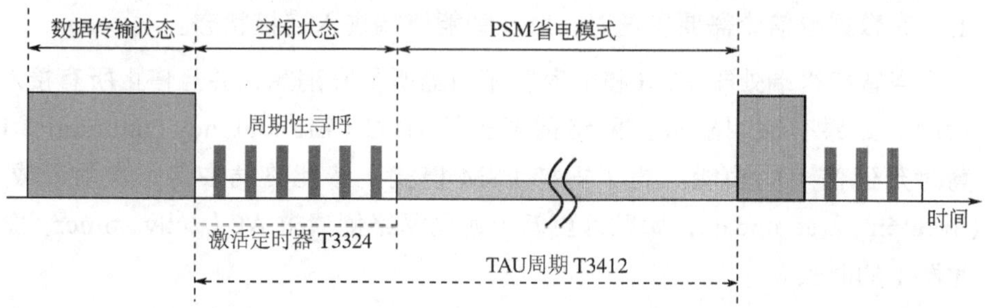

图 3-2
PSM 省电模式

参考数据：在 3V 电压和 50mA @ MCL 144dBm 的测试情况下，PSM 模式时的功耗是 5μA，空闲状态时的功耗是 1mA，寻呼监听时的功耗是 50mA，数据传输状态时的功耗是 120mA。

备注 PSM 模式适合主动上报的应用场景，在休眠时，终端与基站“失联”，只有等到终端上报数据时，基站才会下发命令给终端。

2．eDRX 模式

eDRX 模式作为 Rel-13 中新增的功能，主要目的是支持更长周期的寻呼监听，从而达到省电的目的。传统的 2.56s 寻呼间隔对智能终端的电量消耗较大，而在下行数据发送频率小时，通过核心网和用户终端的协商配合，用户终端跳过大部分的寻呼监听，从而达到省电的目的。用户终端和核心网通过附着和 TAU 过程来协商 eDRX 的长度。

eDRX 模式的节电效果比 PSM 模式要差一些。相对于 PSM 模式，eDRX 模式大幅度提升了下行通信链路的可到达性。

在空闲状态时，智能终端主要是监听寻呼信道和广播信道。如果要监听数据信道，必须从空闲状态切换到连接状态。寻呼 DRX 由 NAS 控制，并对周期进行了扩展，以便支持在覆盖增强场合下的寻呼信道接收。

在连接状态时，由于有可能要使用覆盖增强，重复发送的次数由 eNB 基站动态配置，因此 eDRX 的定时器全部采用 PDCCH（physical downlink control channel，物理下行控制信道）时间间隔，取消了 DRX 短周期的功能。如果数据传输超时，则用户终端启动 eDRX 定时器。eDRX 省电模式如图 3-3 所示。

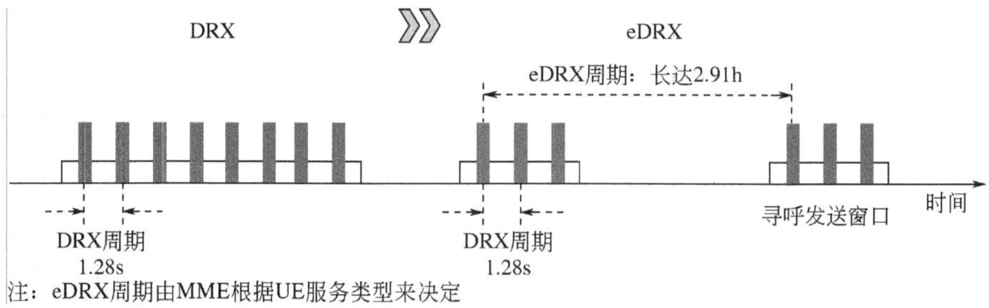

图 3-3
eDRX 省电模式

为了协助基站 eNB 寻呼智能终端，MME 在寻呼消息中携带 eDRX 周期长度。如果 eDRX 周期长度为 5.12s，则网络使用正常的寻呼策略。如果 eDRX 周期长度不小于 10.24s，则使用下述机制。

1）如果智能终端决定请求 eDRX，则智能终端在附着请求或 TAU 请求消息中携带请求使用的 eDRX 参数，包括空闲状态 DRX 长度等。

2）MME 决定是否接受或拒绝智能终端激活 eDRX 的请求。当接受时，MME 基于运营商的策略，可以向智能终端提供不同于其请求的 eDRX 参数，同时还向智能终端提供寻呼时间窗长度。如果 MME 接受使用 eDRX，则智能终端应根据接收到的 eDRX 长度和寻呼时间窗长度使用 eDRX。当 SGSN（serving GPRS support node，服务 GPRS 支持节点）/MME 拒绝智能终端的请求或 SGSN/MME 不支持 eDRX 时，附着接受或 TAU 接受消息中没有 eDRX 参数，智能终端使用正常的不连续接收机制。

3）如果智能终端希望继续使用 eDRX，则智能终端应在每个 TAU 消息中携带 eDRX 参数。当智能终端发生从 MME 到 MME、从 MME 到 SGSN 或从 SGSN 到 MME 移动时，旧 CN 节点向新 CN 节点发送的移动性管理上下文中不包括 eDRX 参数。

在 eDRX 状态下，智能终端收听寻呼的时间间隔相比 DRX 状态扩大了很多，最长可以达到 2.91h，即智能终端可以每 2.91h 收听一次寻呼，以达到省电的目的。

PSM 和 eDRX 虽然使终端耗电量大大降低，但都是通过长时间的“罢工”

备注　任何无线通信设备消耗的能量往往与传输数据量或通信速率有关，单位时间内发出的数据包大小决定了终端功耗的大小。对于电池供电的场景，不要纠结一节电池是否能用 10 年，而应根据不同场景对电池寿命的诉求设计合适的省电模式。

来换取的，付出了实时性的代价。对于有远程不定期监控（如远程定位、配置管理等）需求且实时性要求较高的场景，不适合开启 PSM 功能；如果允许一定的时延，最好采用 eDRX 技术，根据实际可接收的时延要求来设置 eDRX 寻呼周期。智能终端可在 attach 和 TAU 中请求开启 PSM 或（和）eDRX，但最终开启哪一种或两种均开启，以及周期是多少均由网络侧决定。

3.2.3 NB-IoT 的低成本

一套成熟的蜂窝物联网应用体系，涉及 NB-IoT 芯片、通信模组、智能终端、运营商网络、数据流量费用、通信协议栈、物联网平台、垂直应用软件、云平台、大数据、工程安装、运营维护等多个方面。对于智能终端的海量部署特性，反映最直接的就是 NB-IoT 芯片的成本。

在芯片设计方面，低速率、低功耗、低带宽带来的是低成本优势。速率低就不需要大的缓存，功耗低意味着 RF（radio frequency，射频）设计要求低，低带宽则不需要复杂的均衡算法。简化盲检次数、减小最大传输块、简化调制解调编码方式、直接去掉多媒体系统协议栈、简化天线设计，相比 LTE 芯片来讲，众多因素使得 NB-IoT 芯片设计简化，进而带来低成本的优势。

NB-IoT Rel-13 仅支持 HD-FDD（half-duplex FDD，FDD 半双工）Type-B 模式，这意味着上行和下行在频率上分开，智能终端不会同时处理发送和接收，从而节省双工元器件的成本。智能终端在发送上行信号时，其前面的子帧和后面的子帧都不接收下行信号，使保护时隙加长，对设备的要求降低，并且提高了信号的可靠性。另外，半双工设计意味着只需多一个切换器就可以改变发送和接收模式，比起全双工所需的元器件，成本更低廉，并且可降低电池能耗。

关于成本问题，还有另外两个因素需要重点考虑：一个是运营商的建网成本，另一个是产业链的成熟度。对于运营商建网成本，NB-IoT 无须重新建网，RF 和天线基本上都是复用的。对于产业链来说，在运营商的强力助攻之下，NB-IoT 通信模组的价格已趋近于 GPRS 通信模组的价格，这也会加速行业应用对 NB-IoT 的部署。

3.2.4 NB-IoT 的大连接

NB-IoT 的基站是基于物联网模型进行设计的。物联网模型和手机模型不同，终端接入数量很大，但每个终端发送的数据包很小，对时延的要求也不敏感。

当前的 2G、3G、4G 基站设计主要是保障用户的并发通信和减小时延。为了满足万物互联的需求，NB-IoT 技术标准关注重点不在于用户的无线连接速率，而是每个站点可以支持的连接用户数。当前的通信基站主要是保障用户的并发通信和减少通信时延，而 NB-IoT 对业务时延不敏感，可以设计更多用户接入，保存更多用户上下文，大量终端处于休眠状态，其上下文信息由基站和核心网维持，一旦终端有数据发送，可迅速进入连接状态。

备注　NB-IoT 基站支持 5 万个终端连接，但不是 5 万个终端的并发。在实际部署过程中，有时候几百个终端都无法同时接入网络，需要 NB-IoT 基站和终端进行离散处理。

物联网用户总数大，而且依然是永久在线（即使终端进入了 PSM 休眠状态，核心网依然保存着用户的所有上下文数据），核心网无论是签约、用户上下文管理，还是 IP 地址的分配都有新的优化需求。此外，相对于 4G 系统，NB-IoT 核心网的业务突发性更强，可能某行业的用户集中在某个特定的时间段，同时收发数据，对核心网的设备容量要求和过载控制提出了新的要求。

NB-IoT 相比 2G、3G、4G 的通信系统，有 50～100 倍的上行容量提升。在 NB-IoT 系统的连接仿真模型中，80%的用户业务为周期上报型，20%的用户业务为网络控制型，在该场景下可以支持超过 5 万个用户终端的连接。事实上，能否达到该设计目标还取决于小区内实际终端业务模型等因素。

3.3　NB-IoT 技术演进趋势

面向未来，NB-IoT 持续向 5G 物联网演进，继 3GPP Rel-13 版本商用后，3GPP 又推出 Rel-14 和 Rel-15 NB-IoT 技术增强版本。作为 5G 三大应用场景之一的基础和前奏，NB-IoT 前途一片光明。

过去，2G、3G、4G 的设计主要是为人服务的，但到了 5G 时代，开始关注场景了。典型的三大场景，一是继续为人服务，二是为车服务，三是为物服务。

在 5G 即将到来之际，在运营商、通信设备商、芯片商的共同努力下，在 LTE 的基础上进行简化，实现 GPRS 的功能，同时再叠加新的技术能力，这就是 NB-IoT。

因此，NB-IoT 的初衷是替代 GPRS，充分挖掘运营商的频谱利用率来为物联网服务，并在发展的过程中，和其他无线技术交织在一起，互相成就，互相推动。

场景化的发展诉求将引领技术的演进方向，在未来的场景中，每种场景都需要多种功能，而每种功能又要靠多种技术来实现，这是一个错综复杂的组合。现在介入 NB-IoT，预示着未来 10～20 年，行业在物联网领域的部署模式不会发生颠覆式的变化，这同时也是保护企业的前期投资。

全球主流的电信运营商、通信设备商和通信芯片商均支持 NB-IoT 技术，基于 NB-IoT 的网络将占据全球运营商级物联网的大部分份额。从产业链的力量来看，巨头打造的通信行业内部良好的生态环境无疑也给垂直行业的生态环境带来无比的信心。

3.3.1 NB-IoT Rel-13 版本标准体系

2016 年 6 月，NB-IoT 核心标准在 3GPP Rel-13 冻结，确认 NB-IoT 作为标准化的物联网专有协议。从此，拉开了蜂窝物联网技术的创新大门。

3GPP 的协议规范有固定的编号方式，NB-IoT 系列规范主要集中在 36 系列。其中，36 系列的 TS 36.1××系列为射频相关规范，TS 36.2××系列为物理层相关规范，TS 36.3××系列为 Uu 接口高层系列规范，TS 36.4××系列为各个接入网网元接口规范，TS 36.5××系列为终端一致性测试规范。

NB-IoT 沿用 LTE 系统定义的频段号，NB-IoT Rel-13 指定了 14 个工作频段。一个 NB-IoT 载波，在频域上占用 180kHz 传输带宽。NB-IoT 支持的工作频段如表 3-2 所示。

表 3-2　NB-IoT 支持的工作频段

频段编号	上行频率范围/MHz	下行频率范围/MHz
Band 1	1920～1980	2110～2170
Band 2	1850～1910	1930～1990
Band 3	1710～1785	1805～1880
Band 5	824～849	869～894
Band 8	880～915	925～960
Band 12	699～716	729～746
Band 13	777～787	746～756
Band 17	704～716	734～746
Band 18	815～830	860～875
Band 19	830～845	875～890
Band 20	832～862	791～821
Band 26	814～849	859～894
Band 28	703～748	758～803
Band 66	1710～1780	2110～2200

表 3-2 中的 Band 3 和 GSM DCS 1800 频段重合，Band 8 和 GSM 900 频段重合，便于 GSM 运营商升级到 NB-IoT。

备注　相应协议的范围和内容介绍请参考《NB-IoT 技术详解与行业应用》（科学出版社出版）。

3.3.2 NB-IoT Rel-14 版本增强

NB-IoT 不再有 QoS 的概念，这是因为现阶段的 NB-IoT 并不打算传输时延敏感的数据包。为了应对更多的物联网使用场景，2017 年 6 月，3GPP 实现 eNB-IoT（enhancement of NB-IoT，增强版的 NB-IoT）标准的制定。在 Rel-14 的版本中，eNB-IoT 的功能增强主要包括定位增强、多载波增强、多播传输增强、移动性增强和蜂窝物联网增强。

1．NB-IoT 定位增强

NB-IoT 虽然非常适合固定节点的智能终端设备应用场景，但在智慧物流和独立可穿戴设备的应用场景中，用户会关注智能终端的定位能力。

NB-IoT Rel-13 不支持基站定位，Rel-13 定义的下行公共信号或信道是无法满足在边缘覆盖时的约 50m 定位精度要求的。Rel-14 计划做定位增强，支持 E-CID（enhanced cell ID，增强版的小区标志）、UTDOA（uplink time difference of arrival，上行到达时间差）或 OTDOA（observed time difference of arrival，观察到达时间差）。

2．NB-IoT 多载波增强

NB-IoT Rel-13 不支持多载波，如果部署多个 NB-IoT 载波，各载波之间通过一定的协作管理来提升整体部署的容量和性能。为了更好地支持海量链接，Rel-14 版本的 eNB-IoT 对与非锚点的载波操作进行了增强，分为对寻呼信道的增强及对随机接入的增强，最多支持 16 个载波，通过新的 SIB 来配置。

Rel-14 版本的 eNB-IoT 支持非锚点的寻呼，其中，不同载波上可以配置不同的 NPDCCH 重复次数，但是其 DRX 周期（默认的寻呼周期）是相同的。此外，还支持非均匀的寻呼负载分布，即在不同的寻呼载波上引入权重，因此基站及智能终端通过公式计算获得属于用户的一个载波；可以利用专属的下行载波配置信令进行下行非锚点载波配置，达到基站可控的负载均衡效果。

总体而言，由于物联网非频繁小包传输的特征，相对于 Rel-13 仅能在 Msg4 配置非锚点操作，Rel-14 的非锚点载波操作增强可以从 PRACH（physical random access channel，物理随机接入信道）开始将智能终端分散到多个载波上，极大程度地优化了非锚点载波的作用。从系统层面上看，Rel-14 可以更加灵活地聚合多个载波，为组网提供更灵活有效的部署。

3．NB-IoT 多播传输增强

NB-IoT Rel-13 不支持多播，NB-IoT Rel-14 将支持多播传输增强，以满足物联网智能终端的固件升级、软件升级和组播消息发送等应用场景。

NB-IoT Rel-14 实现 SC-PTM（single-cell point-to-multipoint，单小区多播）增强，其流程基本重用 LTE Rel-13 中的 SC-PTM，重用 NB-SIB20 进行 SC-PTM 的配置，保留 SC-MCCH 和 SC-MTCH 逻辑信道。

4．NB-IoT 移动性增强

NB-IoT 智能终端适合的应用场景主要是固定场合或低速移动应用场景，不支持连接状态下的移动性管理，为了兼顾 NB-IoT 的低复杂度与低成本的需求，在 NB-IoT Rel-13 版本中删除了小区切换的功能。取而代之的是当发生 NB-IoT 智能终端在不同小区覆盖范围之间切换时，会先进行 RRC 释放，再重新与新基站进行 RRC 连接。

NB-IoT Rel-13 支持约 30km/h 的移动速率。NB-IoT Rel-14 增强了移动性能，支持约 80km/h 的移动速率，以更好地支持智能终端服务的连续性。

5．更低的时延及功耗

NB-IoT Rel-13 由于定时关系（timing relationship）和 NPDCCH 搜索空间的限制，导致下行峰值速率仅为 24.3Kb/s（带内部署、非锚点载波）和 26.2Kb/s（保护带部署或独立部署、非锚点载波）。

eNB-IoT Rel-14 定义了更高能力的智能终端类别，进一步增加了最大的 TBS 和支持 2HARQ 进程。Rel-14 重用 Rel-13 的定时关系，即保持相同的调度时延和最小 12ms 的 HARQ 反馈时间。不同于 Rel-13，新的智能终端需要可以进行 NPDCCH 盲检直到第一个调度的 NPDSCH 的前 2ms，此外，新的智能终端需要在 1ms 后进行上下行切换，如在发送 ACK/NACK 信息 1ms 后就继续监测 NPDCCH 搜索空间。

Rel-14 在原有 23/20dBm 功率等级的基础上，引入了 14dBm 的智能终端功率等级。这样可以满足一些无需极端覆盖条件，但是需要小容量电池的应用场景。

3.3.3 NB-IoT Rel-15 版本增强

在 2018 年 6 月，3GPP 通过了 NB-IoT Rel-15 版本的增强的工作目标（RP-170836）。其主要演进方向包括：

- 支持基于 TDD 的 NB-IoT 部署。
- 进一步降低时延和功耗。降低物理信道功耗的措施包括：研究并标准化对空闲状态、连接状态 DRX 在监听 NPDCCH/解码 NPDSCH 前的新的物理信道或信号；研究并标准化上行/下行半静态调度；支持在 NPRACH 后，建立连接前的上行/下行数据传输；更快的 RRC 链接释放；放松用于小区重选的监听；支持物理层调度请求；在 SC-PTM Rel-14 的基础上支持 RLC UM。
- 提高终端 RRM 测量精度。
- NPRACH 的可靠性和覆盖范围增强。
- 支持 NB-IoT Small Cell。
- 减小获取系统信息时延。
- 进一步对终端进行分类（UE differentiation）。
- 接入拒绝的增强（access barring enhancement）。
- Standalone 独立部署模式的增强：一种情况是支持 Standalone 独立部署的锚载波（anchor carrier），支持 In-band 带内部署或 Guard-band 保护带部署的非锚载波（non-anchor carrier）；另外一种情况是支持 Standalone 独立部署的非锚载波，支持 In-band 带内部署或 Guard-band 保护带部署的锚载波。
- PHR（power head room report，功率余量上报）反馈的增强。

有了 Rel-15 版本的进一步增强，NB-IoT 将支持更灵活的部署（如 TDD 和 small cell），提供更低的功耗、更短的时延、更好的性能。

3.3.4 5G 物联网版本演进

3GPP 定义了 3 种重要的 5G 部署场景，即增强宽带移动通信、巨量机器类型通信、超可靠及低时延通信。

mMTC（massive machine type communication，大规模机器类通信）将是 5G 物联网的重要部署场景，主要涉及以下内容：

1）大连接密度：计划保证每平方千米部署 100 万个智能终端，需要解决干扰消除、多址、控制优化等一系列问题。

2）终端功率消耗：进一步降低终端的功率消耗，并降低终端的成本。

3）覆盖增强：继续支持 Rel-13 开始支持的覆盖增强。

在 3GPP RAN #74 次会议中，已经同意 NB-IoT 是将来逐步演进到 5G 物联网应用的基础。

3GPP 的 IMT-2020 的自评中，将对 NB-IoT 和（或）LTE 的 eMTC 技术进行 mMTC 需求的评估。换句话说，NB-IoT 已经公认为是 5G mMTC 的一个候选技术。

第4章
智能终端硬件体系架构

稳定可靠的硬件系统
是一切的基础

4.1 智能终端硬件体系架构概述

智能终端有多种实现方法，为了让读者清晰地认识到具有无线通信能力的智能终端的设计方案，本书基于 NB-IoT 智能终端硬件的体系架构进行详细的阐述。

NB-IoT 智能终端硬件系统包括 NB-IoT 芯片、NB-IoT 通信模组、SIM 卡、MCU（micro control unit，微控制单元）芯片、传感器、天线、电池、外壳等，这些硬件形成一套完整的体系，用来实现我们想要的场景诉求。

- 对于 NB-IoT 芯片的选型，主要考虑芯片的性能指标、低功耗、稳定性、价格、供应链、品牌等因素。
- 选择好 NB-IoT 芯片后，再选择对应的 NB-IoT 通信模组，主要考虑性能指标、稳定性、软件、配套工具、技术支持、供应链、品牌等因素。
- SIM 卡只能选择有 NB-IoT 网络支持的运营商，主要考虑网络覆盖、物联网平台、资费、补贴等因素。
- 对于 MCU 芯片的选型，主要考虑芯片的性能指标、低功耗、开源代码、配套工具、价格、供应链、品牌等因素。
- 传感器种类有很多，需根据具体产品的功能需求选择合适的传感器，对于同类传感器，选择时主要考虑其性能指标、价格、供应链、品牌等因素。
- 天线的性能指标非常关键，设备部署的环境对信号质量的影响也非常大，选择依据是天线设计能力、测试环境、加工能力、品牌等因素。
- 对于电池供电的产品，需根据使用场景和使用寿命计算电池的容量，再选择质量稳定的电池厂家。

NB-IoT 智能终端种类繁多，外壳也风格各异，有新潮外观的，有防水防尘作用的，有抗震功能的，等等。

由于 NB-IoT 业务场景多，且各场景对硬件软件要求均不一致，可采用多种组合方式进行设计。

1）在主芯片选型方面，常见的组合方式是选择 NB-IoT 通信模组+低功耗 MCU 芯片，可满足复杂的应用场景。智能终端硬件采用主芯片组合方式的体系架构如图 4-1 所示。

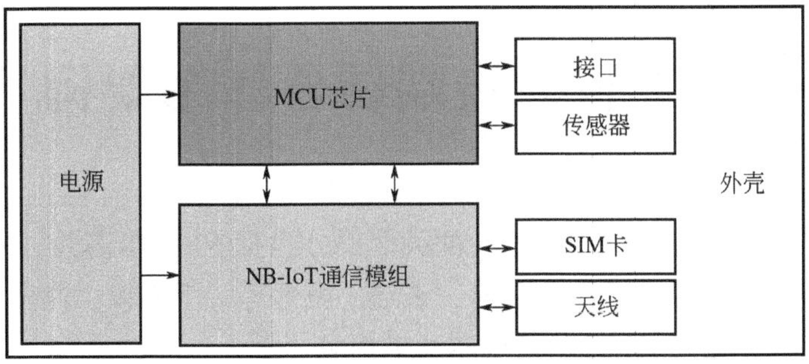

图 4-1
智能终端硬件主芯片组合方式体系架构

在此种系统架构下，NB-IoT 通信模组只是作为数据通信部分，不做特殊设计，只要 PIN 脚兼容，可根据供应链更换不同厂家的通信模组；针对行业应用和软件设计，都在低功耗MCU芯片中实现，若更换了通信模组，只需调整对应的软件接口即可。优势是实现方式灵活，劣势是硬件成本稍高。

2）对于简单的应用场景，可通过 NB-IoT 芯片的 MCU 实现，统称为 OpenCPU 模式。OpenCPU 模式的体系架构如图 4-2 所示。

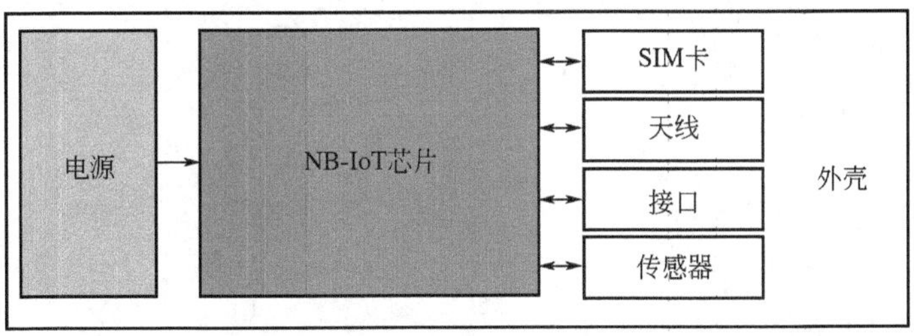

图 4-2
OpenCPU 模式体系架构

在此种系统架构下，NB-IoT 芯片不仅实现数据通信的功能，还能开放一部分资源实现 MCU 的功能。若更换 NB-IoT 芯片，整个产品相当于重新设计，对工程师要求较高。优势是硬件成本相对较低。

智能终端的使用场景复杂多样，不仅有可能出现大规模部署，还要关注智能终端的可靠性和使用寿命。在产品设计阶段，就要考虑产品稳定性、性能指标和可靠性测试等。

智能终端产品设计要考虑系统级可靠性，建议在终端增加硬件看门狗电路，避免软件异常后系统挂死。产品元器件选型及硬件可靠性要按照最长使用年限设计，并通过可靠性测试认证。

各元器件选型要满足设备使用环境要求。智能终端产品在开发阶段需要进行高低温测试、中长期可靠性测试等各种测试验证，通过测试提前暴露、发现产品可靠性的缺陷，并进行优化改进，确保最终批量上网产品能够满足最长使用年限的要求，避免海量产品在使用生命周期内出现产品批次硬件故障。

备注　为了帮助大家系统地理解 NB-IoT 智能终端的硬件体系架构，可选择与本书内容对应的 NB-IoT 开发板（小熊座 KE1 开发板）进行功能验证和创新实验。

4.2 NB-IoT 智能终端硬件体系架构

NB-IoT 智能终端硬件体系架构的关键部分包括 NB-IoT 芯片、NB-IoT 通信模组、SIM 卡、MCU 芯片、传感器、天线、电池等，下面以小熊座 KE1 开发板为例，逐一展开各部分的设计重点和关键理解。

小熊座 KE1 开发板实物图如图 4-3 所示。

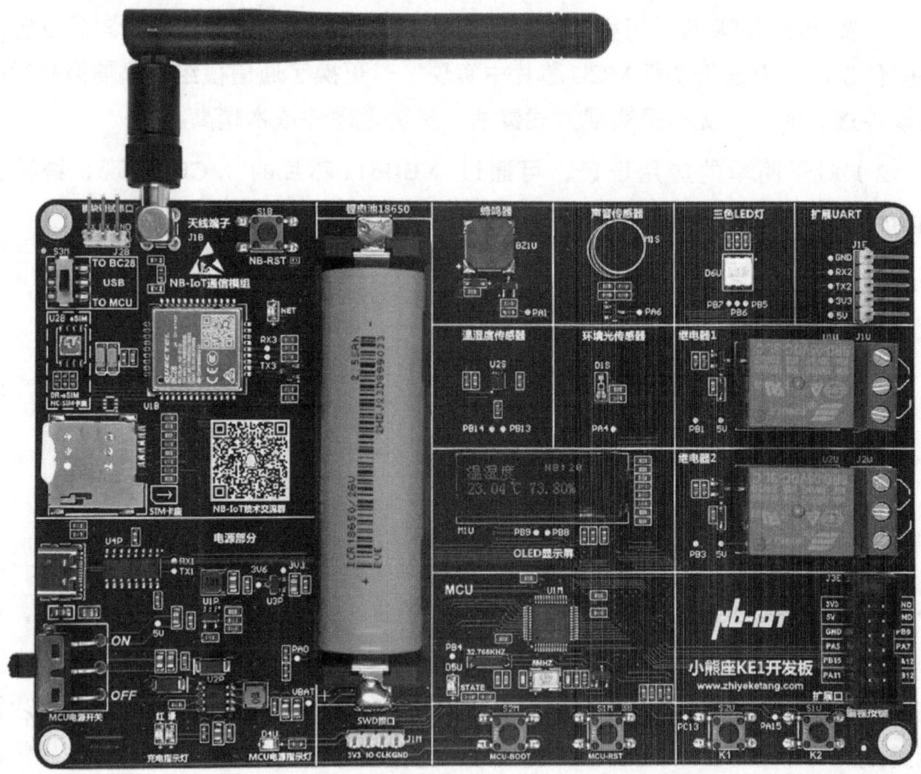

图 4-3 小熊座 KE1 开发板实物图

小熊座 KE1 开发板的硬件配套系统如表 4-1 所示。

表 4-1　小熊座 KE1 开发板的硬件配套系统

清单	数量
开发板包装箱	1 个
小熊座 KE1 开发板	1 块
NB-IoT SIM 卡	1 张
天线	1 根

续表

清单	数量
USB Type-C 线	1 根
18650 锂电池	1 块
程序烧录器	1 个
说明书	1 册

关于小熊座 KE1 更加详细的说明书、电路图、源代码、安装工具、PPT 课件、培训视频等材料，请参考以下网站：

www.zhiyeketang.com

www.huawei.com

www.quectel.com

www.st.com

小熊座 KE1 开发板的核心部分采用上海移远通信技术股份有限公司的 NB-IoT 通信模组和 ST 公司的 STM32 CPU，帮助大家从整体系统架构掌握 NB-IoT 无线通信、传感器采集、物联网平台连接等内容。

小熊座 KE1 开发板的系统框图如图 4-4 所示。

备注 1　在正式使用小熊座 KE1 开发板之前，请按照说明书安装 SIM 卡和天线。

备注 2　在使用 USB Type-C 线连接小熊座 KE1 开发板和计算机时，请使用配套的线缆。

备注 3　在使用程序烧录器时，请注意把 4 根杜邦线正确连接到小熊座 KE1 开发板。

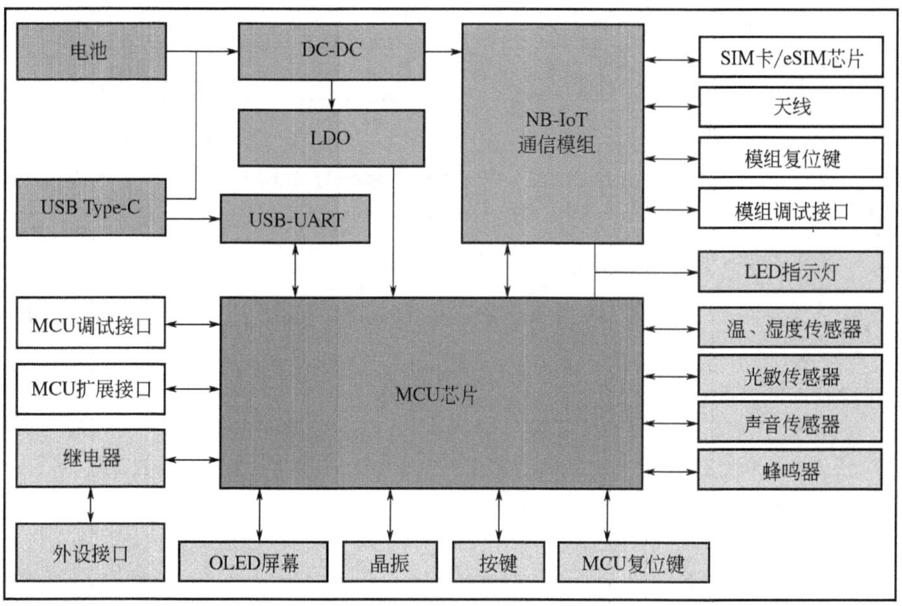

图 4-4
NB-IoT 智能终端参考板系统框图（小熊座 KE1 开发板）

小熊座 KE1 开发板的硬件规格如表 4-2 所示。

表 4-2　小熊座 KE1 开发板硬件规格

项目	内容
NB-IoT 芯片	华为的 Boudica V150（Hi2115）芯片
NB-IoT 通信模组	移远通信的 BC28 通信模组，采用 Boudica V150，全频段支持
低功耗 MCU 芯片	ST 的 STM32L433CxT6 芯片，Cortex-M4，80MHz
温、湿度传感器	Sensirion 的 SHT3x，控制逻辑为 I^{2}C
环境光传感器	VISH 公司的 TEMT6000X01，控制逻辑为 ADC
声音传感器	控制逻辑为 ADC
蜂鸣器	无源蜂鸣器，控制逻辑为 PWM
继电器	SRD 的 SRD-05VDC-SL-C，控制逻辑为逻辑电平输出，2 路继电器
OLED 显示屏	0.91 寸（1 寸≈3.33 厘米）OLED 显示屏，使用 I^{2}C 接口，分辨率 128 像素×32 像素，白色/蓝色
LED 灯	1 个系统电源指示灯（蓝色） 1 个 MCU 工作指示灯（绿色） 1 个通信模组指示灯（绿色） 2 个充电状态指示灯（红色/绿色） 1 个三色 LED 灯，控制逻辑为逻辑电平输出，用于电源指示、充电状态指示、调试状态指示
天线	标准 SMA 阴头天线接口
SIM 卡	支持 1.8V/3.0V 外部 Class B USIM 卡或 eSIM 卡
电池	3.7V 18650 锂电池，可充电，可更换
开关	电源拨动开关，BC28 通信模组主串口拨动开关
复位按键	控制逻辑为逻辑电平输入，1 个 MCU 复位按键，1 个 MCU BOOT 按键，1 个 NB-IoT 通信模组复位按键
功能按键	2 个可编程按键，可用于人机交互
USB 接口	USB Type-C 接口，1 路 UART 接口，默认波特率为 9600b/s，可用于 LOG 信息打印及 NB-IoT 通信模组调试
调试接口	连接仿真器或者串口烧录
扩展接口	可扩展连接传感器或其他设备
电源供电	USB 接口供电：4.75～5.5V；典型供电电压：5.0V
	锂电池供电：3.7V
物理特征	尺寸：160cm×100cm
工作温度	−35～75℃

4.3　NB-IoT 芯片体系架构

大多数 NB-IoT 芯片采用 SoC（system on chip，片上系统）体系架构，少数采用 SIP（system in package，系统级封装）体系架构。其中，SoC 将 MCU、DSP（digital signal processing，数字信号处理器）、Modem（调制解调器）、收发器、存储器等都集成在一个芯片中，是一款面向特定用途的标准化产品。SoC 技术的关键优势是可以降低系统板上因信号在多个芯片之间进出带来的延迟而导致的性能局限，提高了系统的可靠性并降低了整体系统成本。

1. NB-IoT SoC 体系架构

NB-IoT SoC 体系架构如图 4-5 所示。

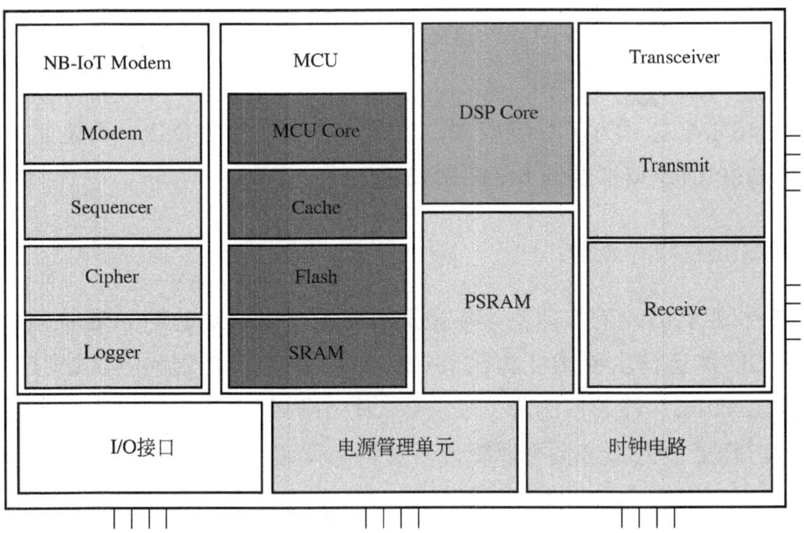

图 4-5
NB-IoT SoC 体系架构

（1）NB-IoT Modem

当我们用手机打电话、上网、发短信时即发生联网行为，这些联网行为都是由 Modem 处理和执行的，Modem 在手机和基站之间建立起一条逻辑通道，用于传送数据和调整通信模式。手机能连上什么制式的网络、能够连接什么频段、是否有出色的抗干扰能力、数据上传的速度有多快，都取决于 Modem 的性能。

NB-IoT Modem 的作用就是连接 NB-IoT 智能终端和 NB-IoT 运营商基站。

（2）NB-IoT MCU

MCU 是一种微控制器，又称单片机，它把 CPU、RAM、ROM、多种 I/O

备注 1 设计 NB-IoT 芯片需要关注的重点方向：①开关机稳定性；②协议栈稳定性和一致性；③射频性能指标；④与基站的兼容性和适配性；⑤减少外围电路和元器件；⑥功耗优化设计，可通过选择合适的工艺降低漏电流，可选择合适的芯片架构降低 IDLE/Paging 功耗，也可通过降低工作电压来减少 Active 功耗。

备注 2 NB-IoT 芯片发展趋势：①芯片模组化；②精简的芯片架构；③Modem 硬件化；④极简射频电路；⑤外围少量电阻、电容、电感；⑥Open CPU。

接口等集成在一个芯片上，外围只要添加简单的电阻、电容、电感等外围器件就可以工作。CPU 由运算部件和控制部件两大部分组成，包括运算器、控制器和寄存器组，是 MCU 内部的核心部件。CPU 能完成数据的算术逻辑运算、位变量处理和数据传送等操作。MCU 按一定时序协调工作，是分析和执行指令的部件。

NB-IoT 芯片中都要内置 MCU，MCU 实现运算和控制，然后通过 Modem 实现发送和接收数据。

（3）NB-IoT DSP Core

DSP 的功能是将模拟信号转换成数字信号。DSP 拥有完整的指令系统，具有高速、灵活、可编程、低功耗的特点，在图形图像处理、语音处理、信号处理等通信领域起到越来越重要的作用。DSP 包括控制单元、运算单元、各种寄存器以及一定数量的存储单元等，在其外围还可以连接若干存储器，并可以与一定数量的外部设备互相通信。

NB-IoT 具备较低的吞吐量和较弱的移动性，物理层的运算量可以控制在比较低的水平，这使得系统对 DSP 的需求减弱，可以使用主频更低的 DSP，以减少对功耗和配套存储器的需求。

有些 NB-IoT 芯片为了降低成本，放弃了使用单独的 DSP，而是使用性能较好且支持 DSP 指令集扩展的 MCU 来兼任。

2. NB-IoT 芯片设计

NB-IoT 智能终端的很多应用场景需要电池供电，对功耗的要求非常苛刻。不仅在 MCU 的选择上使用低功耗 MCU，同时在流程处理和协议处理上都要能降低功耗。NB-IoT 移动性的降低使协议栈软件得到了有效简化，对片内存储器的需求可以降至最低，这也可以降低芯片的功率消耗。

NB-IoT 芯片的设计必须满足标准、降低成本和设计复杂度。与 eMTC 和 Cat.4 的标准相比，NB-IoT 是 LTE 标准族群中智能终端复杂度最低的。但与短距离无线通信技术相比，NB-IoT 的复杂度就较高，需要的存储器也更多。

传统的 LTE 通信芯片架构是基带 + RF + Flash + SDRAM + PA，比较符合异常复杂的通信芯片架构。基带采用最先进的工艺，尺寸尽可能小，性能尽可能高；RF 有多模多频的需求，使用单独的裸芯片制作会更加容易一些；由于协议栈较大及物理层 HARQ 需要的缓冲区，必须标配 SDRAM。

对于低功耗无线通信芯片，基本架构是 SoC 集成 RF + Flash + PA，比较符合低成本的物联网通信架构。芯片总体复杂度不高，高集成度对功耗和成本都是有利的。

NB-IoT 协议标准基于半双工设计，因此，在 RF 前端不需要配置双工器，能简化射频前端设计复杂度。有些芯片将 PA 集成进 SoC，可增加芯片集成度和降低成本。

3．NB-IoT 芯片选型参考

当前 NB-IoT 芯片厂商主要有华为海思（Hisilicon）、高通（Qualcomm）、紫光展锐（RDA）、联发科（MTK）等。NB-IoT 芯片选型可参考表 4-3，具体型号和功能可向对应公司索取。

表 4-3　NB-IoT 芯片选型参考

厂商	NB-IoT 芯片型号	描述
华为海思	Boudica V150（Hi2115）	NB-IoT only，支持 3GPP Rel-13/Rel-14，基于 ARM Cortex-M0 内核，搭载 LiteOS 嵌入式物联网操作系统
高通	MDM9206	支持 NB-IoT Rel-13、Cat-M（eMTC）和 GPRS
紫光展锐	RDA8908A	NB-IoT only，支持 3GPP Rel-13
	RDA8909B	支持 NB-IoT、GPRS，采用 SoC 方案
联发科	MT2625	NB-IoT only，支持 3GPP Rel-13
	MT2621	支持 NB-IoT 和 GPRS，采用 SIP 方案

华为海思 Boudica V150（型号 Hi2115）芯片采用 SOC 系统，可与低功耗 MCU 配合使用。

Boudica V150 NB-IoT 芯片规格如图 4-6 所示。

Boudica V150 NB-IoT 芯片特性：

- 可工作在 698～960MHz 和 1695～2180MHz 频率范围。
- 支持 3GPP Rel-14 NB-IoT 空中接口和协议标准。
- 与 GPRS 相比，增加了 20dB 的扩展覆盖范围。
- 集成了无线收发器、协议处理器和堆栈，下行链路采用 OFDM 技术，上行链路采用 SC-FDMA 技术。
- 具有片上存储器的专用应用处理器（256KB Flash 和 64KB RAM）。
- 集成了一些外围设备，包括温度传感器、电容式触摸传感器、ADC、DAC、可编程电源和中断。
- 超低功耗待机模式。
- 集成了直接从电池操作的综合电源管理单元。

备注 1　SoC 是将系统所需的组件高度集成在一个芯片内，具备更好的密度，开发周期长，开发成本较大。

备注 2　SIP 采用并排或叠加的封装方式，可集成多种工艺的元器件，将多种功能集成在一个芯片内。

备注　为了帮助大家更好地理解 NB-IoT 芯片，本书以华为海思的 Boudica V150 芯片作为案例讲解。

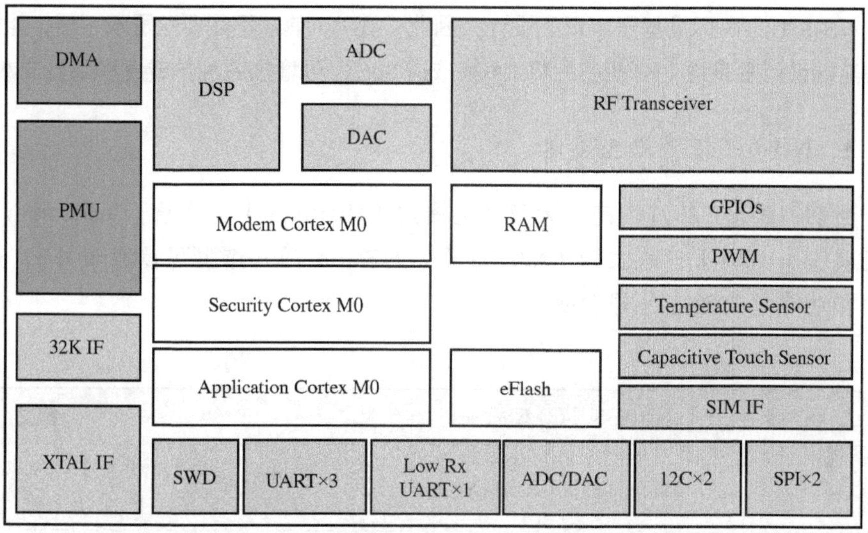

图 4-6
Boudica V150 NB-IoT
芯片规格

采用 Boudica V150 设计 NB-IoT 通信模组时，需要两路时钟。其中，32kHz 晶振用于定时和睡眠操作；工作时钟必须选用 38.4MHz 的温补晶振 TCXO，且综合频偏范围控制在 10ppm 以下，需要确保整个通信模组生命周期内时钟老化满足系统规格。

输入电源电压的范围为 3.1～4.2V。如果输入电压低于 3.1V，需要通信模组或者智能终端硬件电路增加升压电路，保证电压满足芯片工作稳定、性能可靠的要求。

通信模组处于 PSM 模式下不支持 GPIO（general purpose input/output，通用输入/输出口）唤醒，仅支持 AT 串口信号唤醒。

芯片支持串口升级，升级过程中依赖复位 Boudica 进入现场升级模式，因此通信模组外需要设计芯片的复位按钮。

4.4 NB-IoT 通信模组体系架构

NB-IoT 通信模组主要涉及供电、时钟、射频上下行链路，时钟需要满足频率偏移及相噪的相关要求，电源需要满足纹波噪声、动态、环路稳定性等的相关要求，射频需要满足系统发射功率、接收灵敏度、矢量误差、隔离度、噪声系数等相关指标要求。

NB-IoT 通信模组体系架构如图 4-7 所示。

NB-IoT 通信模组是 M2M 的一种应用。传统的移动电话和 M2M 设备之间的一个根本区别在于设备的使用寿命。消费者一般每隔 6～24 个月就会更换智能手机，而 M2M 设备通常要持续工作 2～10 年。

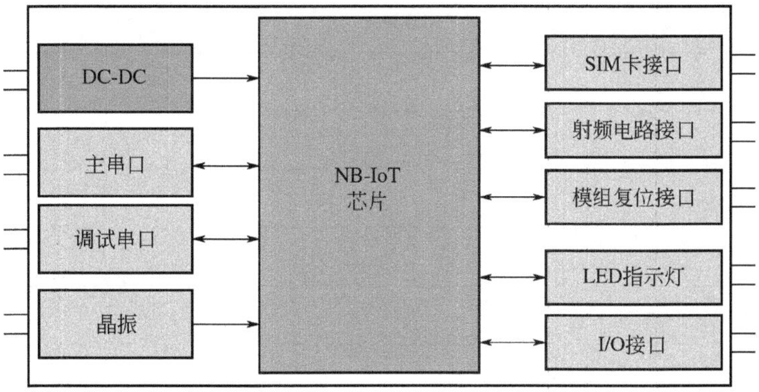

图 4-7

NB-IoT 通信模组体系架构

为了适应较长的使用寿命，M2M 设备的认证过程既费时又费钱，为了平衡产品的开发成本和上市时间，大多数设备商倾向于采用已经经过运营商预先认证过的通信模组，而不是从芯片级别进行产品开发。

NB-IoT 通信模组需考虑低功耗设计，在 PSM 模式下关闭射频和多余耗电的元器件。为了满足芯片的功能增加或问题修改，NB-IoT 通信模组需支持 FOTA（firmware over-the-air，固件在线升级）功能。为避免系统异常挂死，NB-IoT 通信模组软件需支持看门狗、异常监测和自愈功能。

备注　为了帮助大家理解 NB-IoT 通信模组，本书以移远通信 BC28 NB-IoT 通信模组作为案例讲解。

BC28 通信模组采用 LCC 贴片封装，支持的频段包括 Band1、Band3、Band5、Band8、Band20、Band28，在 PSM 省电模式下功耗可低至 5μA，寻呼模式下功耗可低至 1mA。BC28 通信模组体系架构如图 4-8 所示。

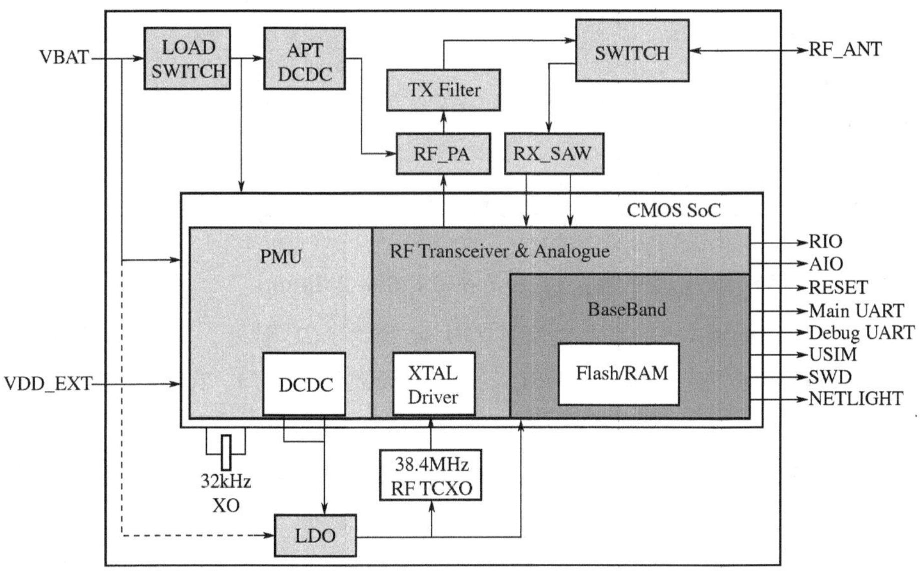

图 4-8

BC28 通信模组体系架构

BC28 通信模组规格见表 4-4。

表 4-4 BC28 通信模组规格

参数	说明
供电	供电电压范围：3.1～4.2V
	典型供电电压：3.6V
省电	PSM 下最大耗流：5μA
发射功率	23dBm±2dB
温度范围	正常工作温度：-40～+85℃
	存储温度：-40～+90℃
USIM 接口	支持 1.8V/3.0V 外部 Class B USIM 卡
串口	主串口：用于 AT 命令通信和数据传输，默认波特率为 9600b/s；用于固件升级，支持的波特率为 115200b/s（默认）和 921600b/s
	调试串口：用于软件调试，仅支持波特率 921600b/s
网络协议特性	支持 IPv4/IPv6/UDP/CoAP/LwM2M/Non-IP/DTLS/TCP/MQTT 协议
数据传输特性	Single-tone 传输，15kHz/3.75kHz 子载波间隔：25.2Kb/s（下行）、15.625Kb/s（上行）；Multi-tone 传输，15kHz 子载波间隔：25.2Kb/s（下行）、54Kb/s（上行）
OTDOA	协议：3GPP Rel-14
ECID	协议：3GPP Rel-13
AT 命令	3GPP TS 27.007 V14.3.0（2017-03）定义的 AT 命令；物联网平台定义的 AT 命令；企业定义的增强 AT 命令
固件升级	通过主串口或 FOTA 升级
天线接口	50Ω 特性阻抗
RoHS	所有器件完全符合 EU RoHS 标准

备注 BC28 通信模组需要在 PSM 模式下关闭射频及其余耗电组件，因此增加了 Load Switch 开关，控制信号由 NB-IoT 芯片实现控制。

BC28 通信模组的尺寸为：17.7mm×15.8mm×2.0mm。

BC28 通信模组共有 58 个管脚（其中 44 个为 LCC 管脚，其余 14 个为 LGA 管脚）。包括电源供电、串口、USIM 接口、模数转换接口、RI 信号、网络状态指示接口。

BC28 通信模组的俯视图如图 4-9 所示，底视图如图 4-10 所示，管脚分配如图 4-11 所示。

图 4-9　BC28 通信模组俯视图

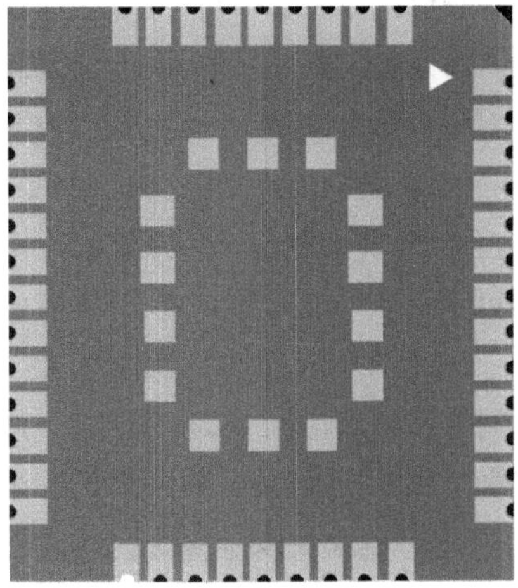

图 4-10　BC28 通信模组底视图

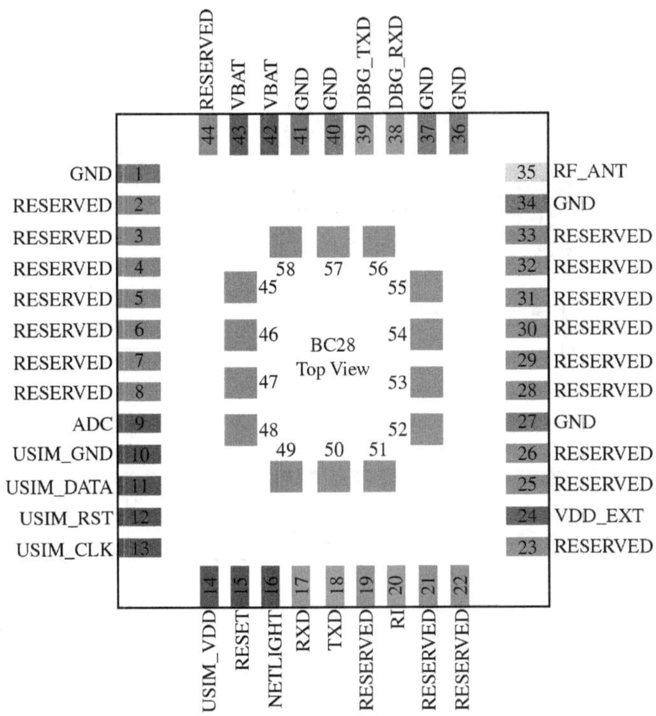

备注　所有预留的管脚须悬空。

图 4-11
BC28 通信模组管脚分配图

4.5　MCU 芯片体系架构

MCU 是芯片级的计算机，为不同的应用场合做不同组合控制。

物联网对于其中每个终端节点最理想的要求是智能化，即能够通过传感器感知外界信息，通过处理器进行数据运算，通过无线通信模组发送或接收数据。

随着智能终端的功能越来越多、任务调度复杂、提升续航能力等需求，32bit 低功耗 MCU 渐成主流，为争夺市场份额，MCU 芯片企业的竞争也非常激烈，全球较大的企业包括 ST、NXP、TI、Renesas、Microchip、Infineon、Cypress、Samsung 等。

MCU 有很多选择，本节以 ST（意法半导体）公司的 STM32L433CxT6 芯片为例来了解低功耗 MCU 芯片。STM32L433CxT6 芯片的 x 代表 Flash 的大小，如果 x 是 B，则 Flash 的大小是 128KB；如果 x 是 C，则 Flash 的大小是 256KB。

MCU 体系架构如图 4-12 所示。

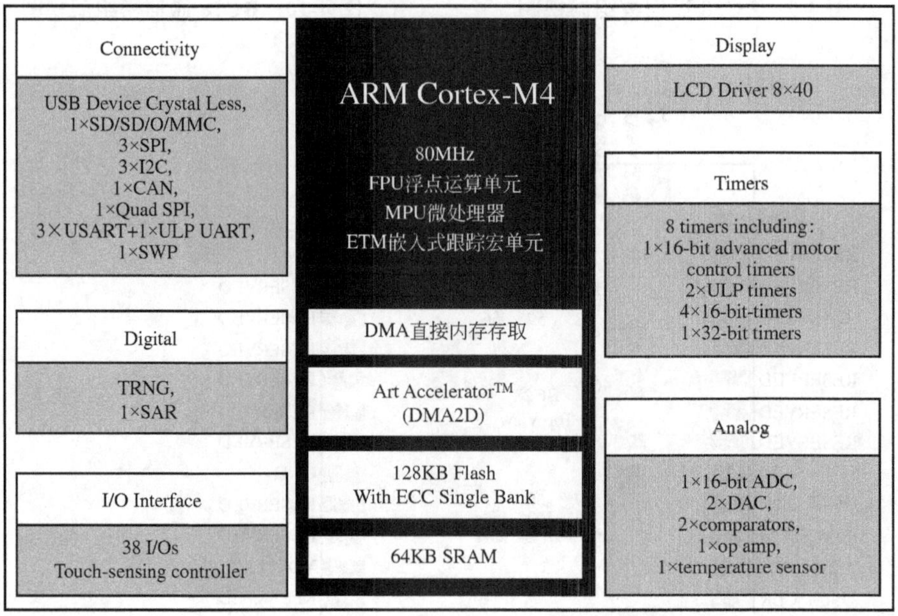

图 4-12
MCU 体系架构

STM32L4 系列芯片是 ST 公司推出的基于 ARM（advanced RISC machine，RISC 微处理器）内核 Cortex-M4 的 32 位微控制器系列。Cortex-M4 内核是为低功耗和价格敏感的应用而专门设计的，具有突出的能效比和处理速度。通过采用高密度指令集，内核降低了系统存储要求，同时快速的中断处理能够满足控制领域的高实时性要求，使基于该内核设计的 STM32 系列微控制器能够以更优越的性价比，面向更广泛的应用领域。

FPU（float point unit，浮点运算单元）是专用于浮点运算的处理器，典型的运算有加减乘除和开方。

MPU（micro processor unit，微处理器）不是微控制器，通常代表一个功能强大的 CPU，但不是为任何已有的特定计算目的而设计的芯片，往往是个人计算机和高端工作站的核心 CPU。

ETM（embedded trace macrocell，嵌入式跟踪宏单元）的作用是记录处理器做的事情并送到外面的调试器，直接连接到 ARM 内核，而不是连接 AMBA（advanced microcontroller bus architecture，先进微控制器总线体系结构）系统总线。

DMA（direct memory access，直接内存存取）不需要依赖 CPU 的中断实现运算。

ECC（error correcting code，错误检查和纠正）是一种能够实现错误检查和纠正的技术，一般多应用在服务器和图形工作站上，使整个系统工作时更趋于安全稳定。

STM32L433CBT6 规格参数如表 4-5 所示。

表 4-5　STM32L433CxT6 规格参数

参数	说明
核心处理器	Arm® 32-bit Cortex®-M4 CPU
工作频率	80MHz
通信接口	USB 2.0、SAI、I2C、USART、SPI、CAN、SWPMI、IRTIM
外围设备	Brown-out Detect/Reset、DMA、I^2S、POR、PWM、WDT
闪存大小	128KB/256KB
存储器大小	64KB
电压供应范围	1.71～3.6V
工作温度范围	-40～125℃
封装	LQFP48

STM32L433CxT6 芯片管脚分配如图 4-13 所示。以 STM32L433CBT6 为例，其实物如图 4-14 所示。

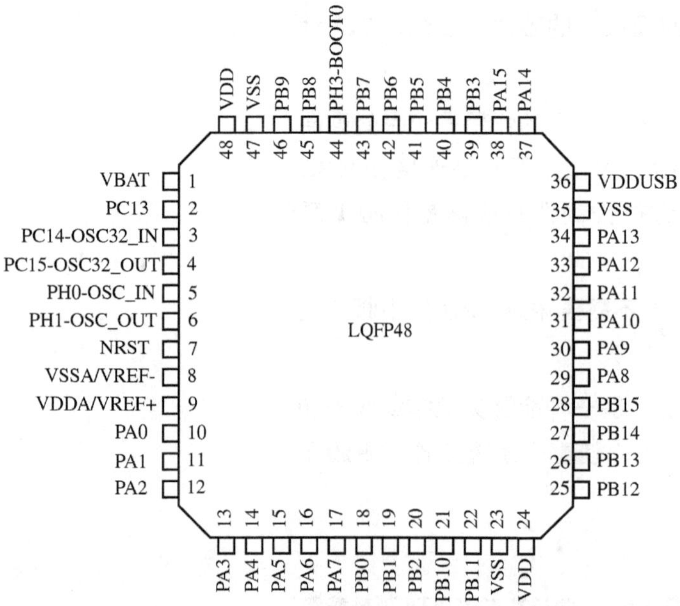

图 4-13　STM32L433CxT6 管脚分配图

图 4-14　STM32L433CBT6 实物图

STM32L4 系列处理器具有高速 Flash，极大地提升了读写速度，同时带有读写保护机制，保证数据读写正确；具有超低的 8nA 掉电模式和超低的 28nA 待机模式，待机模式下启用 RTC 时功耗仅 280nA；掉电模式唤醒仅需 4μs。

为了降低MCU的功耗，需选用较低的电压和适当的工作频率，在低功耗模式下需适当关闭 Flash，根据具体应用可平衡 BAM 与 STOP mode 之间的取舍，并且将没用的 GPIO 设置成 AN mode（模拟功能）。

对于 MCU 芯片来讲，工艺越先进、内存越小、电压越低、时钟频率越低，功耗特性就越好。MCU 具备丰富的低功耗模式以便在不同的应用场合进行调用。

4.5.1　MCU 最小系统

MCU 最小系统是指用最少的元器件组成的可以正常工作的系统。最小系统由单片机、晶振、复位电路、电源、程序烧录接口组成，其系统框图如图 4-15 所示。

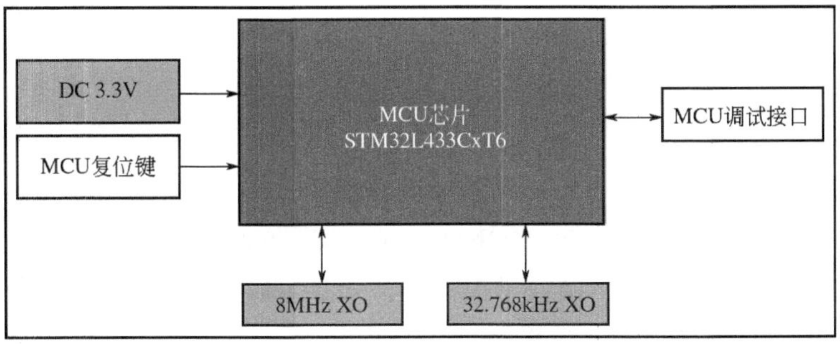

图 4-15
MCU 最小系统

1. 电源

STM32L433CxT6 的电源输入电压范围为 1.71～3.6V，本书案例采用的输入电压是 3.3V。

2. 晶振

STM32L433CxT6 可以使用内部晶振和外部晶振，只需要通过软件配置即可。最小系统提供了外部晶振的接口：X1M 和 X2M。X1M 接 8MHz 的晶振，X2M 接 32.768kHz 的晶振。

在 STM32 系列芯片中有五个时钟源，分别是：

- HSE（high speed external clock signal，高速外部时钟信号）可接石英或陶瓷谐振器，或者接外部时钟源，频率范围为 4～16MHz。
- HSI（high speed internal clock signal，高速内部时钟信号）是内部 RC 振荡器，频率为 8MHz。当 HSE 故障时，系统时钟会自动切换到 HSI，直到 HSE 启动成功。
- LSE（low speed external clock signal，低速外部时钟信号）连接频率为 32.768kHz 的石英晶体。
- LSI（low speed internal clock signal，低速内部时钟信号）是内部 RC 振荡器，频率为 40kHz。
- PLL（phase locked loop，锁相环）是对时钟进行倍频，时钟输入源可选择 HSI/2、HSE 或 HSE/2。倍频可选择 2～16 倍，但是其输出频率最大不得超过 72MHz。

3. 复位电路

复位电路是一种用来使电路恢复到起始状态的电路。MCU 最小系统中采用了 RC 复位电路，复位管脚接一个按键接地起到控制复位时间的作用，虽然时间比较短，但也不会造成管脚电压突变。

4．程序烧录接口

程序烧录接口也就是 MCU 调试接口，使用 SWD（single wire debug，单线调试）四线接口，分别为 VDD、GND、SWDIO、SWDCLK。SWD 接口是一种串行调试接口，使用 SWD 接口不仅稳定，而且可以节省很多 PCB 空间。另外也可以通过 Debug 串口来烧录程序。

> **备注** SWD 是 ARM 针对 Cortex M 系列内核的调试协议。相较于传统的 JTAG 调试协议，SWD 接口信号线只有两根，一根是单线时钟 SWCLK，另一根是单线数据输入/输出 SWDIO，不仅占用 MCU 的 I/O 口更少，而且与 JTAG 接口兼容复用。

SWD 接口电路如图 4-16 所示，实物如图 4-17 所示。

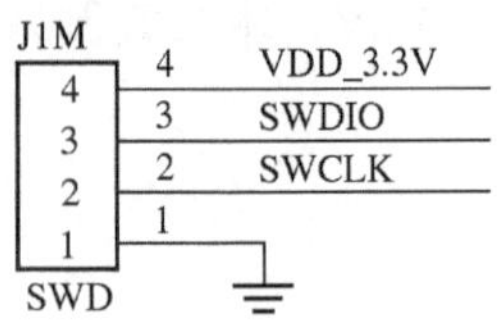

图 4-16　SWD 接口电路

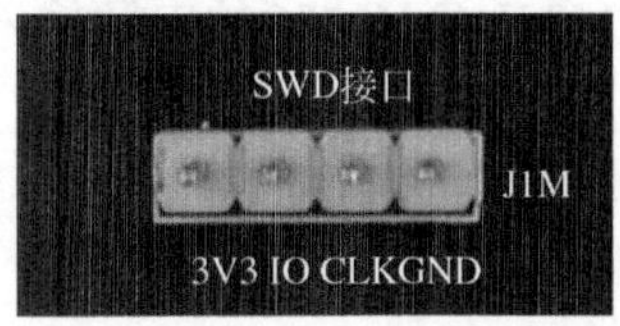

图 4-17　SWD 连接器

4.5.2　MCU 低功耗功能设计

NB-IoT 智能终端的最大特点是省电，因此选用的 MCU 也要具备低功耗模式。本书案例选择的 STM32L4 系列处理器提供了 7 种基本低功耗模式，如表 4-6 所示。

表 4-6　STM32L4 系列处理器提供的 7 种基本低功耗模式

模式	工作特点
睡眠模式（sleep mode）	CPU 停止工作，但所有外设仍可工作，可通过中断（interrupt）或事件（event）进行 CPU 唤醒
低功耗运行模式（low-power run mode）	使用最低电压提供内核电压（vcore），代码可在 SRAM 和 Flash 里运行，CPU 运行频率限制在 2MHz，外设（peripheral）使用独立的 16MHz 时钟
低功耗睡眠模式（low-power sleep mode）	只停止 CPU 时钟工作，当中断或事件唤醒 CPU 之后进入低功耗运行模式
停止 1（stop 1）模式 停止 2（stop 2）模式	停止模式下将会获取一个最低的功耗用来保持 SRAM 和寄存器的内容； 停止由内核电压控制的电路，PLL、MSI RC、HIS16 RC 和 HSE 都停止； LSE 和 LSI 仍保持运行状态； RTC 保持运行状态
待机模式（standby mode）	待机模式下将会使用 BOR（brown-out reset）获取一个最低的功耗； 停止由内核电压控制的电路，PLL、MSI RC、HIS16 RC、HSE、LSE 和 LSI 都停止； RTC 保持运行状态； 进入待机模式后 SRAM1 和集训期内容将会丢失，SRAM2 的内容将保留；

续表

模式	工作特点
待机模式 （standby mode）	设备退出待机模式可以利用外部复位（NRST pin）、独立看门狗（IWDG）、唤醒引脚事件（WKUP pin event）或者 RTC 事件（alarm、periodic wakeup、timestamp、tamper）； 唤醒之后时钟切换到 8MHz 的 MSI
关断模式 （shutdown mode）	关断模式下会获取一个最低的功耗； 停止由内核电压控制的电路，PLL、MSI RC、HIS16 RC、HSE、LSE 和 LSI 都停止； RTC 保持运行状态； BOR 不能使用； SRAM1、SRAM2 和寄存器除了备份都会丢失； 设备退出关断模式可以利用外部复位、唤醒引脚事件或者 RTC 事件（alarm、periodic wakeup、timestamp、tamper）； 唤醒之后时钟切换到 4MHz 的 MSI

MCU 低功耗模式之间的转换关系如图 4-18 所示。

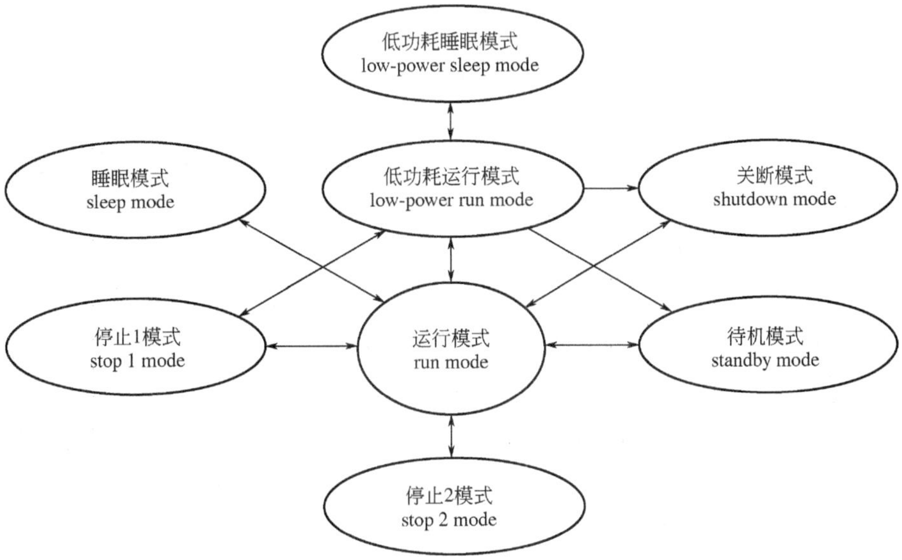

图 4-18
MCU 低功耗模式之间的转换关系

STM32L4 架构使微控制器能够在内核、DMA 控制器、存储器和外设之间并行传送数据和指令，进一步提升性能和能效。FlexPowerControl 是智能架构的另一个优势，有助于实现节能省电设计，当微控制器处于低功耗模式时只保留 I/O 电平，使 SRAM 保持待机状态，管理特定外设与 I/O 端口的独立电源。

备注　具体细节可参考 http: //www.stmcu.org.cn/document/ detail/index/id-216274《STM32L4 低功耗模式介绍》。

4.6 智能终端外围电路设计

4.6.1 供电电路设计

备注 智能终端外围电路包括供电电路、SIM 卡电路、串口电路、状态指示灯、其他接口等。本书利用小熊座 KE1 开发板作为参考设计。

小熊座 KE1 开发板上 MCU 的工作电压是 3.3V，NB-IoT 通信模组的工作电压是 3.6V。可使用以下两种电源接入方式。

1）使用 USB Type-C 接口获得 5V 直流电源。

2）使用 18650 锂电池获得 3.7V 电池供电。

供电电路系统框图如图 4-19 所示。

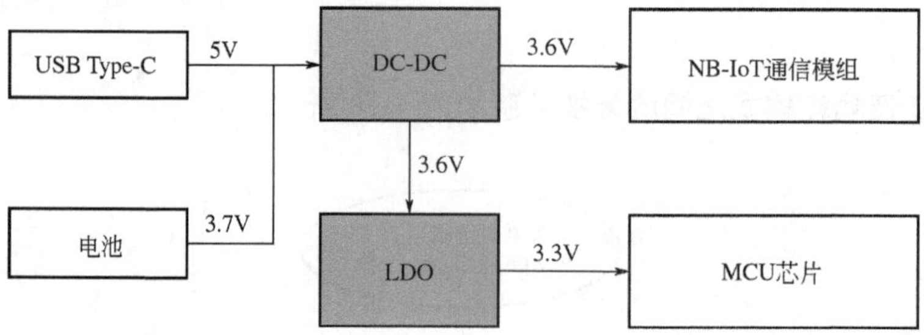

图 4-19
供电电路系统框图

DC-DC（direct current-direct current，直流电压转直流电压）转换器是将直流电压转换成直流电压的转换器。其工作原理是通过自激振荡电路把输入的直流电压（DC）转变为交流电压（AC），通过变压器改变电压之后再转变为直流电压输出。在 DC-DC 的整个转换过程中产生了交流电压，交流电压通过变压器可以转换成更高的直流电压或更低的直流电压，因此 DC-DC 有三种类型的转换器，分别是升压型、降压型和升/降压型。

LDO（low dropout regulator，低压差线性稳压器）应用在降压电路中，即转换后获得的输出电压小于输入电压。其工作原理与标准的线性稳压器相同，即从输入电压之中减去超额的电压，以产生调节之后的输出电压，其工作原理决定了它只有降压型转换器。

DC-DC 采用 SY8088 芯片实现 3.6V 供电，LDO 采用 HT7233 实现 3.3V 供电，如图 4-20 所示。

1. USB Type-C 供电电路

小熊座 KE1 开发板采用 USB Type-C 接口实现外部 5V 直流电源供电。USB Type-C 供电电路如图 4-21 所示，实物如图 4-22 所示。

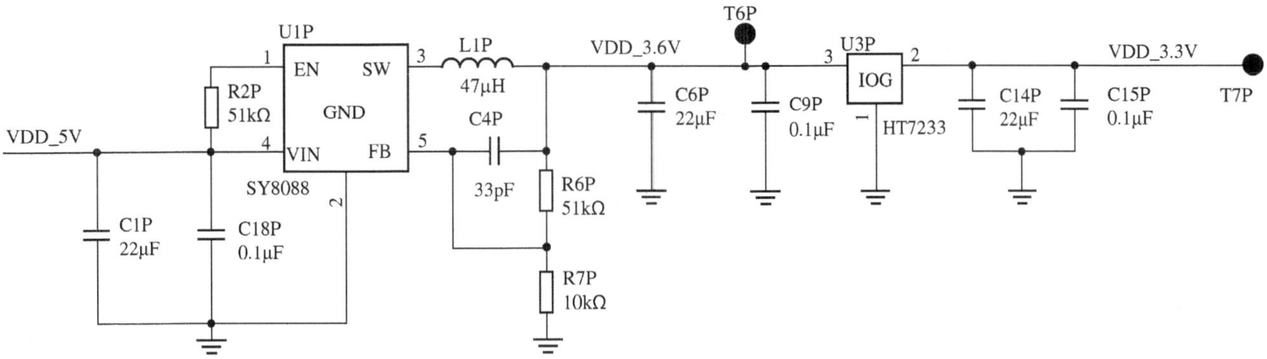

图 4-20　电压转换电路

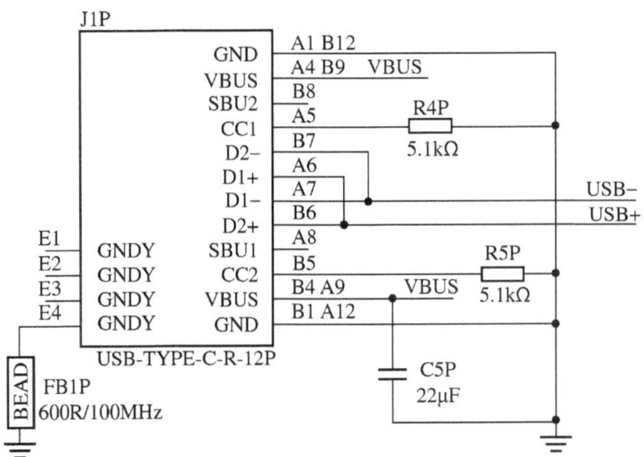

图 4-21　USB Type-C 供电电路

图 4-22　USB Type-C 接口

2．电池供电

小熊座 KE1 开发板支持 3.7V 18650 锂电池供电，便于开发板在移动场景下工作，可模拟实际应用的供电场景。同时，可通过 USB Type-C 接口对电池进行充电。锂电池供电电路如图 4-23 所示。

锂电池供电模块采用 TP5410 芯片，是一款单节锂电池专用的电池充电及 5V 恒压升压控制器，充电部分集高精度电压和充电电流调节器、预充、充电状态指示和充电截止等功能于一体，可以输出最大 1A 的充电电流。升压电路采用 CMOS 工艺制造的空载电流极低的 VFM 开关型 DC/DC 升压转换器，具备极低的空载功耗（小于 10μA），且升压输出驱动电流能力达到 1A。

在 TP5410 电路中，VBUS 为 USB 接口提供的电压是总电压。VDD_BAT 是锂电池充电电压，该引脚连接锂电池。VOUT 引脚输出+5V 电压，该电压可由锂电池升压产生，供给后续电路使用。

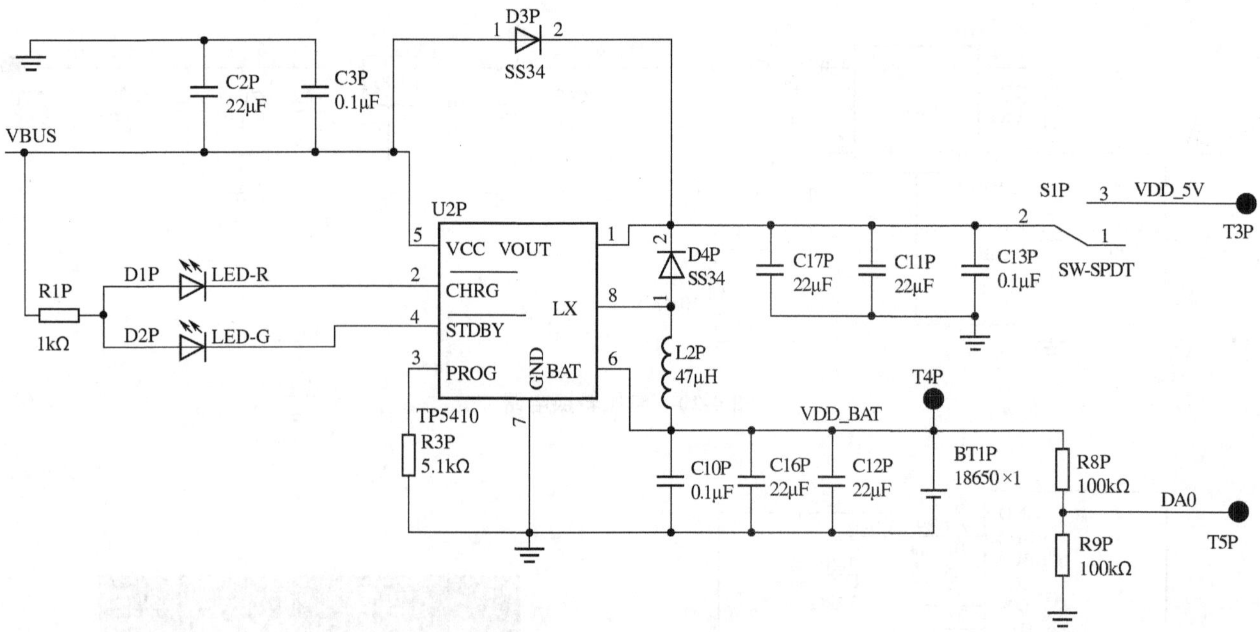

图 4-23　锂电池供电电路

锂电池电源管理电路可以将 3.7V 锂电池升压至 5V，但这并不能直接作为电源给小熊座 KE1 开发板直接供电，KE1 开发板上的元器件供电电压范围普遍为 1.8～3.6V，需要通过 DC/DC 实现 3.6V 供电，然后通过 LDO 实现 3.3V 供电。

NB-IoT 通信模组的电压输入范围为 3.1～4.2V。为了确保输入电压不要跌落到 3.1V 以下，在靠近通信模组的电源输入端，建议并联一个 47μF 钽电容，以及 100nF、100pF、22pF 的滤波电容。同时，建议在靠近通信模组电源输入端增加一个 TVS 管以提高通信模组的浪涌电压承受能力。原则上，电源的 PCB 走线尽量短且足够宽，减小电源走线的等效阻抗，确保在最大发射功率时大电流情况下不会产生太大的电压跌落。建议电源走线宽度不少于 2mm，并且走线越长，线宽越宽。

（1）对于外部适配器供电或直流源供电情况

通过增加 Buck 或者 LDO 降压到通信模组的典型值，如 3.6V 给通信模组供电，供电系统电流大于 500mA 可满足要求，电源瞬态 1A 时确保系统不掉电。电源设计需要考虑纹波<1%，噪声<3%，需要实现防反接、短路保护、过流保护、大动态切换等功能。

（2）对于使用电池供电情况

通常情况下，当前 BC28 通信模组的输入电源为 3.1～4.2V，由于电池工作电压会随工作时间逐渐降低，电压低于 3.1V，系统需要增加升压 Boost 器件来保证通信模组正常的工作。选型时需要重点考虑效率、漏电、输入电压范围等指标。

备注　Boudica 150 NB-IoT 芯片支持 2.8V 以下电压工作，但通信模组受射频器件如 PA 等方面的约束，BC28 通信模组标称的工作电压为 3.1～4.2V。为提升电池供电场景的电池使用效率，硬件设计可以考虑给 PA 供电单独增加升压器件，以支持电池低电压工作。

4.6.2　SIM 卡电路设计

若想使 NB-IoT 智能终端连接运营商基站，就需要一个身份的识别和鉴权，与手机通信一样，NB-IoT 智能终端同样需要安装 SIM 卡。

小熊座 KE1 开发板可使用两种形式的 SIM 卡：一种是 NB-IoT 物联网卡（插卡式，和手机 SIM 卡外观一致），另一种是 eSIM 芯片（贴片卡）。可供开发人员尝试设计不同需求的产品提供选择便利。

SIM 卡电路图如图 4-24 所示，实物如图 4-25 所示。

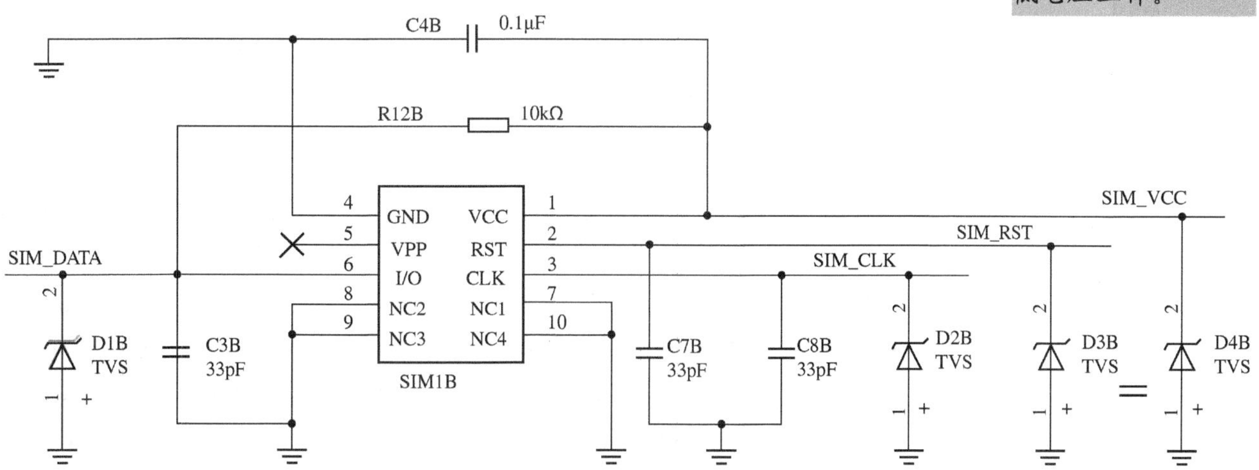

图 4-24　SIM 卡电路图

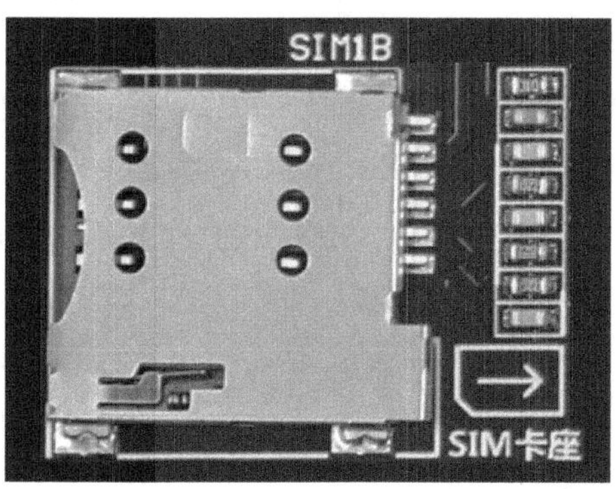

图 4-25　SIM 卡实物图

eSIM 芯片卡是芯片封装的 SIM 卡。在小熊座 KE1 开发板中预留了芯片焊盘。不焊接时默认使用插卡式 SIM 卡。若使用 eSIM 芯片卡，则需要在 R10B、R11B、R13B 位置焊接 0Ω电阻。

eSIM 卡电路图如图 4-26 所示，实物如图 4-27 所示。

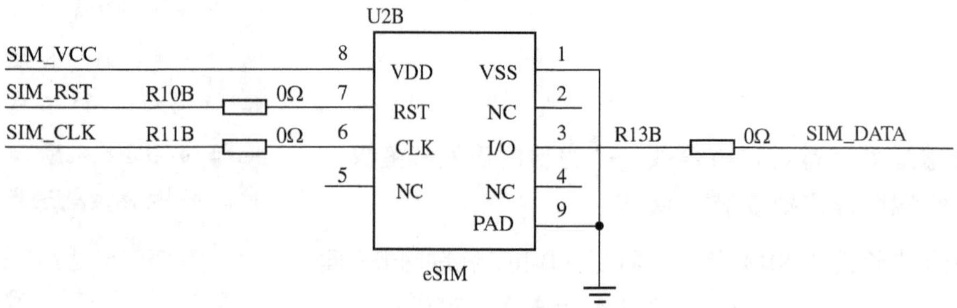

图 4-26　eSIM 卡电路图

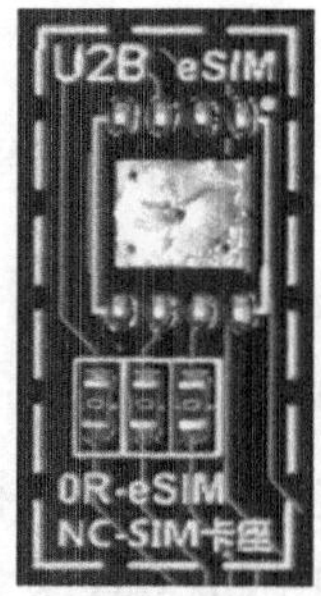

图 4-27　eSIM 卡实物图

在外部 SIM 接口的电路设计中，为确保外部 SIM 卡的性能良好并防止外部 SIM 卡被损坏，在电路设计中建议遵循以下设计原则：

- 外部 SIM 卡座靠近通信模组摆放，尽量保证外部 SIM 卡信号线布线长度不超过 200mm。
- 外部 SIM 卡信号线布线远离 RF 走线和通信模组的输入电源。
- 外部 SIM 卡座的地与通信模组的 SIM_GND 布线要短而粗。为保证相同的电势，需确保布线宽度不小于 0.5mm。SIM_VDD 的去耦电容不超过 1μF，且电容应靠近外部 SIM 卡座摆放。
- 为了防止 SIM_CLK 信号与 SIM_DATA 信号相互串扰，两者布线不能太靠近，并且在两条走线之间需增加地屏蔽。此外，SIM_RST 信号也需要地保护。
- 为确保良好的 ESD 防护性能，建议在外部 SIM 卡的管脚增加 TVS 管。选择的 TVS 管寄生电容应不大于 50pF。ESD 保护器件尽量靠近外部 SIM 卡座摆放，外部 SIM 卡信号走线应先从外部 SIM 卡座连到 ESD 保护器件再从 ESD 保护器件连到通信模组。在通信模组和外部 SIM 卡座之间需要串联 22Ω 的电阻用以抑制杂散 EMI，增强 ESD 防护。外部 SIM 卡的外围器件应尽量靠近外部 SIM 卡座摆放。
- 在 SIM_DATA、SIM_CLK 和 SIM_RST 线上并联 33pF 电容用于滤除射频干扰。
- 当前通信模组 SIM 卡的电平是 3.0V。硬件设计上 SIM 由于经常手动插拔，因此信号线上建议增加 TVS 管防护，同时数据线增加 15kΩ上拉电阻（USIM 协议要求）。

4.6.3 串口电路设计

智能终端的内部设计采用串口方式进行通信。串口有两个必须的管脚，分别是 RX（数据输入脚，接收数据）和 TX（数据发送脚，发送数据）。

串口分为两种形式：UART（串行异步收发器）和 USART（串行同步异步收发器）。UART 在收发数据的时候不是同步的，因此是串行异步收发器。而 UART 和 USART 的区别是 USART 多了一条时钟引脚，因为这条时钟线，会使得串口数据的收发互不干扰，USART 也可以不使用这条时钟同步线变成异步形式，因此 USART 是串行同步异步收发器。

备注　NB-IoT 智能终端采用 UART 串行异步收发器。

以小熊座 KE1 开发板为例，MCU 和 NB-IoT 通信模组之间采用串口通信，属于板上的电路，使用 UART3 串口，串口通信连接方式如图 4-28 所示。

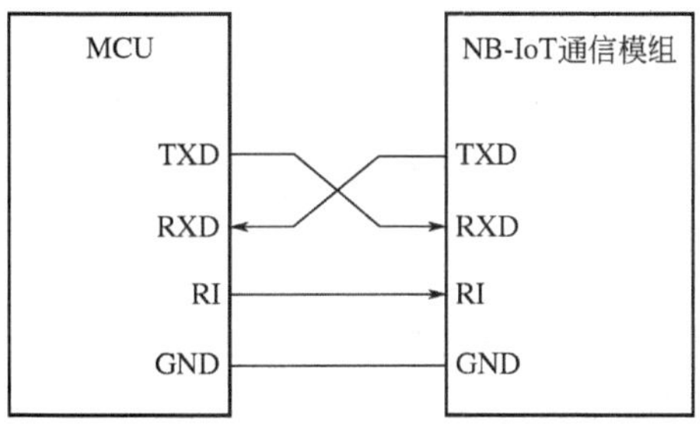

图 4-28
串口通信连接方式

小熊座 KE1 开发板对外提供三种接口，分别是调试串口、扩展串口和通信模组调试串口。

① 调试串口（UART1）　用来实现 MCU 和 PC 之间的连接。

② 扩展串口（UART2）　用来连接 MCU 和外围电路，供开发者使用。

③ 通信模组调试串口（NB_DBG）　用来把 NB-IoT 通信模组的调试功能引出，可用于固件升级，也可以输出 LOG 信息。

小熊座 KE1 开发板采用 USB Type-C 接口实现主串口通信。串口收发器芯片选用 CH340C 芯片，可通过 USB 数据线连接小熊座 KE1 开发板和计算机，使用串口助手发送 AT 命令调试 NB-IoT 通信模组（需使用出厂缺省固件程序）。USB 电平转换电路如图 4-29 所示，实物如图 4-30 所示。

USB 电平转换电路用于 MCU 和 PC 通信的场景。PC 机上的通信接口使用 USB 接口，相应的电平逻辑需要遵照 USB 电平规则，而 MCU 的串行通信接口是串口，相应电平需要遵循 TTL 原则。为了使两者可以互相通信，就需要一个电平转换器实现 USB 总线转接。

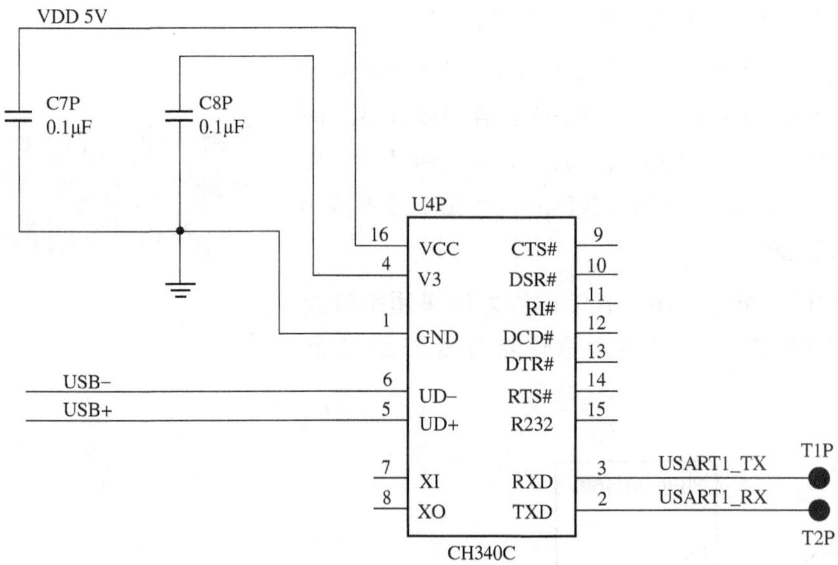

图 4-29　USB 电平转换电路

图 4-30　USB 电平转换实物图

主串口可用于 AT 命令传送和数据传输，支持的波特率为 4800b/s、9600b/s（默认）、57600b/s、115200b/s、230400b/s 和 460800b/s。它还可用于固件升级，支持的波特率为 115200b/s（默认）和 921600b/s。主串口在 Active、IDLE 和 PSM 模式下均可工作，如表 4-7 所示。

表 4-7　主串口特性参数

参数	描述
正常模式波特率	4800b/s、9600b/s、57600b/s、115200b/s、230400b/s、460800b/s
PSM 模式波特率	4800b/s、9600b/s、57600b/s
奇偶校验位	偶校验/奇检验/无校验
停止位数	1bit 或 2bit
每帧数据位数	8bit

在 MCU 和 NB-IoT 通信模组之间的串口电路中，需重点设计串口电平匹配电路，参考设计如图 4-31 所示。

串口电平匹配电路的设计注意事项如表 4-8 所示。

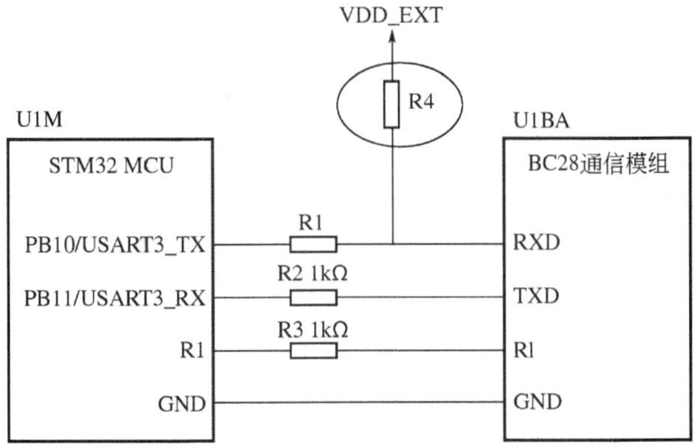

图 4-31
串口电平匹配电路参考设计

表 4-8　串口电平匹配电路的设计注意事项

MCU_IO 电平 VCC	R4	R1	PSM 模式下 MCU 配置
VDD_EXT＜VCC≤3.6V	20kΩ	肖特基二极管	MCU_TXD 配置成输出高电平或浮空输入 MCU_RXD 和 MCU_EINT 配置成浮空输入
VCC=VDD_EXT	2MΩ	1kΩ	MCU_TXD 配置成输出高电平或浮空输入 MCU_RXD 和 MCU_EINT 配置成浮空输入或输入上拉
VCC＜VDD_EXT 或 VCC＞3.6V	为避免因电平差异导致的漏电及通信问题，MCU 与通信模组之间通信需增加额外电平转换电路		

扩展串口采用插针方式，用来连接 MCU 和外围电路，供开发者使用。扩展串口电路图如图 4-32 所示，实物如图 4-33 所示。

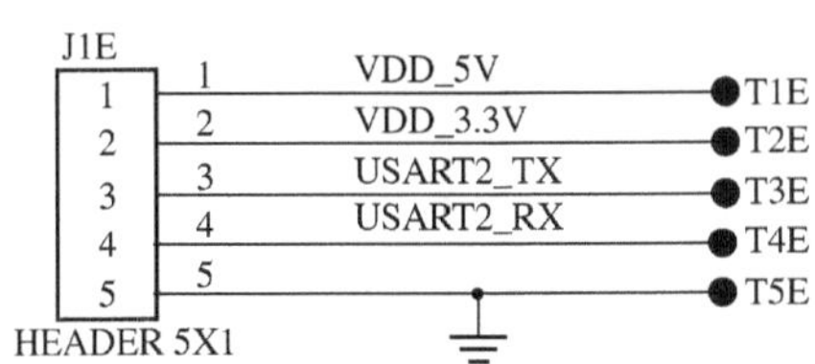

图 4-32　扩展串口电路图

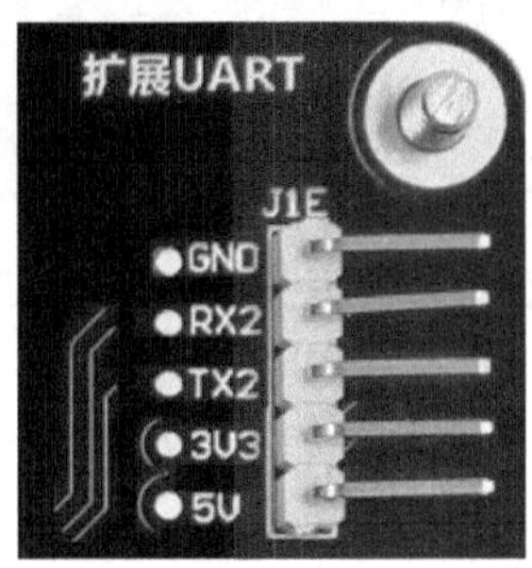

图 4-33　扩展串口电路实物图

4.6.4　开关机电路设计

小熊座 KE1 开发板采用拨动开关进行开关机，即 S1P 电源开关。实物如图 4-34 所示。

> **备注** 在VCC<VDD_EXT或VCC>3.6V情况下，MCU_RXD配置成输入上拉，会造成系统漏电，故进入PSM后需将其配置成浮空输入模式。这些特殊的配置是为了防止串口电压超出范围时发生漏电情况，以及解决PSM模式下通信模组RXD不能悬空的问题。

在电路设计时，BC28 通信模组上电后，外部控制 RESET 输入保持高电平，即可实现通信模组自动开机。BC28 通信模组可通过以下方式复位。

1）硬件复位：拉低复位管脚至少 100ms 可使 BC28 通信模组复位。

2）软件复位：发送 AT 命令（AT+NRB）进行通信模组复位。

在小熊座 KE1 开发板中，S1B 是 NB-IoT 通信模组复位按键，采用开集驱动电路来控制 RESET 管脚。BC28 通信模组复位按键电路图如图 4-35 所示。

如果要对智能终端的芯片进行现场升级时，需要实时复位操作切换芯片的运行状态，从而实现升级功能。

MCU 复位按键电路图如图 4-36 所示。在终端产品设计时，可在 S1M 按键附近增加 TVS 管。

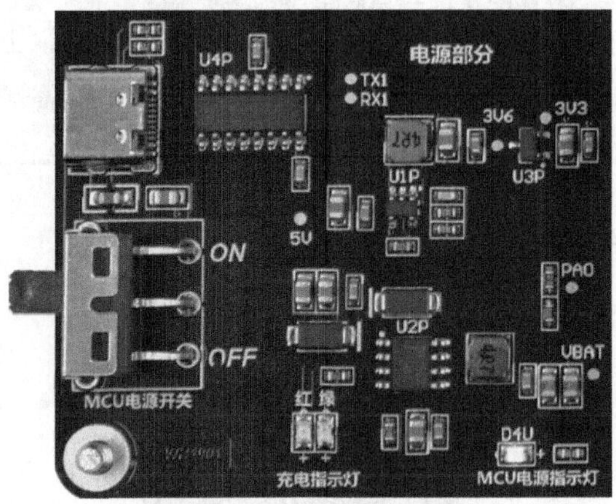

图 4-34　开关机电路实物图

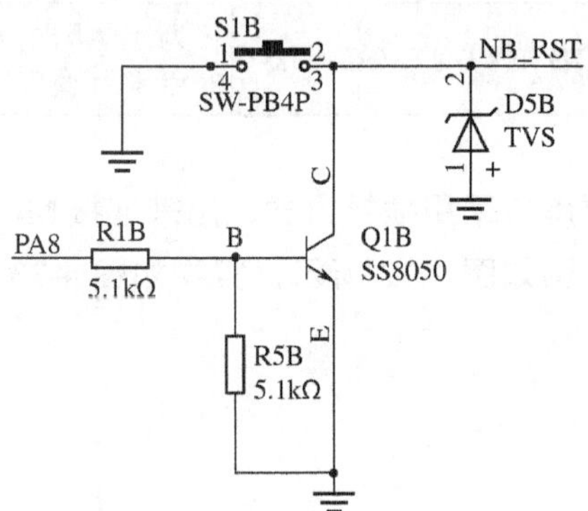

图 4-35　通信模组复位按键电路图

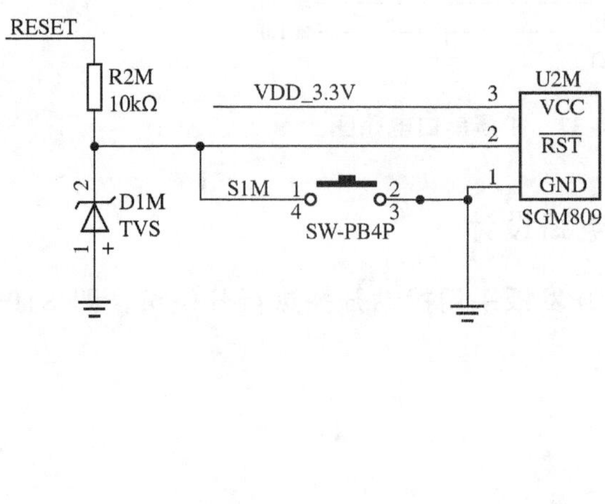

图 4-36
MCU 复位按键电路图

S2M 按键是 MCU BOOT 按键，STM32 系列 MCU 的默认启动方式是从内置 Flash 启动，即把 BOOT 按键连接 BOOT0 管脚。当我们使用 SWD 或 JTAG 下载程序时，需要按下此 BOOT 按键，当系统重启后，直接从内置 Flash 启动程序。电路图如图 4-37 所示。

备注　小熊座 KE1 开发板提供了一个复位按键（S1M）。在终端产品设计时，如果不需要考虑防水功能，可增加一个针孔复位，即不用拆壳也可以按复位按键完成现场升级，同时也避免误触发复位。设计按键时需要考虑按键的触感及回馈力度，同时增加电容防抖动，器件选型上需要考虑使用寿命。

4.6.5　状态指示电路设计

小熊座 KE1 开发板提供 5 个指示灯，分别是：1 个系统电源指示灯，D4U，蓝色；1 个 MCU 工作指示灯，D5U，绿色；1 个通信模组工作指示灯，D1B，绿色；2 个充电状态指示灯，D1P，红色，D2P，绿色。

系统电源指示灯（D4U）如图 4-38 所示。蓝色灯常亮，表示电源供电正常。

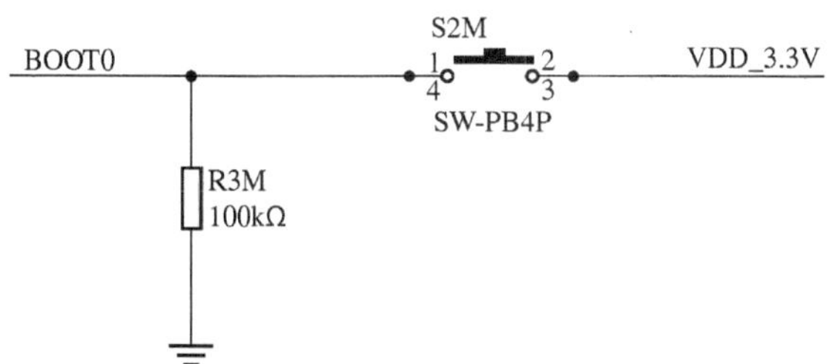

图 4-37
MCU BOOT 按键电路图

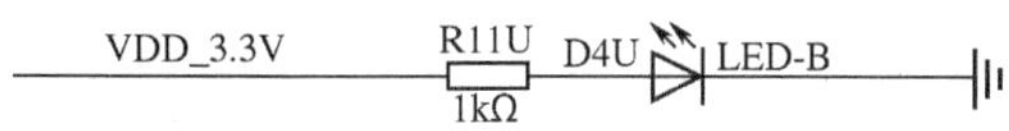

图 4-38
指示灯电路

MCU 工作指示灯（D5U）如图 4-39 所示。绿色灯闪烁，表示 MCU 处于运行状态。

图 4-39
MCU 工作指示灯

通信模组工作指示灯（D1B）如图 4-40 所示。若灯亮，表示通信模组已注册到网络；若灯灭，表示通信模组没有运行或通信模组未注册到网络。

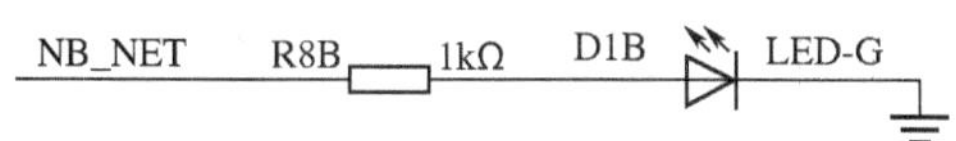

图 4-40
通信模组工作指示灯

充电状态指示灯（D1P、D2P）如图 4-23 所示。其中，充电状态时，D1P 红灯常亮；充满电时，D2P 绿亮常亮；未放置电池时，红灯闪烁绿灯亮。

4.6.6　其他接口电路设计

按键可作为人机交互的接口，为系统输入特定的指令。由于按键数量不多，小熊座 KE1 开发板采用独立按键的方式接入系统，系统响应较快，同时可用中断实现，用户通过自己编写按键功能实现对项目工程的控制。

小熊座 KE1 开发板预留两个扩展按键，开发人员可自主编写按键功能，使人机交互变得更为方便，如图 4-41 所示。

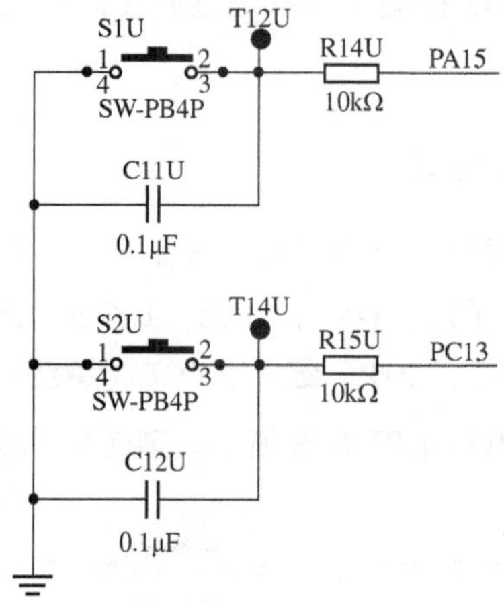

图 4-41
扩展按键电路

小熊座 KE1 开发板还预留了一个扩展接口，供开发者自行使用。扩展接口电路图如图 4-42 所示，实物如图 4-43 所示。

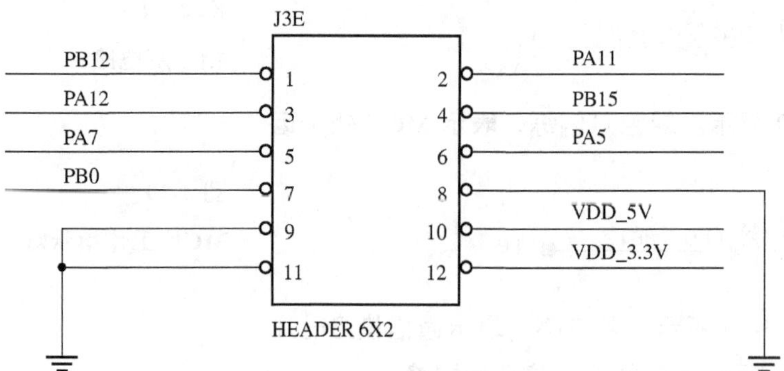

图 4-42　扩展接口电路图

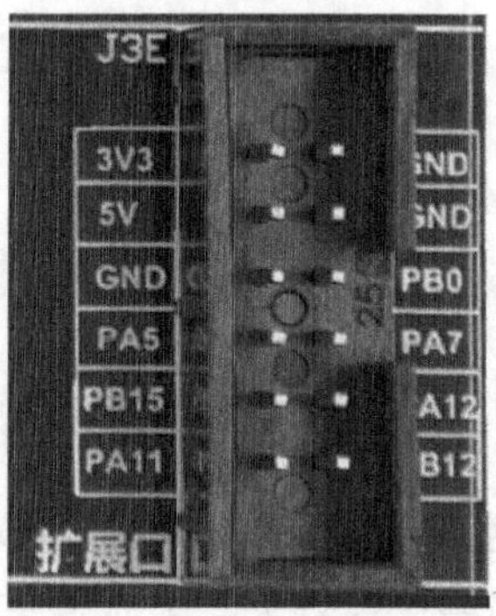

图 4-43　扩展接口电路实物图

4.7　智能终端扩展功能设计

NB-IoT 小熊座 KE1 开发板为开发者预先设计了多种功能，包括温湿度传感器、环境光传感器、声音传感器、蜂鸣器、继电器、OLED 显示屏，方便开发者实验和创新。

4.7.1　温湿度传感器

温湿度传感器是将空气中的温度和湿度转成电信号的转换设备，可以反馈出当前环境下的温度及湿度情况。其中，温度传感器是利用热电阻敏感元件随温度变化而变化的特性来检测当前环境温度，湿度传感器则是通过化学性质或物理性质，对空气中的水蒸气含量的采集转换成相应的电信号。

小熊座 KE1 开发板提供一个温湿度传感器，采用 Sensirion 公司的 SHT3x 传感器，通过 I²C 总线进行通信，实物外观如图 4-44 所示。

图 4-44　SHT3x 实物外观

温湿度传感器与 MCU 接口分别是 SDA、SCL、VDD 和 GND。温湿度传感器电路图如图 4-45 所示，实物如图 4-46 所示。

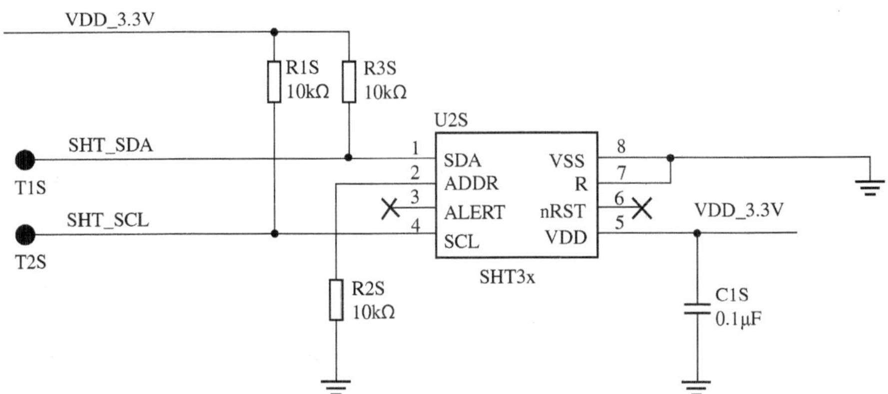

图 4-45　温湿度传感器电路图

图 4-46　温湿度传感器实物图

SHT3x 温湿度传感器的基本性能参数如表 4-9 所示。

表 4-9　SHT3x 温湿度传感器的基本性能参数

功能	参数
数据输出接口	I²C，电压输出
电源电压范围	2.4～5.5V，本例供电电压 VDD 是 3.3V
温度工作范围	-40～125℃
典型温度精度	±0.2@0～90℃

续表

功能	参数
湿度工作范围	0～100% RH
典型湿度精度	±2@0～100% RH
湿度响应时间	8s（tau63%）
能耗	4.8μW（在 2.4V 时低重复性，1 次/s）

4.7.2 环境光传感器

环境光传感器是利用物理学的光电效应，通过光敏元器件将光通量转换成电信号的传感器，通常它的敏感波长在可见光波长频段的附近，以便于能够识别可见光，有些环境光传感器甚至可以检测紫外线波长等肉眼无法观察到的特殊波长。除此之外，环境光传感器也可以成为其他传感器的探测元件，检测其他特殊信号并将其转换成光信号。

环境光传感器具有非接触、高精度、高分辨率、高可靠性和反应快等特点。

图 4-47 环境光传感器

环境光传感器的种类繁多，最常见的有太阳能电池、光敏电阻、紫外线传感器等，目前应用广泛，在自动控制及非电量检测行业之中有着重要地位。最常见的应用包括声光控灯、人体感应灯等电子产品自动控制领域。

小熊座 KE1 开发板提供一个环境光电阻传感器，采用 VISHAY 公司的 TEMT6000X01 传感器，控制逻辑为 ADC，实物外观如图 4-47 所示。

TEMT6000X01 光敏传感器由一个高灵敏可见光光敏（NPN 型）晶体管构成，它可以将捕获的微小光线变化并放大 100 倍左右，可以轻松地被微控制器识别，并进行 A/D 转换。

TEMT6000X01 光敏传感器的基本性能参数如表 4-10 所示。

表 4-10 TEMT6000X01 光敏传感器的基本性能参数

功能	参数
工作电压	3.3～5V
数据输出接口	ADC
尺寸	30mm × 25mm
工作温度	-40～85℃

环境光传感器电路图如图 4-48 所示，实物如图 4-49 所示。

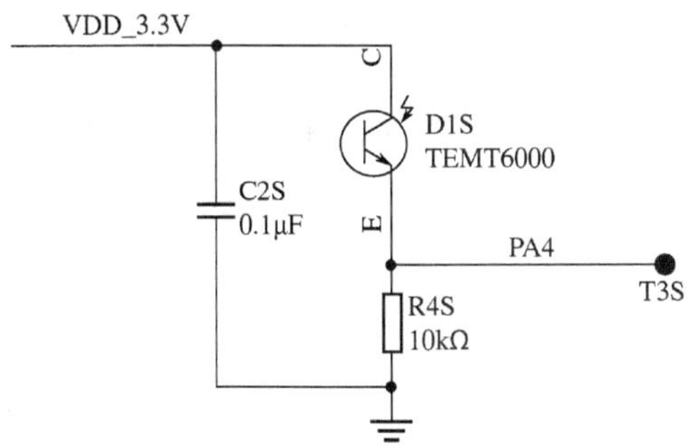

图 4-48　环境光传感器电路图

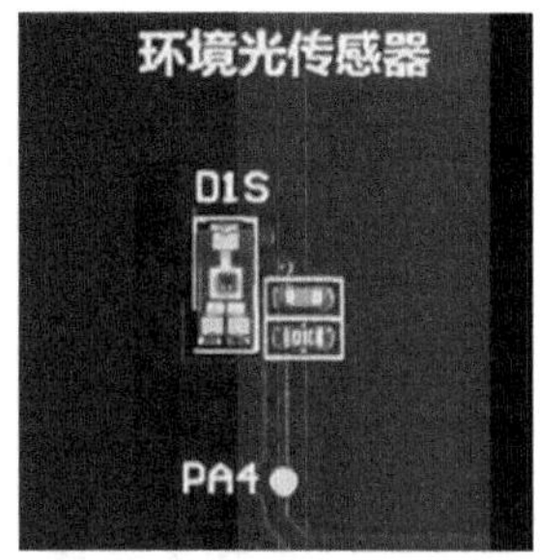

图 4-49　环境光传感器实物图

环境光传感器与 MCU 的接口分别是 AO、VDD 和 GND。

环境光传感器的供电电压 VDD 是 3.3V。AO 是模拟量输出，AO 与 MCU 的 ADC 模块相连，通过 A/D 转换，可以获得环境光强更精准的数值。

4.7.3　声音传感器

声音传感器是一种将在气体、液体或固体中传播的机械振动转换成电信号的传感器，其内部结构通常是由一个对声音敏感的电容式驻极体及其他器件构成。驻极体从外界接收到声波后，其上的薄膜会产生振动从而产生与之对应的微小电压，微小电压会在随后的电路之中转换成 0～5V 的电压，再经过 A/D 转换被数据采集器接收，以相应的形式反馈到终端。

市面上的声音传感器有很多种类型，按照测量的原理进行划分有电磁感应传感器、静电效应传感器、磁致伸缩传感器等。最常见的应用包括交通干道噪声检测、城市区域噪声检测等检测和评估领域。

小熊座 KE1 开发板提供一个声音传感器，控制逻辑为 ADC，GPIO 管脚为 PA6。声音传感器电路图如图 4-50 所示，实物如图 4-51 所示。

声音传感器与 MCU 的接口分别是 AO、VDD 和 GND。

声音传感器的供电电压 VDD 是 3.3V。AO 是模拟量输出，AO 与 MCU 的 ADC 模块相连，通过 A/D 转换，依此来检测环境噪声。

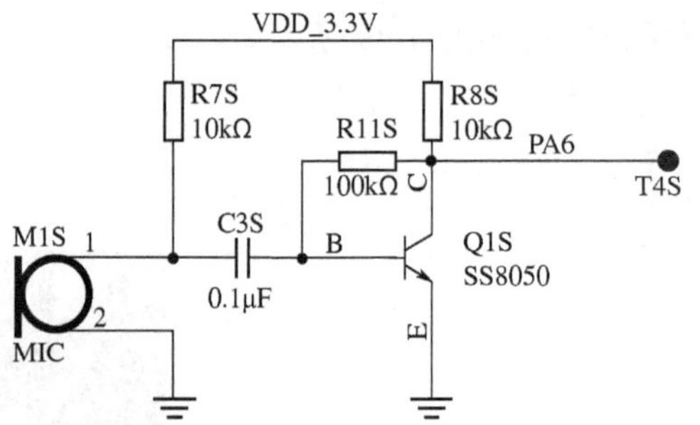

图 4-50　声音传感器电路图

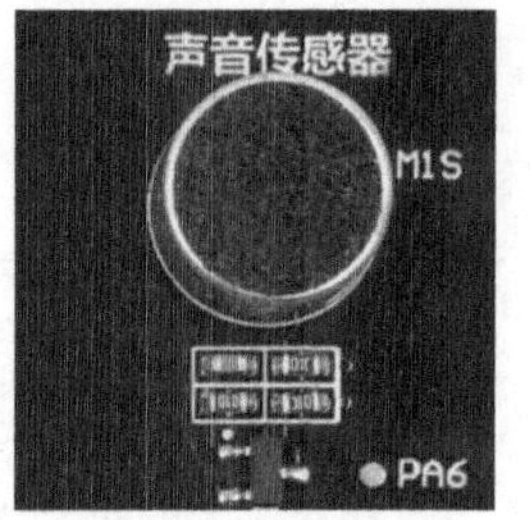

图 4-51　声音传感器实物图

4.7.4　蜂鸣器

蜂鸣器是一种将电信号转换成音频信号的电子器件，广泛用于计算机、报警器等发声设备当中。蜂鸣器包括源蜂鸣器和无源蜂鸣器，这里的“源”并非是电源，而是指振荡源。无源蜂鸣器是将方波信号输入到谐振装置转换成声音信号，而有源蜂鸣器则是将直流电源作为输入，经过振荡系统的放大后由取样电路在谐振装置作用下产生声音信号。

除了通过输入信号来鉴别蜂鸣器的分类外，还可以使用万用表的欧姆挡测量两者的电阻值，有源蜂鸣器的阻值通常在几百欧以上，而无源蜂鸣器则大概在几欧至十几欧之间。在价格上，有源蜂鸣器也比无源的要贵一些。

小熊座 KE1 开发板使用的蜂鸣器为贴片式无源蜂鸣器，采用 PWM 方式控制，共振频率为 2.7kHz，实物外观如图 4-52 所示。蜂鸣器电路图如图 4-53 所示，实物如图 4-54 所示。

图 4-52　无源蜂鸣器

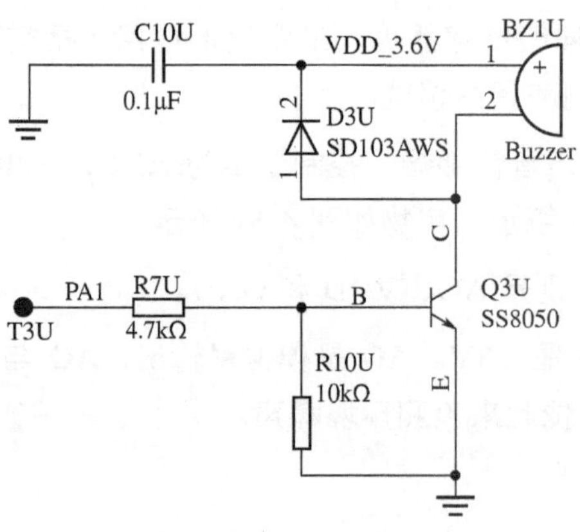

图 4-53　蜂鸣器电路图

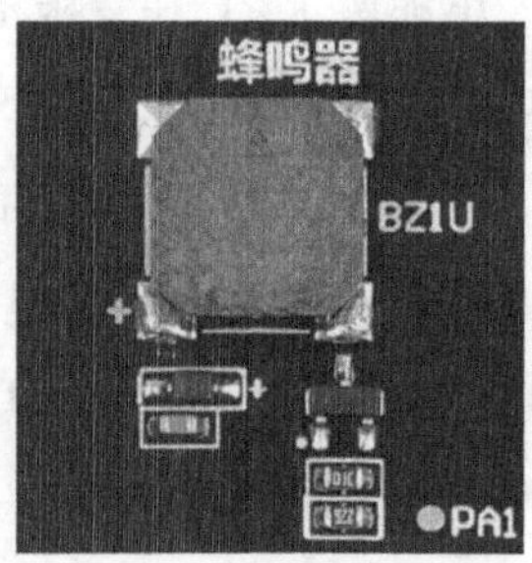

图 4-54　蜂鸣器实物图

蜂鸣器与 MCU 的接口分别是 PWM、VDD 和 GND。蜂鸣器的供电电压 VDD 是 3.3V，PWM 为 I/O 口。

4.7.5　继电器

继电器是一种电控制器件，是当输入量的变化达到规定要求时，在电气输出电路中使被控量发生预定阶跃变化的一种电器。它具有控制系统和被控制系统之间的互动关系。通常应用于自动化的控制电路中，实际上是用小电流去控制大电流运作的一种“自动开关”。故在电路中起着自动调节、安全保护、转换电路等作用。

小熊座 KE1 开发板有 2 路单刀双掷继电器，采用 SRD 的 SRD-05VDC-SL-C，控制逻辑为逻辑电平输出，GPIO 管脚分别为 PB1 和 PB3。电路图如图 4-55 所示，实物如图 4-56 所示。

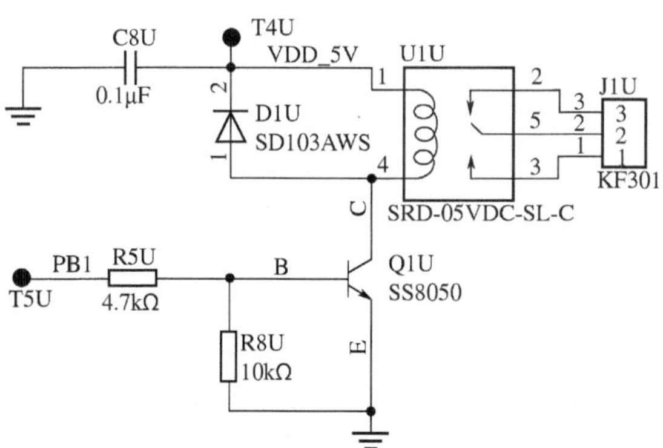

图 4-55　继电器电路图

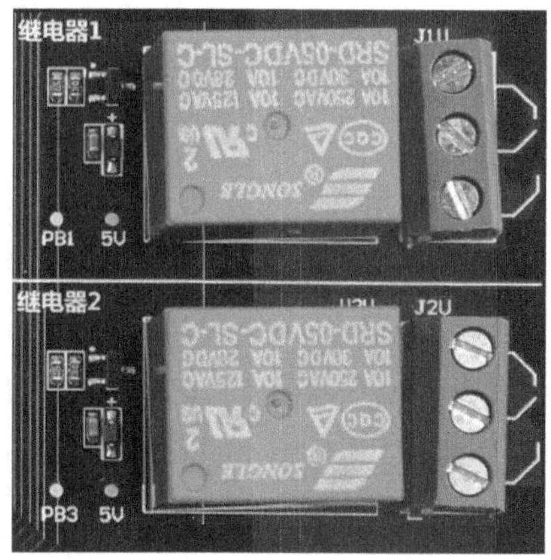

图 4-56　继电器实物图

4.7.6　三色 LED 灯

小熊座 KE1 开发板提供 1 个三色 LED 灯，电路图如图 4-57 所示，实物如图 4-58 所示。

三色 LED 灯是以红、绿、蓝三色混光而成。以三原色共同交集成像，中心三色最亮的叠加区为白色。

4.7.7　OLED 液晶显示屏

OLED 液晶显示屏可向用户显示系统状态、上行数据、下发命令等功能。

小熊座 KE1 开发板搭载了一块 OLED 液晶显示屏，分辨率为 128 像素×32 像素，大小为 0.91 寸，白色/蓝色，采用 I²C 接口通信。

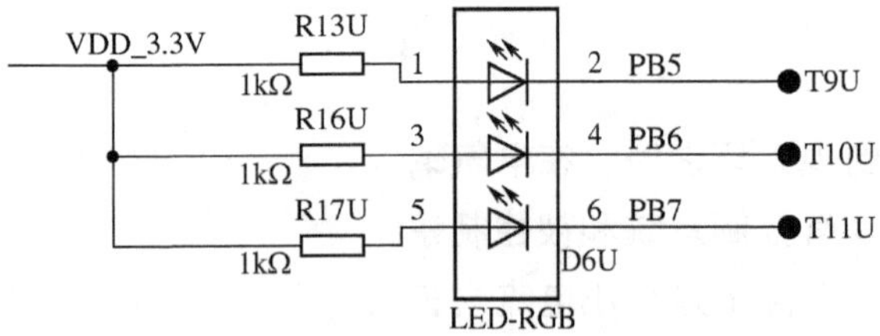

图 4-57 三色 LED 灯电路图

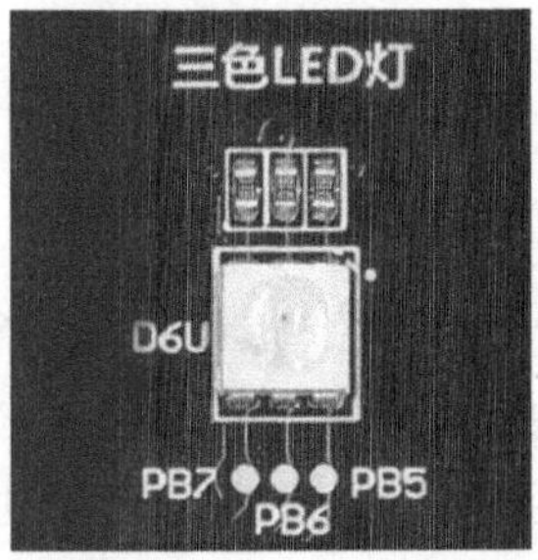

图 4-58 三色 LED 灯实物图

该板是为了符合低功耗和人机交互的理念而设计，OLED 液晶屏在运行模式下功耗仅为10mA，睡眠模式下功耗仅为2μA，适合开发的可视化显示同时满足项目运行前的功耗测试需求，能为调试时显示开发人员需要直观看到的信息，为外场调试提供便利。

OLED 液晶屏的电路图如图 4-59 所示，实物如图 4-60 所示。

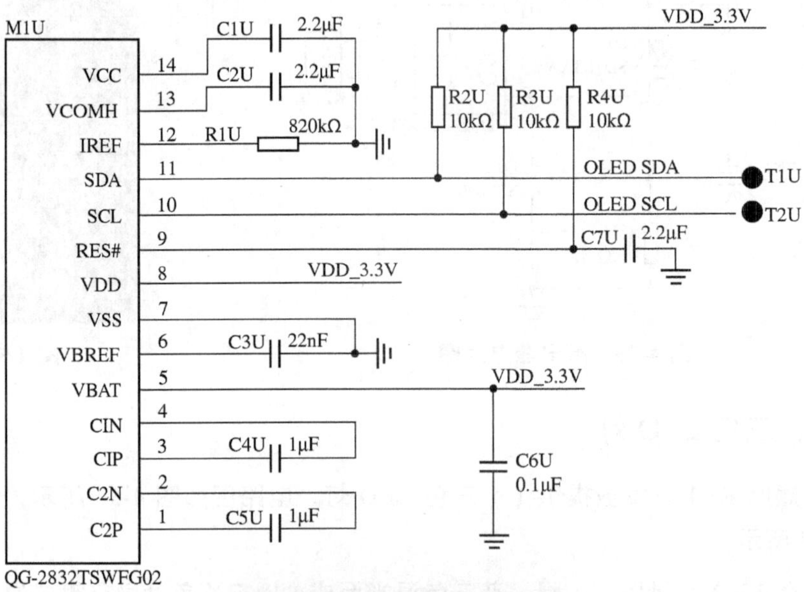

图 4-59

OLED 液晶屏电路图

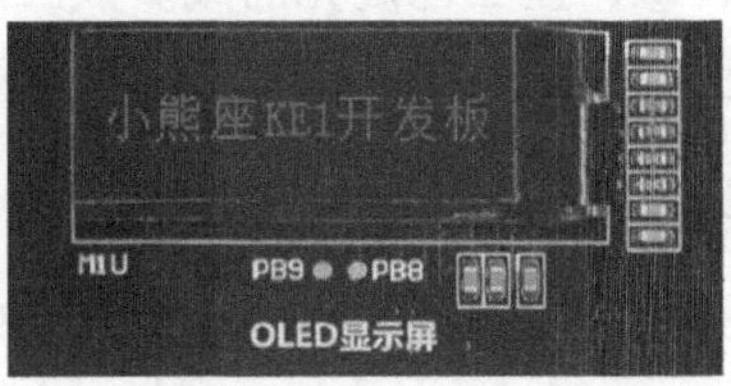

图 4-60

OLED 液晶屏实物图

4.8 天线设计指导

NB-IoT 终端产品应用场景及形态多样，天线实现方式也多样。常见的天线包括外置的胶棒天线，以及内置的 PCB 天线、PIFA 天线、单频单极子天线和弹簧天线。针对具体应用场景的设计及选择需紧密结合产品 ID 及应用进行选择。

根据波长-频率的反比关系，天线所需满足的频率越低，波长越长。预留给天线区域的宽度和长度决定着天线的最低频率。

天线与主板之间的高度(距离)是重要的考量因素。一般来说，天线距离主板的高度至少需要 8mm，极端的环境下也至少要做到 5mm。当天线的高度小于 8mm 时，天线的辐射效率会受限。

天线位置指的是天线在产品内部结构当中固定的位置，需要考量产品内部的结构层叠，应尽量远离干扰源并提供较好的环境以实现良好的效果，以便工厂组装。

净空指的是天线竖直面投影区域内的空旷面积(上下范围都要考虑)。在天线的投影区域范围内，不要铺地，保持天线的净空，以提高天线的辐射效率。

塑胶外壳会对天线的性能产生较大的影响，原因在于在天线辐射的区域内，由于外部空间介电常数发生变化，电磁波在穿过介质的过程中，波长会发生变化，从而导致天线的谐振频率发生变化，在实际使用的频率上性能出现偏差。在天线的调优过程中，需代入产品外壳影响，因为产品在使用其无线功能时肯定也是带上外壳的，但更重要的是在前期外壳材料选用时尽量少用外喷金属成分涂料漆的外壳。

一般来说，金属外壳的电子设备都需要给天线留有辐射的缝隙，常见的是通过开槽或者金属之间做断层处理，从而制造辐射的空间；此外还可利用某段金属壳体作为天线的辐射单元，达到节省空间和美观的效果。

对于天线的设计，通常来说主板的地面积越大越好。良好的地面积能有效拓宽天线的工作带宽和提升天线的效率。对于多频段的天线而言，良好的主板接地方式是提升天线性能的基础之一。

在某些干扰源施加预留屏蔽措施并有效接地，能相对营造一个较好的“无形的”天线环境。一般说来，常见的干扰源有 CPU、LCD、变压器、喇叭、摄像头、产品内部通信接口的排线、电源电路、电机等。

对于天线接口的外围电路设计，为了能够更好地调节射频性能，建议预留 π 型匹配电路，π 型匹配电路元件应尽量靠近天线放置，且需要根据实际情况选贴。默认情况下，C1B、C2B 不贴，只在 R9B 贴 0Ω 电阻，如图 4-61 所示。

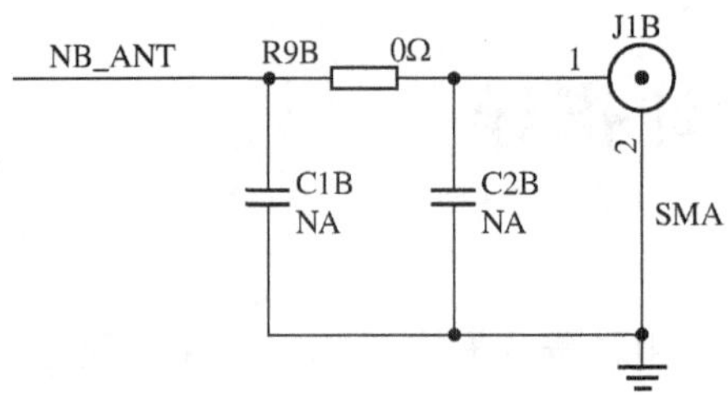

图 4-61
射频天线电路

在终端产品设计过程中，调试天线的辐射接收性能是非常重要的一个环节。无源性能参数包括天线的固有阻抗、返回损失、发射系数、电压驻波比、天线的增益与方向性系数等。

PCB 天线是在 PCB 上通过走线实现辐射功能的天线，可区分为普通 PCB 天线和柔性 FPC 天线。普通 PCB 天线是以 FR4 为基材的普通印制电路板，硬度相对较高，设计简单，成本低廉。FPC（flexible printed antenna，柔性电路板）是使用挠性基材制作的印制电路板，具有质量轻、厚度薄、体积小、安装方便等特点。

小熊座 KE1 开发板的天线选用胶棒天线，标准 SMA 阴头天线接口，具有高增益、信号稳定的特性，如图 4-62 所示。

备注　更多天线信息，请参考www.vlg.com.cn。

图 4-62
外置天线式样

4.9 电池方案选型

很多 NB-IoT 智能终端会在户外或无法提供市电的场景下工作，此时就需要通过电池进行供电。最常用到的是一次性锂电池，包括锂亚硫酰氯电池（锂亚电池 3.6V）、锂锰电池（3.0V）等，供电电路也有所区别。

NB-IoT 智能终端在选择电池时要关注以下细节：

- 综合考虑传感器的功耗、MCU 功耗、通信模组功耗。
- 综合考虑电池长期的钝化对电池的影响。
- 综合考虑环境温度对电池长期的深度放电能力的影响。
- 综合考虑环境温度对复合电容长期放电能力的影响。
- 综合考虑环境温度对电池自放电的长期影响。

NB-IoT 智能终端的很多场景需要免维护运行 2～10 年，工作电压在 3.1～3.3V，静态电流约为 10μA，脉冲电流为 100～300mA。对于需要电池供电的 NB-IoT 智能终端，需利用功耗评估计算工具进行初步计算，还需考虑电池自身损耗、受温度影响等诸多因素。建议提供终端业务模型给专业电池厂家，进行电池评估选型，以确保产品使用寿命功耗要求。NB-IoT 电池选型设计分析步骤如表 4-11 所示。

表 4-11 NB-IOT 电池选型设计分析步骤

步骤	简介	描述	提供方
1	应用场景	工作环境（温度范围、温度全年时间占比、湿度等）、电池种类、使用寿命	终端客户
2	业务模型	上下行的数据大小、频度、通信模组工作模式（PSM/DRX/eDRX）	终端客户
3	基站网络配置	网络覆盖情况、基站参数配置	运营商
4	时延需求	根据 NB-IoT 设备业务模型计算每次业务状态、休眠状态的占用时间，主要涉及 Rx、Tx、Standby、Sleep	芯片厂家
5	电压电流	通信模组工作电压电流	通信模组厂家
6	电池厂家评估	提供使用规格需求信息给相关电池厂家，由厂家提供最终电池选型方案	电池厂家

实际产品可以在实验室根据业务模型进行实际功耗数据、时间测试，计算出单次业务工作功耗数据，从而评估整个生命周期电池消耗。

说明：电池组实际的放电容量会随着放电电流、温度、使用情况、截止电压以及智能终端的功耗的不同而变化，电池选型建议寻找专业电池厂家进行评估，以确保容量使用寿命评估准确。

备注 由于电池厂家无法提供准确的电池剩余电量，因此 NB-IoT 智能终端不能像智能手机一样显示剩余电量。终端厂家通常是通过电源电路来粗略判断剩余电量。

4.10 智能终端硬件 PCB 设计

NB-IoT 终端产品由于应用场景复杂，为保障最终的 NB-IoT 信号接收性能，NB-IoT 终端产品硬件设计需要做好以下几点：

- PCB 布局时，做好隔离分区，避免射频信号受到干扰。
- 数字信号和模拟信号分开，避免相互干扰。
- 电源和射频信号放置在芯片两侧，减少电源对射频的干扰。
- 如果 PCB 空间容许，时钟最好单独隔腔处理，减少对其他信号的干扰。
- 终端产品板推荐至少 4 层 PCB 设计，做好隔离和屏蔽，建议第二层作为完整地，避免单板 PCB 设计不好影响 NB-IoT 通信模组射频接收性能。
- 产品设计时要对射频信号、时钟、UART、USIM 等关键信号做好屏蔽，尤其注意减少对天线和接收信号的电磁干扰，保证 OTA 性能。
- 通信模组到天线口的射频走线采用微带线设计，表层走线尽量短，不要穿层，减少损耗。
- 射频信号线处大面积铺铜，打地孔包住射频线，禁止放置电源、时钟等强辐射器件。
- 射频走线控制线宽，做好 PCB 叠层设计，实现 50kΩ阻抗匹配。
- 天线接口处预留 π 型匹配电路，用于天线和单板进行 50kΩ阻抗匹配调整。
- 如果有 NB-IoT 和 GNSS，两个天线通道分开走线，避免相互干扰。
- 终端硬件开发阶段首先要保证单板传导测试接收灵敏度达到设计指标要求，整机带天线要在暗室中测试 OTA 指标，满足 NB-IoT 测试规范要求。
- NB-IoT 整机产品批量上网前应满足工信部 NB-IoT 终端进网检测要求，通过整机 OTA、性能指标等测试认证。

第 5 章 嵌入式软件集成开发环境

工欲善其事
必先利其器

5.1 嵌入式软件集成开发环境概述

在嵌入式软件开发过程中，需要一款合适的 IDE（integrated development environment，集成开发环境），在 PC 上编辑和编译软件，然后将目标文件下载到目标机上，在主机和目标机之间建立通信连接，并传输调试命令和数据。

IDE 是用于提供程序开发环境的应用程序，一般包括源代码编辑器（editor）、编译器（compiler）、解释器（interpreter）和调试器（debugger）。集成了代码编写功能、分析功能、编译功能、调试功能等于一体的开发软件服务。

开发人员可以通过 GUI 图形用户界面访问这些功能组件，实现整个代码编译、调试和执行的过程。大多数 IDE 通常都会给程序员提供提高开发效率的高级辅助功能，例如代码高亮显示、代码补全和提示、语法错误提示、函数追踪、断点调试等。

备注 本章主要介绍 STM32 CubeMX 图形化软件开发平台、Keil MDK 集成开发环境、ST-Link 仿真器。在实际开发和调试过程中，熟练使用这三种工具，可帮助工程师快速实现所需的功能。

IDE 能够根据所选芯片自动实现添加启动文件、设置编译参数、配置连接脚本，并支持硬件调试器，让开发人员能够将精力集中在应用代码编写与调试上，快速实现期望的功能。

在实际的嵌入式系统开发过程中，需要用到多种工具，其中包括 IDE 环境、编译工具、软硬件调试工具、操作系统等。常见的工具包括 STM32CubeMX、Keil MDK、CodeWarrior、IAR 等。

STM32CubeMX 是 ST 公司的一整套综合性软件工具开发平台，帮助用户使用图形化向导进行配置和生成 C 代码，极大地降低了开发工作量、时间和成本。STM32CubeMX 支持 STM32 全系列芯片开发，快速建立工程，初始化外设和 GPIO，自动生成开发初期关于芯片相关的一些初始化代码。

Keil MDK 是嵌入式处理器的软件开发工具，可对 STM32CubeMX 生成的初始化代码进行编辑和修改，增加所需的功能代码，最后通过编译器进行编译，帮助工程师快速实现产品设计。

ST-Link 仿真器是在线仿真与运行文件下载的调试工具。在编程方面，可烧录 Flash ROM、EEPROM 等。在仿真方面，支持全速运行、单步调试、断点调试等各种调试方法，可查看 I/O 状态、变量数据等。STM32 系列 MCU 通过 SWD 接口与 ST-Link 连接，ST-Link 通过 USB 接口与 PC 机相连。

5.2　STM32CubeMX 开发环境

5.2.1　STM32CubeMX 开发环境简介

STM32CubeMX 是 ST 公司的一整套综合性软件工具开发平台，帮助用户使用图形化向导进行配置和生成 C 代码，极大地降低了开发工作量、时间和成本。STM32CubeMX 支持 STM32 全系列芯片开发，快速建立工程，初始化外设和 GPIO，可进行第三方软件系统的配置，如 FreeRTOS、FAT32、LWIP 等，自动生成开发初期与芯片相关的一些初始化代码。

> 备注　所有产品都有大量的样例和演示代码，可用于多种开发环境，包括 Keil MDK、IAR EWARM 或基于 GCC 的 IDE。

STM32CubeMX 的特性如下：

- 利用智能图形化操作界面，可实现 C 代码初始化生成器，复用管脚的安排、时钟树、外设参数和中间件的配置。
- 生成适合于相应集成开发环境工具链的工程项目。
- 用户定义应用序列的功耗计算。
- 从 st.com 直接导入 STM32Cube 嵌入式软件库。
- 集成的更新功能令 STM32CubeMX 保持最新。

> 备注　更多的关于 STM32CubeMX 介绍可查看以下网址：www.st.com/en/development-tools/stm32cubemx.html?sc=stm32cubemx。

STM32Cube 嵌入式软件库包括：

- HAL（hardware abstract layer，硬件抽象层），使得不同的 STM32 器件可通过标准 API 调用实现相互移植。根据芯片的特性封装了底层寄存器，开发人员不需要关心复杂的寄存器配置，只需要调用对应的函数接口即可，从而使开发人员更多地关注数据收发和功能实现。
- 一组中间件组件，如 RTOS、USB 库、文件系统、TCP/IP 协议栈、触摸感应库或图形库（取决于 MCU 的系列）。

> 备注　STM32CubeMX 要求 JRE 最低版本是 1.7.0_45，若低于该版本，需删除后重新下载高版本进行安装；若高于该版本，则不需要下载安装。
> JRE 的下载网址为：https://www.java.com/zh_CN/do-wnload/。

由于 STM32CubeMX 软件是基于 Java 环境运行的，因此 STM32CubeMX 运行环境搭建包含两个部分：一个是 JRE（Java runtime environment，Java 运行环境）的安装；另一个是 STM32CubeMX 软件的安装。

STM32CubeMX 支持 STM32 所有系列的芯片，如示例和样本(examples and demos)、中间组件（middleware components）、硬件抽象层（hardware abstraction layer）等，如图 5-1 所示。

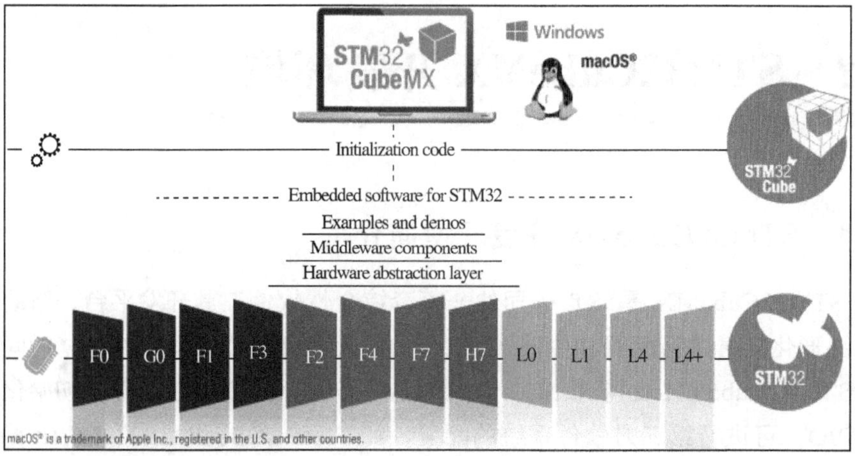

图 5-1 STM32CubeMX 引导界面

本书案例采用的芯片是 STM32L433CxT6，因此 STM32Cube 需选择 STM32CubeL4，适合开发 STM32L4 系列的 MCU。

启动 STM32CubeMX 软件，既可以创建一个新的工程，也可以打开一个已经存在的工程。

若需要新建工程，在【New Project】中有 3 种类型可供选择。

- 【ACCESS TO MCU SELECTOR】：根据 MCU 芯片型号进行选择。
- 【ACCESS TO BOARD SELECTOR】：根据参考板型号进行选择。
- 【ACCESS TO CROSS SELECTOR】：选择其他厂家的 MCU 型号。

STM32CubeMX 提供的项目案例库可大大简化工程师的设计时间和设计难度，同时也降低了出错的概率，如图 5-2 所示。

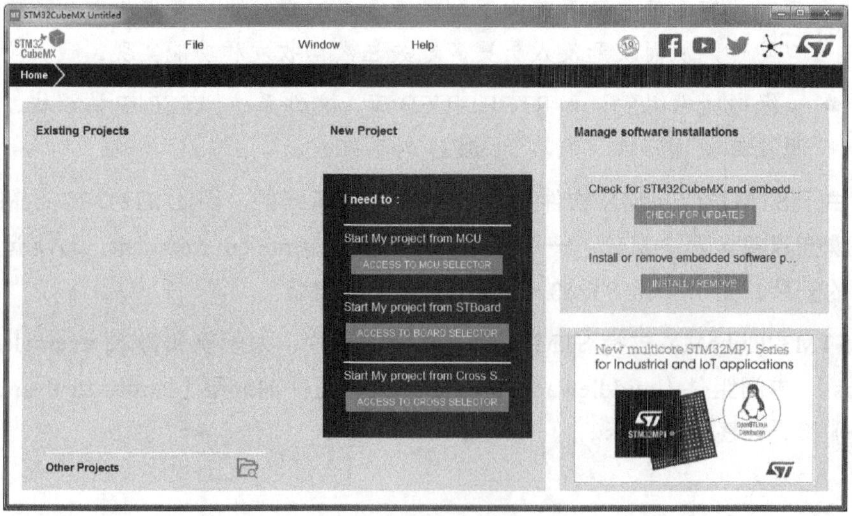

图 5-2 新建工程

若需要根据 MCU 型号进行选择配置，则需要进入【MCU Selector】界面，搜索 MCU 芯片型号，本例采用的小熊座 KE1 开发板 MCU 芯片型号为 STM32L433CxT6，封装为 LQFP48，双击该项目进入工程配置界面，如图 5-3 所示。

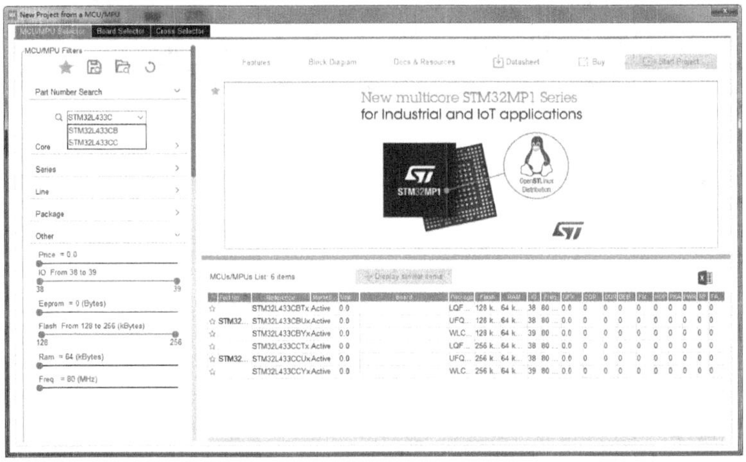

图 5-3
MCU 芯片型号选择

通常，工程师只需要在【Part Number Search】中搜索 MCU 芯片型号即可。对于很多个性化的配置，STM32CubeMX 提供了自主可选的功能配置，如 Core、Line、Package、Other、Advanced Graphic、Peripheral。

为了方便工程师开发，可在芯片的图形界面上配置管脚和定义功能，MCU 管脚和接口配置界面【Pinout & Configuration】如图 5-4 所示。

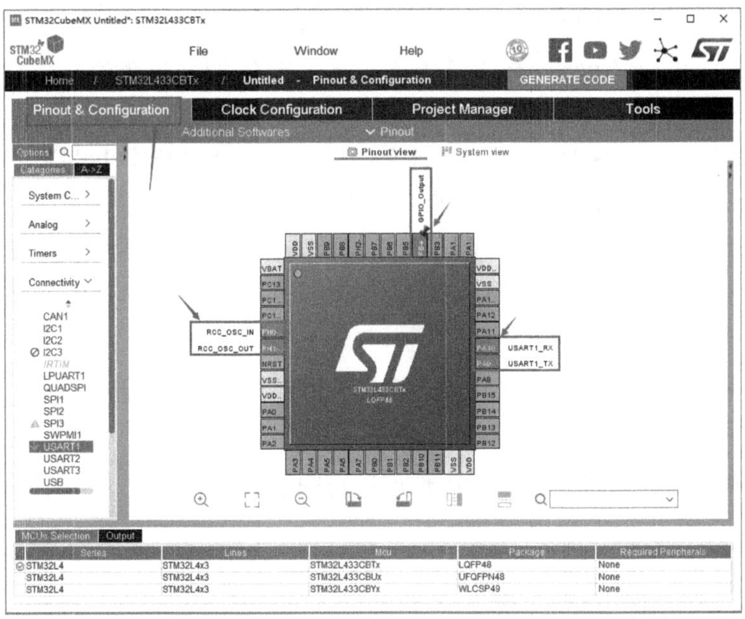

图 5-4
管脚配置

在硬件设计中，本例的外部时钟是 8MHz，系统工作时钟需要配置为 48MHz。在【Clock Configuration】界面，将 MCU 的时钟源选择为 HSE，并配置核心工作频率 HCLK 为 48MHz，如图 5-5 所示。

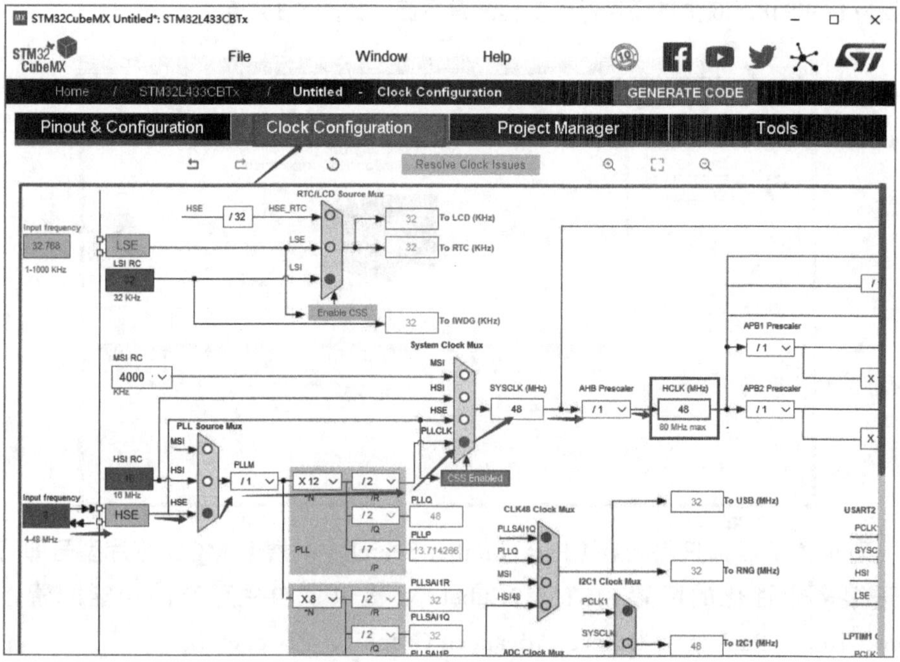

图 5-5
时钟配置

5.2.2 安装 STM32CubeMX 固件库

备注　在实际应用中，利用 STM32CubeMX 进行智能终端的产品设计，请参考第 12 章。

打开 STM32CubeMX 界面的【Help】，会出现如下三个功能：

- 【Check for Updates】：检查更新，用于检查 STM32 的官方固件库是否有更新。
- 【Manage embedded software packages】：管理 STM32CubeMX 的固件库。
- 【Updater Settings】：升级选项设置，如固件库的存储位置等。

STM32CubeMX 固件库可以通过软件在线安装，也可以导入本地离线包。打开安装好的 STM32CubeMX 软件，如图 5-6 所示，进入固件库管理界面入口，单击【INSTALL/REMOVE】按钮。

勾选需要安装的固件库复选框，单击【Install Now】按钮，直到安装成功，如图 5-7 所示。

在固件库管理界面，可以对固件库进行安装和删除。

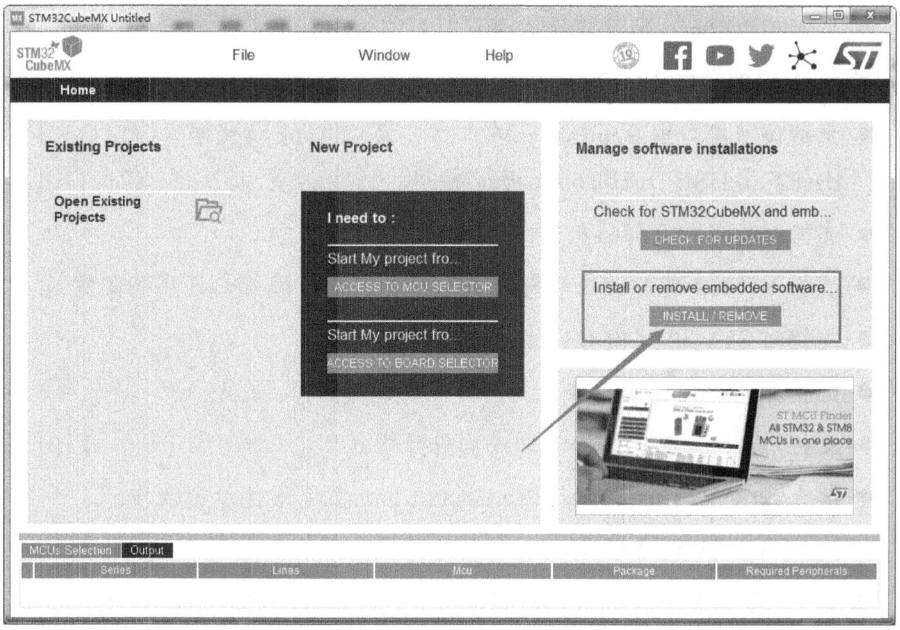

图 5-6
固件库管理界面入口

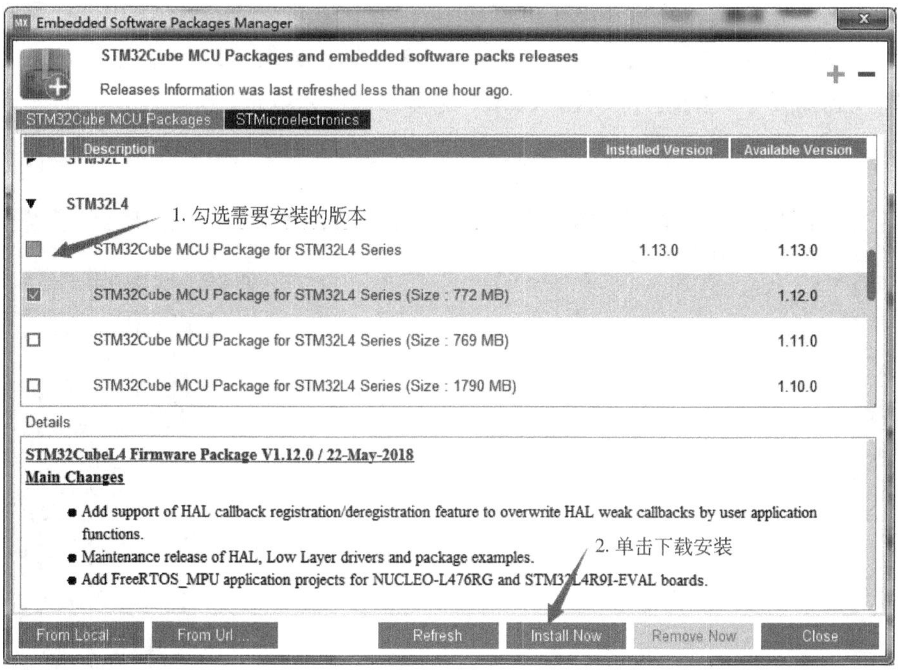

图 5-7
固件库管理界面

5.2.3　STM32Cube 编程器

STM32CubeProgrammer（STM32CubeProg）是一个多合一软件工具，为用户提供 STM32 微控制器代码烧写和固件升级功能。

STM32CubeProg 功能特性如下：

备注　STM32CubeMX 固件库的安装，可以选择从软件内直接安装库，也可以从本地添加。

- 可对片内 Flash 进行擦除或编程以及查看 Flash 内容。
- 支持 S19、HEX、ELF、BIN 等格式的文件。
- 支持调试接口或 Bootloader 接口，包括 ST-Link 调试接口（JTAG/SWD）、UART 或 USB DFU Bootloader 接口。
- 支持对外部的存储器的擦除或编程。
- 支持 STM32 芯片的自动编程（擦除、校验、编程、选项字配置）。
- 支持对 STM32 片内 OTP 区域的编程。
- 既支持图形化界面操作也支持命令行操作。
- 支持对 ST-Link 调试器的在线固件升级。
- 配合 STM32 Trusted Package Creator tool 实现固件加密操作。
- 支持 Windows、Linux、MacOS 多种操作系统。

备注　更多关于 STM32CubeProg 介绍可查看以下网址：https://www.st.com/en/development-tools/stm32cubeprog.html#getsoftware-scroll。

本节主要简单介绍使用 STM32CubeProg 的 UART 烧写程序的方法。

首先下载并安装好 STM32CubeProg。打开该软件，选择 UART 并配置好连接到开发板上的串口参数。单击【Connect】按钮，连接成功后单击【Open file】按钮找到需要下载的程序文件，UART 配置如图 5-8 所示。

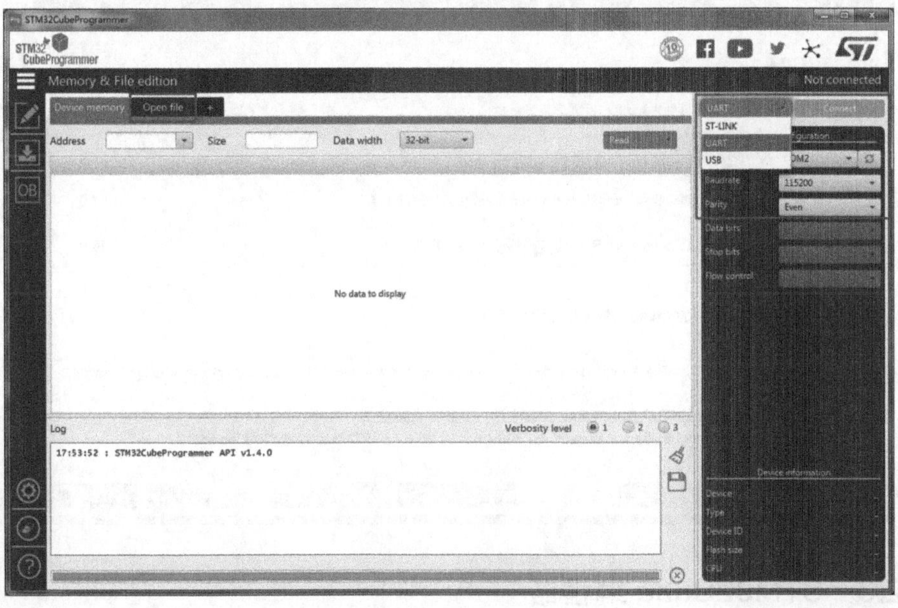

图 5-8 STM32CubeProg 的 UART 配置

然后单击【Download】按钮完成程序烧写操作。图 5-9 所示表明程序烧写成功。

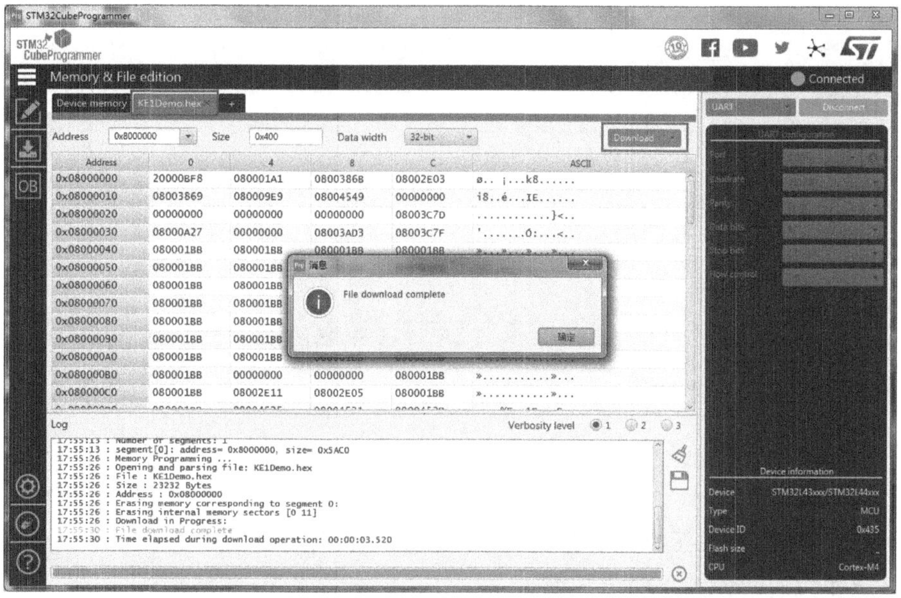

图 5-9 STM32CubeProg 烧写程序

5.3　MDK 软件集成开发环境

Keil MDK 软件集成开发环境简称 MDK，源自德国 Keil 公司，后被 ARM 公司收购。MDK 是嵌入式处理器的软件开发工具，支持 ARM7、ARM9、Cortex-M0、Cortex-M0+、Cortex-M3、Cortex-M4、Cortex-R4 处理器。

MDK 可以自动配置启动代码，集成 Flash 烧写模块，拥有强大的设备仿真模拟、性能分析等功能。MDK 包含了工业标准的 Keil C 编译器、宏汇编器、调试器、实时内核等组件，可帮助工程师快速实现产品设计。

在使用 Keil MDK 软件集成开发环境之前，需安装 Keil MDK 软件。可登录 ARM-Keil 官方网站 www.keil.com 进行下载和安装。

> 备注　正版软件需要激活 Keil MDK，导入 License 后才可以使用。

Keil MDK5 分成 MDK Core 和 Software Packs 两部分。MDK Core 主要包含 uVision5 IDE 集成开发环境和 ARM Compiler5，Software Packs 则可以在不更换 MDK Core 的情况下，单独管理（下载、更新、移除）设备支持包和中间件更新包。

5.3.1　MDK 软件使用介绍

打开 MDK 软件，开发工具主界面如图 5-10 所示。

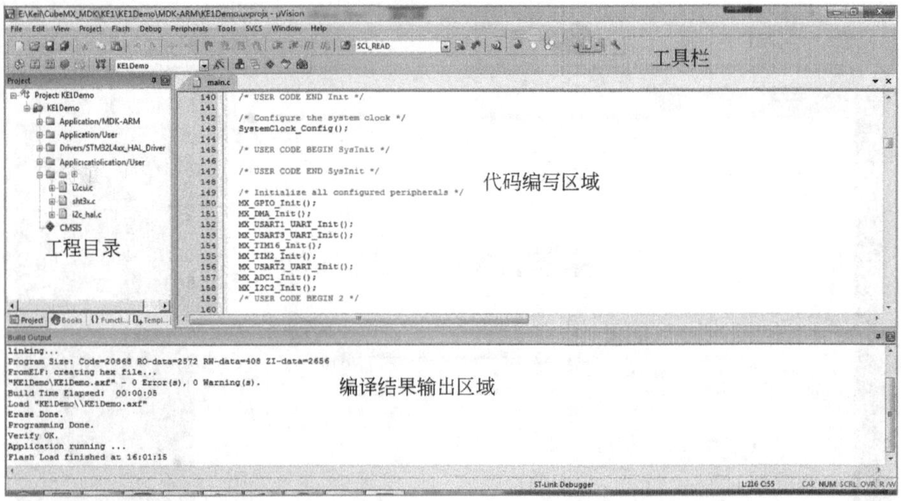

图 5-10
开发工具主界面

Keil MDK 开发工具界面分为四大部分，分别是工具栏、工程目录、代码编写区域和代码编译结果输出区域。

在工具栏中，使用最频繁的功能是以下六个标注，如图 5-11 所示。

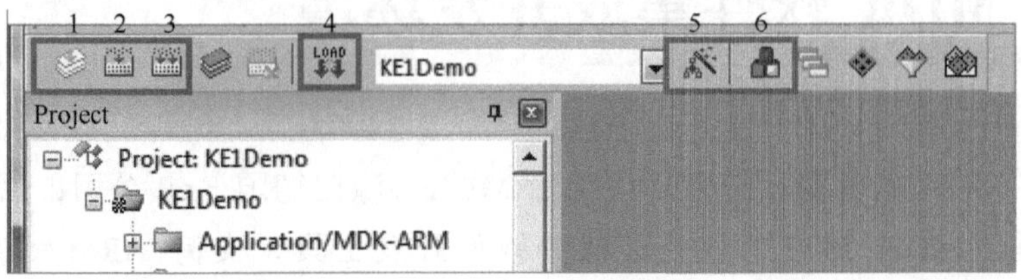

图 5-11
工具栏常用功能界面

工具栏常用功能介绍如表 5-1 所示。

表 5-1 工具栏常用功能介绍

标注编号	功能	解释
1	解释当前打开的单个目标.C 文件 Translate the currently active file	该功能主要是快速检验当前文件的代码编写是否有问题，不会生成 HEX 目标文件
2	编译当前工程 Build target files	编译整个工程中修改过的文件，并产生 HEX 目标文件
3	重新编译当前工程 Rebuild all target files	重新编译整个工程里的所有文件，并产生 HEX 目标文件
4	烧录程序 Load	使用 ST-Link 烧录程序到 MCU
5	工程选项配置 Configure target options	详细情况见 5.3.2 节
6	工程文件管理 Manage project items	用于增加、删除工程文件和目录等

整个 MDK 工程目录分为四个部分：

- Application/MDK-ARM：启动代码。
- Application/User：用户代码。
- Drivers/STM32L4××_HAL_Driver：外设驱动库。
- Drivers/CMSIS：系统文件。

在用户代码区的每一个.C 文件中，有多处是 BEGIN 和 END，并且每处 BEGIN 和 END 都有对应的提示，开发者必须在 BEGIN 和 END 之间编写代码，格式如下，重新生成工程时才不会被覆盖。

```
int main(void)
{
    /* USER CODE BEGIN 1 */
    代码编写区域
    /* USER CODE END 1 */
}
```

5.3.2 工程选项配置

单击 5 号标注【工程选项配置】按钮，进入工程选项配置界面，如图 5-12 所示。

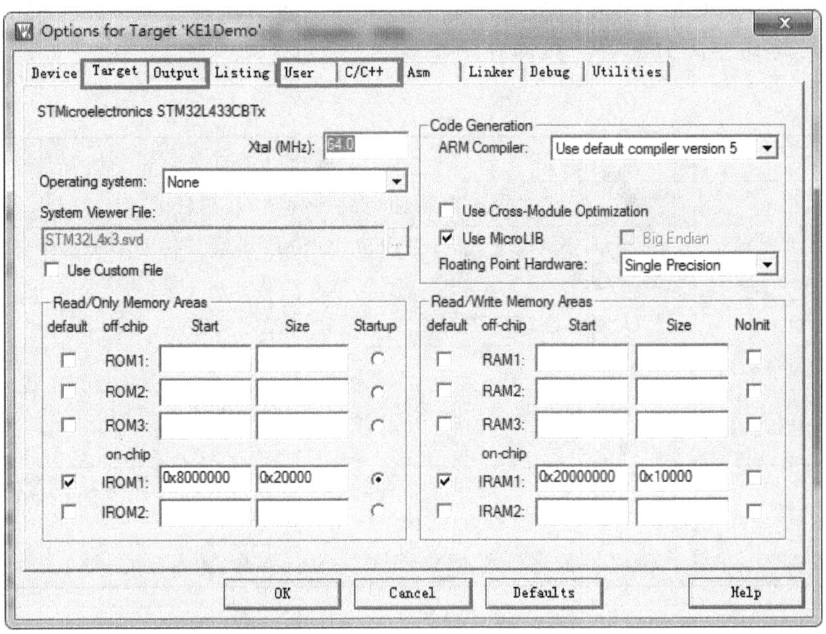

图 5-12 工程选项配置界面

对于工程选项配置功能，重点关注 Target、Output、User、C/C++的功能选项，其他默认即可。

（1）Target 界面

在工程选项配置界面，单击【Target】标签进入对应的配置界面，如图 5-13 所示。

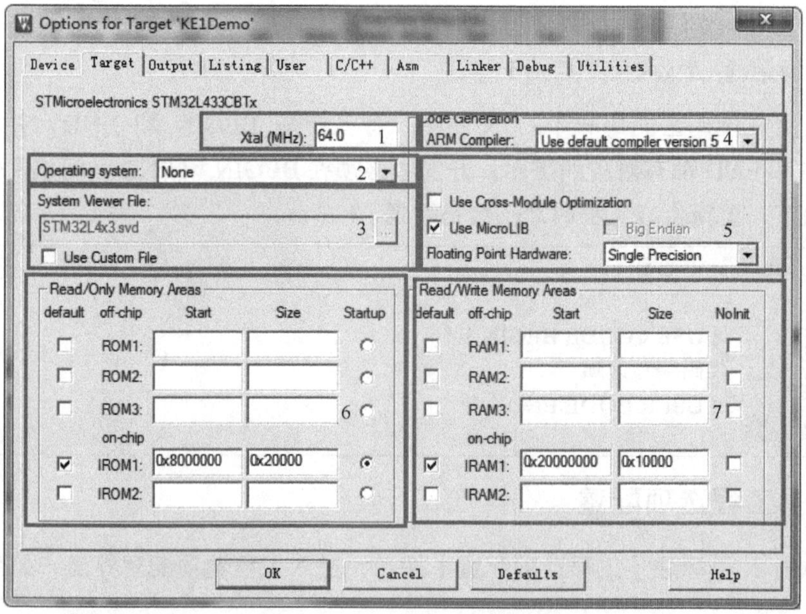

图 5-13
Target 配置界面

Target 配置界面主要是给目标工程设置调试晶振频率、选择编译器、RAM 和 ROM 地址空间分配等。具体介绍如表 5-2 所示。

表 5-2 Target 配置界面功能

标注编号	功能	解释
1	调试晶振频率设置	主要用于仿真调试，若使用硬件调试则忽略
2	操作系统选择	选择是否使用 Keil 自带的 RTX 操作系统。若未用到操作系统，则不需要选择
3	系统预览文件	默认使用系统自带文件，不选择自己定义的
4	生成代码所选择的编译器	
5	使用交叉模块优化和微库	勾选微库可调用一些系统函数，使编译生成的目标文件变小。通常不使用交叉模块优化
6	存储地址配置	ROM 存储指的是程序储存的地址，分片外和片内两种。通常，程序都是下载到片内 Flash，较少使用外部 NOR Flash
7	RAM 存储地址	RAM 存储地址和 ROM 道理一样，可分为片内和片外 RAM

（2）Output 界面

在【工程选项配置】界面，单击【Output】标签进入对应的配置界面，如图 5-14 所示。

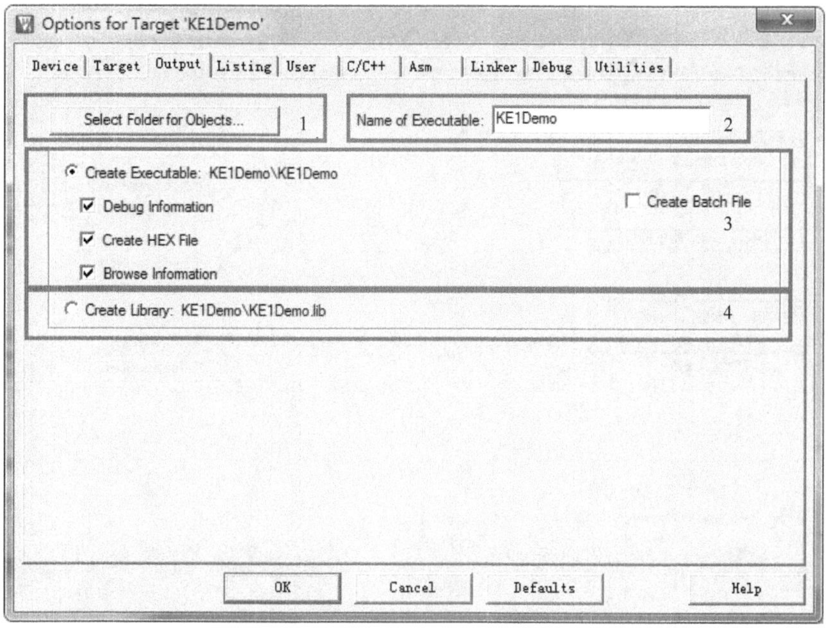

备注 1　3 号标注和 4 号标注是二选一，选择了输出可执行文件就不能选择输出库。

备注 2　输出这些信息都很费时间，如果都不勾选这些选项，编译速度会很快。

图 5-14

Output 配置界面

Output 配置界面功能介绍如表 5-3 所示。

表 5-3　Output 配置界面功能介绍

标注编号	功能	解释
1	目标文件输出路径	输出路径就是在工程编译的过程中，输出这些文件保存的文件夹。Keil V5 一般默认保存在 Objects 文件夹下面
2	设置输出可执行文件名称	设置输出的可执行文件和库的名称
3	输出可执行文件（重点）	Debug Information：输出调试信息； Create HEX File：输出可执行 Hex 文件； Browse Information：输出浏览信息
4	输出库文件	把目标工程输出为一个静态库

（3）User 界面

在【工程选项配置】界面，单击【User】标签进入对应的配置界面，如图 5-15 所示。

该选项是针对用户而设计的，主要是方便用户在编译前、编译时或者编译完成后执行一些程序或者响应。在编译完代码之后，需要将生成的目标文件转换成更精简的 Bin 文件格式，或者把文件复制到其他地方。

备注　bin 格式转换命令如下：keil_v5\ARM\ARMCC\bin\fromelf.exe -bin -o xxx.bin./Objects/xxx.axf.

（4）C/C++界面

在【工程选项配置】界面，单击【C/C++】标签进入对应的配置界面，如图 5-16 所示。

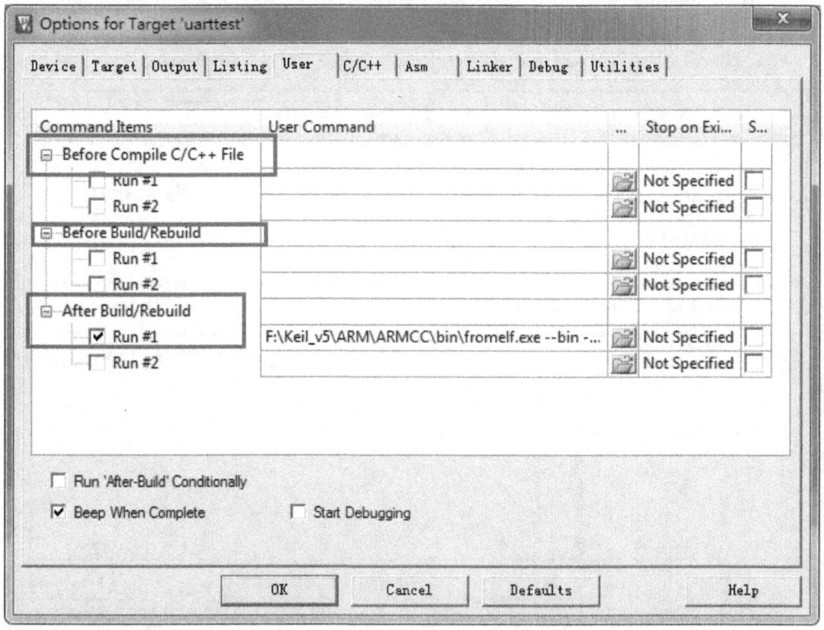

图 5-15
User 配置界面

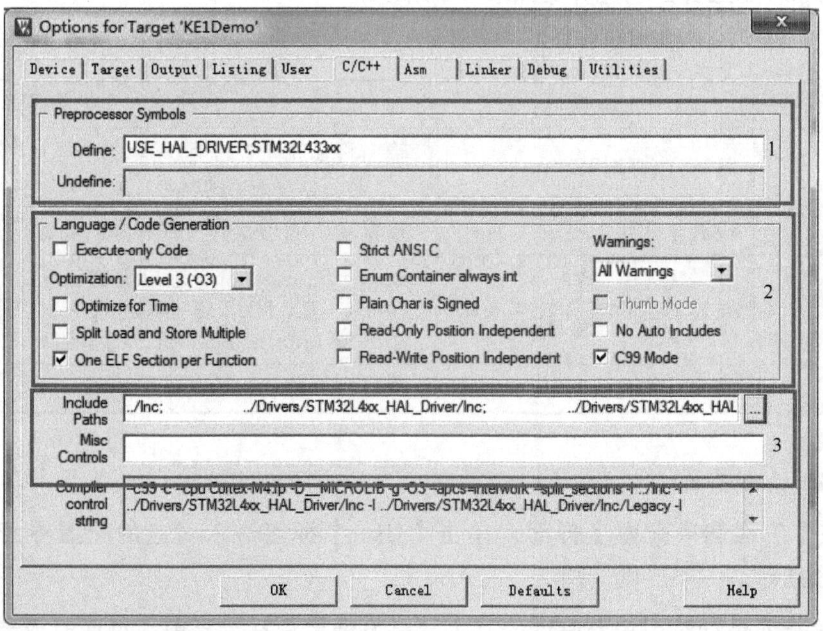

图 5-16
C/C++配置界面

以上几个配置项中，C/C++选项最为重要，因为它涉及程序编译相关参数的配置，如果配置出错或者忘记配置就会导致程序编译无法成功，因此部分功能需要重点注意。

C/C++配置界面功能介绍如表 5-4 所示。

表 5-4　C/C++配置界面功能介绍

标注编号	功能	解释
1	配置宏定义 Preprocessor Symbols	宏定义 USE_STDPERIPH_DRIVER 宏定义 STM32L4XX_MD
2	语言代码生成 Language / Code Generation	可以理解成编译、连接到最后生成代码
3	头文件路径配置 Include Paths	此处设置的路径就是指定工程中所需要使用的所有头文件所在的位置，让编译器能正确地找到相应的文件

5.3.3　设备固件库更新下载

在 MDK 工程中都会对应一个 Device 型号，如果 MDK 没有下载当前型号的固件库，打开工程时就会出现错误提示信息“Error：Device not found”。

固件库下载需要使用工具栏中的 Pack Installer 工具，如图 5-17 所示，打开 Pack Installer 工具后，在 Device 列表中找到对应的芯片系列，然后单击【Install】进行下载安装。

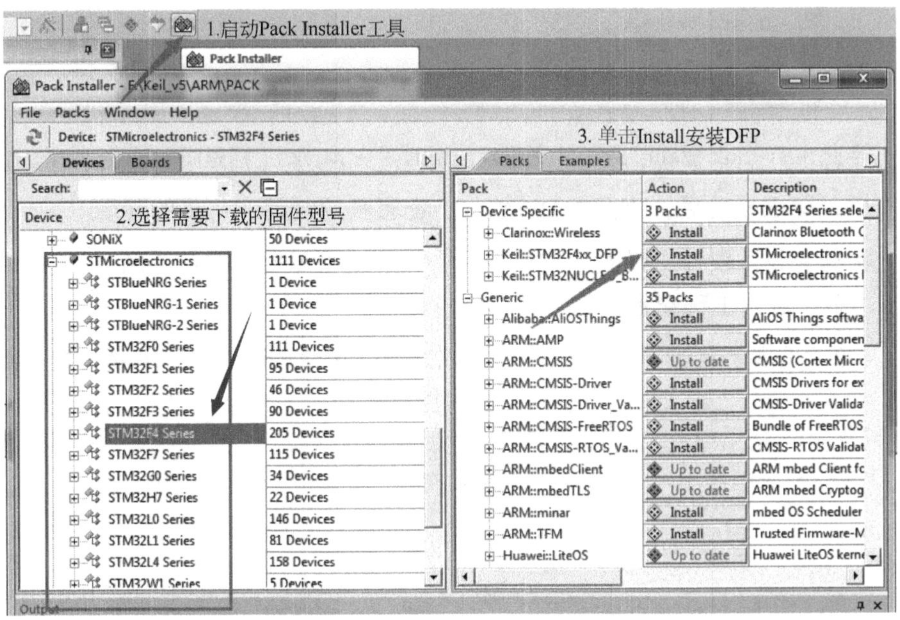

图 5-17 固件库下载方法

5.4　ST-Link 仿真器

ST-Link 仿真器是 ST 为评估、开发 STM32 系列 MCU 而设计的集在线仿真与下载为一体的开发工具。STM32 系列通过 JTAG / SWD 接口与 ST-Link 连接。

ST-Link 通过 USB 接口与 PC 机相连。ST-Link 的功能包括：

- 编程功能：可烧写 Flash ROM、EEPROM、AFR 等。
- 仿真功能：支持全速运行、单步调试、断点调试等各种调试方法，可查看 I/O 状态，变量数据等。
- 仿真性能：采用 USB 接口进行仿真调试，单步调试，断点调试，反应速度快。
- 编程性能：采用 USB 接口，进行 SWIM / JTAG / SWD 下载，下载速度快。

为了将程序烧录到开发板中，本书选用 ST 公司的 ST-Link/V2 仿真器进行开发板程序的烧写和仿真。在使用 ST-Link/V2 仿真器之前，需安装对应的驱动软件。可登录 www.st.com/zh/development-tools/st-link-v2.html 进行下载和安装。

安装完成后，将 ST-Link 通过 USB 接口连入计算机。打开【设备管理器】对话框，若看到图 5-18 所示内容，表示驱动安装成功。

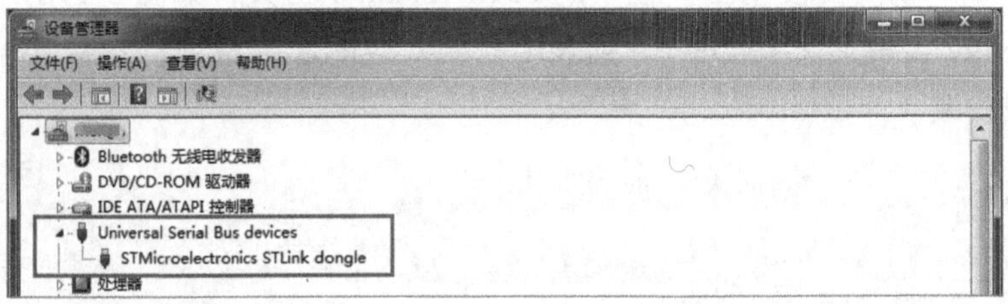

图 5-18 ST-Link 驱动安装成功示意图

至此，ST-Link 驱动已经安装完成。使用时需在 MDK 工程里面配置 ST-Link/V2。

备注　Windows 版本不同，设备名称和所在设备管理器栏目可能不一样，例如 Windows 10 插上 ST-Link 后显示的是 STM32 ST-Link。

安装驱动成功后，打开 MDK 软件，配置程序烧写和仿真的环境。

单击 MDK 软件主界面工具栏中的【工程选项配置】按钮（图 5-11 中的 5 号标注），进入工程配置界面。

在工程配置界面选择【Debug】选项卡，如图 5-19 所示，进入仿真器设置界面。

备注　如果设备名称旁边显示的是黄色的叹号，请直接单击设备名称，然后在弹出的界面单击【更新设备驱动】按钮。

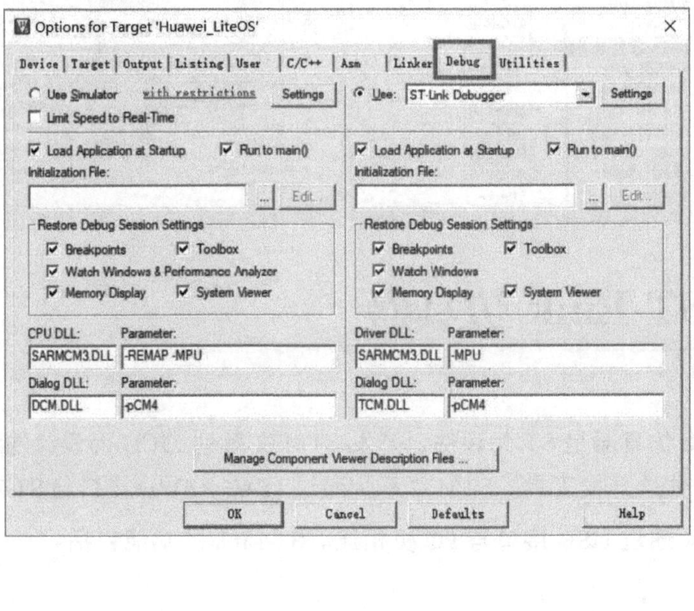

图 5-19 仿真器设置界面

如图 5-20 所示，单击仿真器下拉选择列表，选择 ST-Link Debugger 选项，勾选左侧【Use】单选按钮，单击右侧【Settings】按钮，进入 ST-Link V2 仿真器配置界面。

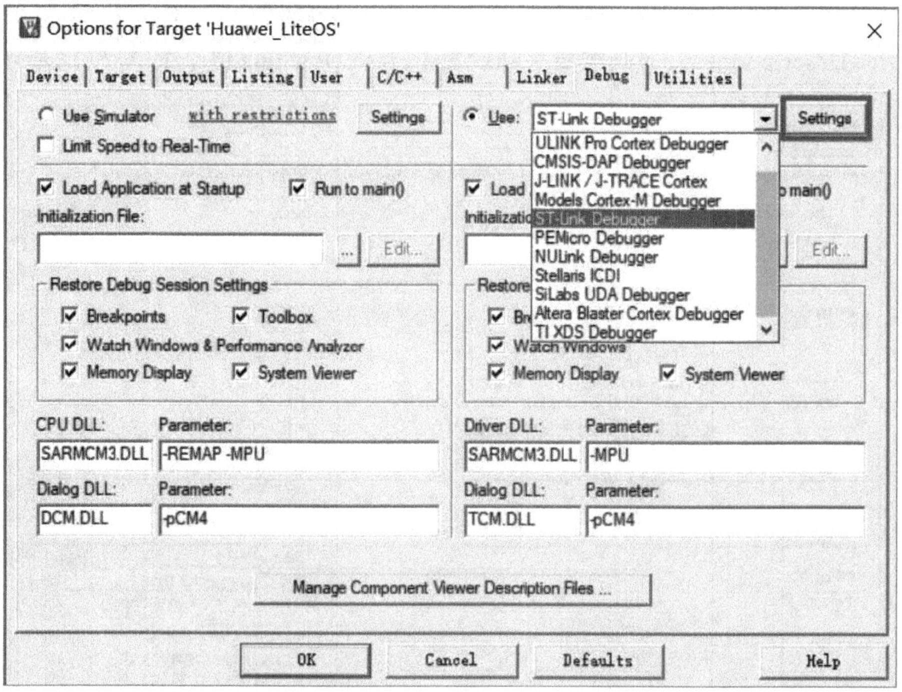

图 5-20
设置仿真器

开发板设计的程序烧录方式为 SW，此处 Unit 选择 ST-Link/V2，Port 选择 SW，并确认右侧框内是否检测出 SW 设备，单击【确定】保存配置，如图 5-21 所示。

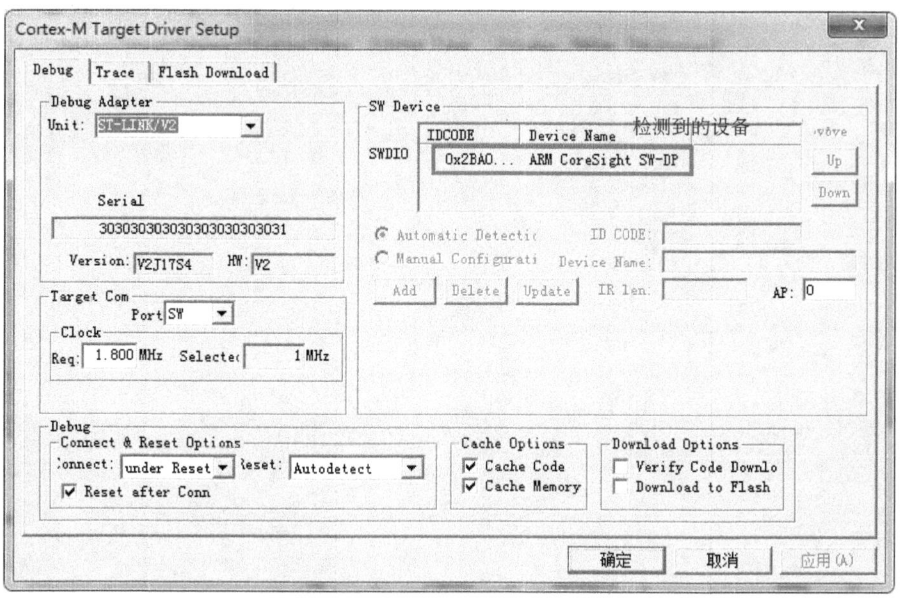

图 5-21
检测软件设备

注意：右侧框内若未检测出 SW 设备，请检查是否正确连接 ST-Link 程序下载器，或是否有接触不良。

备注　小熊座 KE1 开发板使用 SWD 接线方式，只需要三根线（SWIO、SWCLK、GND）即可以实现目标板连接。

在使用 ST-Link 实施下载目标文件时，若出现错误提示“Cannot Load Flash Device Description！”，则需要手动设置【Flash Download】，如图 5-22 所示。

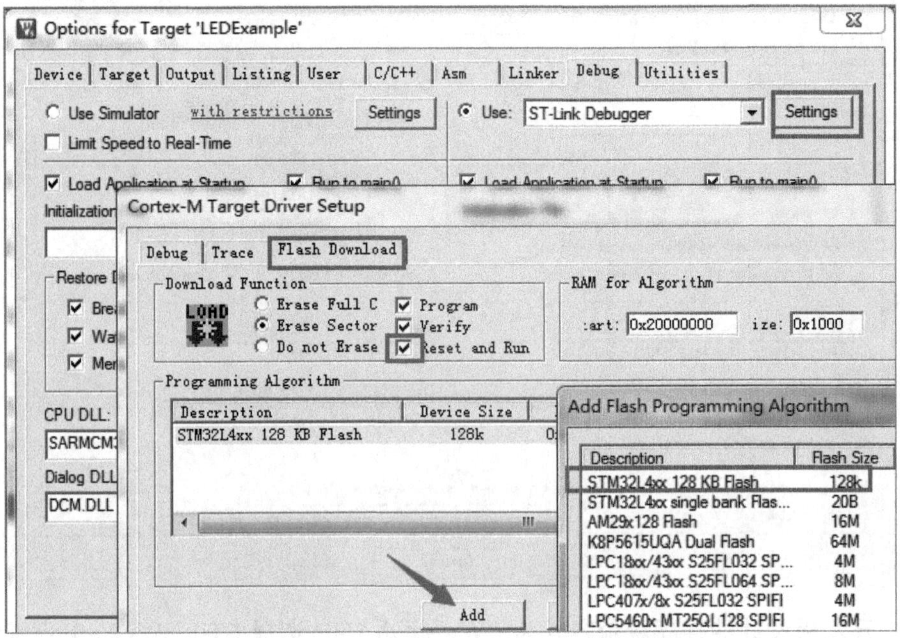

图 5-22
设置 Flash DownLoad

ST-Link 下载参数设置好并且能检测到设备后，就可以单击工具栏的【烧录程序】按钮，烧录程序到设备中。

备注　可以使用 ST-Link 工具烧录程序，也可以使用 STM32CubeProg 工具烧录程序。

第 6 章
物联网操作系统

生态规模决定
其命运长久!

6.1 嵌入式操作系统概述

在嵌入式终端领域，嵌入式实时操作系统正得到越来越广泛的应用。采用嵌入式实时操作系统（embedded real-time operation system，RTOS）可以更合理、更有效地利用 CPU 的资源，简化应用软件的设计，缩短系统开发时间，更好地保证系统的实时性和可靠性。

目前，大多数终端设备是哑终端（dumb terminal），而智能终端设备不仅要实现数据上传到物联网平台，还要能够实现信息改变、命令下发和动作执行，这也是物联网操作系统要实现的功能。

现在市场上有很多种物联网操作系统，如 FreeRTOS、μC/OS-II、华为 LiteOS、ARM mbed、阿里 AliOS、谷歌 androidthings、三星 Tizen、TinyOS、t-Kernel 等。物联网操作系统通常包括硬件的底层驱动软件、系统内核、设备驱动接口、通信协议、图形界面、标准化浏览器等。

由于 RTOS 需占用一定的系统资源（尤其是 RAM 资源），只有少数实时操作系统能在较小 RAM 的单片机上运行。从嵌入式系统到物联网系统主要区别在于终端和云平台集成的能力。相对于嵌入式系统，物联网操作系统需支持多种协议，如 CoAP、MQTT、LwM2M、DTLS 等，同时也必须支持 FOTA（firmware over the air，固件在线升级）。

物联网集多种专用或通用系统于一体，具有信息采集、处理、传输和交互等功能；传统嵌入式系统相对物联网而言更具备专用性，可实现单一特定的功能，因而物联网应用架构中包含了嵌入式系统的功能。随着嵌入式系统的不断发展，其系统功能日趋复杂化，如现今发展已比较成熟的智能手机、GPS 定位等，均可直接融入物联网系统之中。

在嵌入式操作系统中，任务是 CPU 上的最小运行单元。在智能终端设备里可并行运行多个任务。每个任务负责一个事务，如有的任务负责处理用户事件输入，有的任务负责处理数据通信，有的任务负责业务逻辑处理。通过并行运行，响应实时性及效率就得到提升。RTOS 实时操作内核一般包括任务调度、任务间同步与通信、内存分配、中断管理、时间管理、设备驱动。

任务调度需要按照一定的规则实施，常见的调度方式有三种：基于优先级调度、基于时间片调度、把优先级和时间片结合在一起调度。

以基于优先级调度举例，在定义任务的时候，给每个任务分配一个优先级，在运行的时候，高优先级的任务都会优先被运行，直到没有高优先级任务后，低优先级任务才会被运行。假如低优先级任务获得 CPU 资源后，这时如果有高优先级任务就绪时有两种处理方式：一是继续运行；二是实施抢占，即高优先级抢占 CPU 资源进入运行状态。

针对日益发展的物联网应用，产业链上的厂家根据物联网的特点、自身产品以及发展策略，打造了适用于物联网应用的嵌入式操作系统。物联网嵌入式操作系统如同智能终端的"大脑"和"中枢神经"，物联网应用需要嵌入式系统来负责采集、传输和处理终端信息，嵌入式系统的优劣将直接影响物联网应用的效果。

备注 开发过程中，ST MCU 的开发采用 FreeRTOS 操作系统，华为海思的 NB-IoT 芯片采用 LiteOS 操作系统，本章重点介绍 FreeRTOS 操作系统和 LiteOS 操作系统。

6.2 FreeRTOS 操作系统

FreeRTOS 操作系统是一款开源的操作系统，具有源码公开、可移植、可裁减、调度策略灵活的特点，可以方便地移植到各种 MCU 上运行。

FreeRTOS 提供了实时操作系统所需的所有功能，包括资源管理、同步、任务通信等。FreeRTOS 用 C 语言和汇编语言编写，绝大部分采用 C 语言，只有极少数的与处理器密切相关的部分代码采用汇编语言。

FreeRTOS 的代码内核只有三个.C 文件，全部是围绕着任务调度，方便学习操作系统原理，从全局掌握嵌入式操作系统的运行机制，以及可以对操作系统进行深度裁剪以适应自己的硬件。

FreeRTOS 官方网址：www.freertos.org。

FreeRTOS 的主要特点：

- 支持抢占式调度、合作式调度和时间片调度。
- 可用于低功耗的 Tickless 模式。
- 设计简单易用，典型的内核使用大小在 4～9K。
- 移植非常简单，代码主要用 C 语言编写。
- 同时支持合作式和抢占式任务调度。
- 支持消息队列、二值信号量、计数信号量、递归信号量和互斥信号量，可用于任务与任务之间的消息传递和同步、任务与中断之间的消息传递和同步。

- 优先级继承方式的互斥信号量。
- 高效的软件定时器。
- 强大的跟踪执行函数。
- 堆栈溢出检查。
- 提供丰富的、配置完善的工程案例。
- 任务的数量不限。
- 任务优先级的数量不限。
- 多个任务可以分配相同优先级，即支持时间片调度。
- 免费的开发工具。
- 免费的嵌入式软件源码。
- 免版权费。
- 提供论坛技术支持，有可选的商业支持和许可版本。

6.2.1 FreeRTOS 源码结构

FreeRTOS 可以被移植到很多不同架构的处理器和编译器。事实上，FreeRTOS 源码里都已经附带了一个配置好的演示例程方便快速开发，每个演示例程都带有一个说明网页，提供如何定位 RTOS 演示工程源代码、如何编译演示例程、如何配置硬件平台的全部信息。演示例程说明网页还提供基本的 RTOS 移植细节信息，包括如何编写 FreeRTOS 兼容的中断服务例程，不同架构的中断处理会稍有不同。

下载并解压缩 FreeRTOS 源码，下载包目录包含两个子目录：FreeRTOS 和 FreeRTOS-Plus，还有一个 readme 文档和一些网页链接说明，如图 6-1 所示。

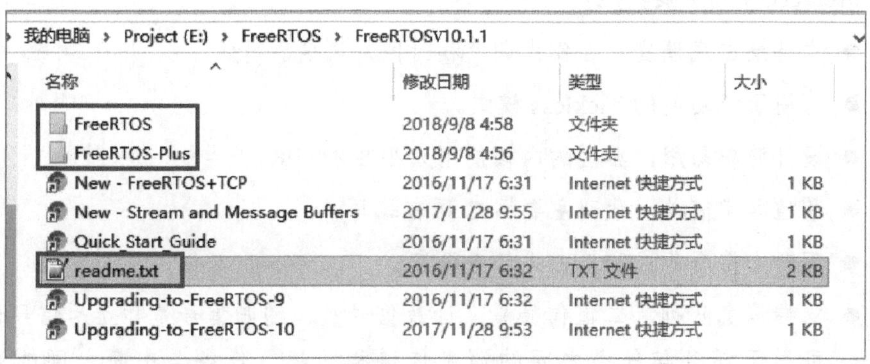

图 6-1 FreeRTOS 源码目录

- FreeRTOS 目录下包含 FreeRTOS 内核源文件和已经移植到各个 MCU 的工程文件及源码文件。

- FreeRTOS-Plus 目录是 FreeRTOS 的一些常用组件（收费）和演示例程，在基础的移植过程中，不需要这些组件。
- readme.txt 是 FreeRTOSV10.1.1 文件夹下的一些文件说明以及一些移植、使用参考链接。
- FreeRTOS 内核的三大核心文件是任务、队列和链表。
- 任务文件是 tasks.c，包含所有任务调度相关的函数。
- 队列文件是 queue.c，包含任务和任务之间的通信处理。
- 链表文件是 list.c，在内核整体控制上都使用了链表数据结构处理，是一切数据结构的基础。

6.2.2　FreeRTOS 移植

1．使用 STM32CubeMX 创建工程

STM32CubeMX 开发平台已集成了 FreeRTOS 操作系统，只需要配置好相关外设和接口后就可以自动生成基于 FreeRTOS 操作系统的代码。

打开 STM32CubeMX 软件，创建一个新的工程，在【Pinout & Configuration】界面里的 Middleware 里选择使能 FREERTOS，当前 STM32CubeMX 中集成的 FreeRTOS 版本为 V10.0.1。操作系统选择如图 6-2 所示。

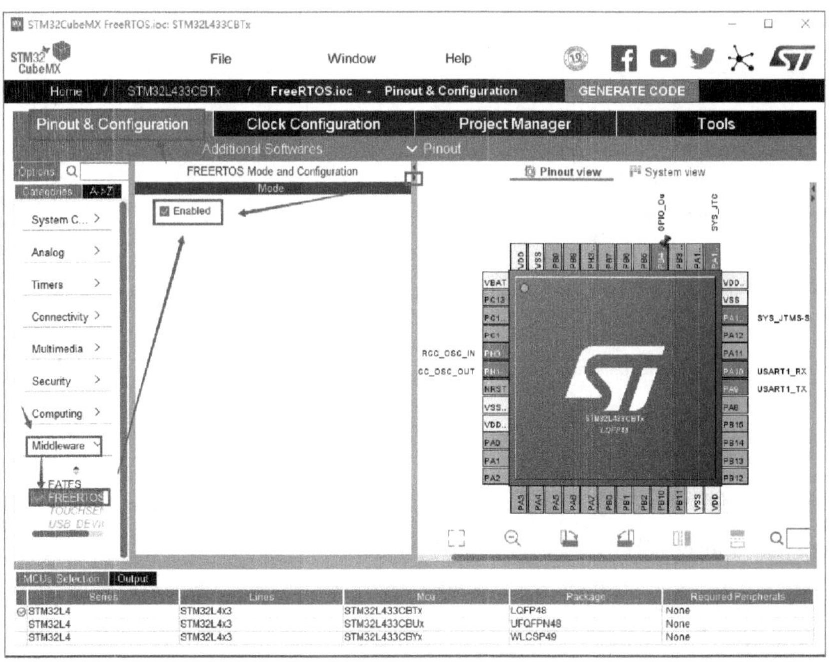

图 6-2
操作系统选择

在【Project Manager】界面里配置并生成 MDK-ARM V5 的相关项目文件和代码，如图 6-3 所示。

在生成 Keil MDK5 项目代码时，由于 FreeRTOS 会使用 SysTick 作为操作系统任务调度的时钟源，这会与 STM32 HAL 库中的 TimeBase Source 冲突，所以会出现如图 6-4 所示的错误警告信息。

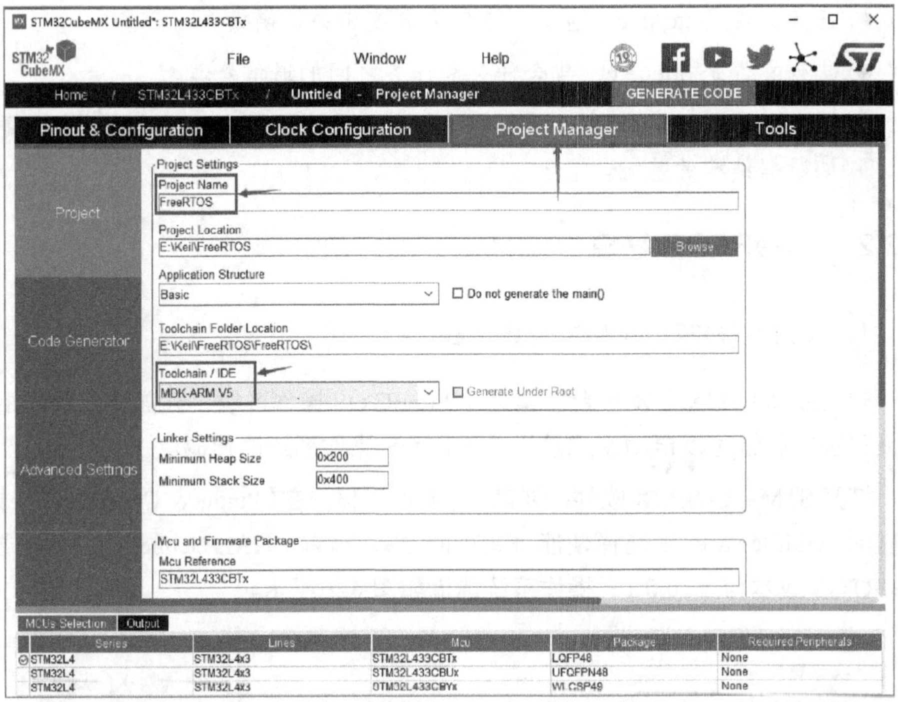

图 6-3
项目代码生成

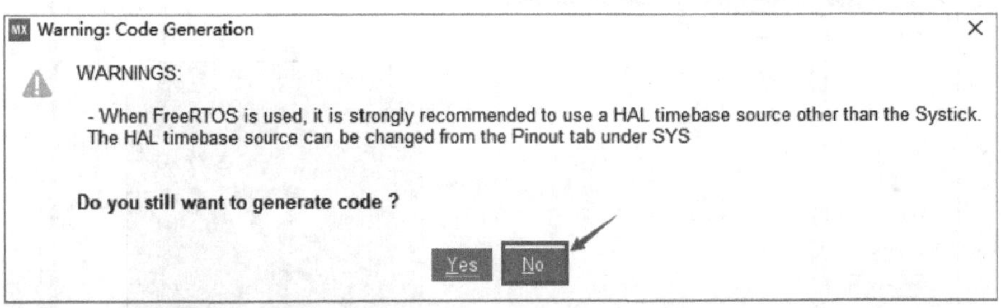

图 6-4
错误警告信息

此时，我们可以在【Pinout & Configuration】界面将 System Core→SYS 里的 Timebase Source 修改成 TIM1，而不是默认的 SysTick。

同样，若需要使用 SWD 调试代码的话，应该在 Debug 里选择 Serial Wire，如图 6-5 所示。

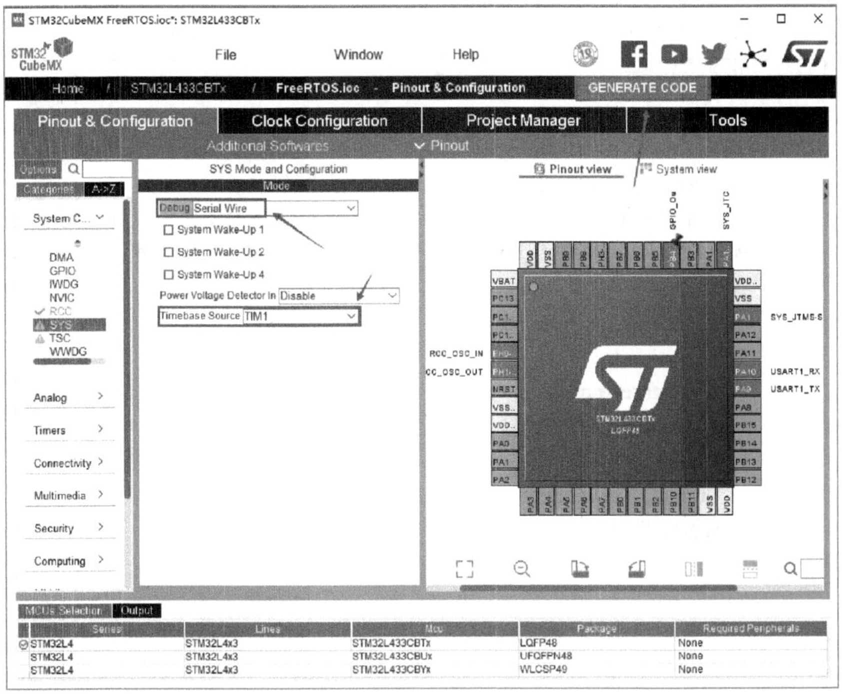

图 6-5
选择 SWD 调试代码

配置好后，重新单击【GENERATE CODE】按钮，即可生成包含 FreeRTOS 源码和示例代码的 Keil MDK5 项目文件。之后，打开相应的 MDK 项目文件，开始使用 FreeRTOS 操作系统。

2．使用 Keil MDK5 工具修改代码

使用 Keil MDK5 打开相应的项目文件，找到 main.c 文件，可在该 C 文件中修改并添加相应的任务。MDK 添加并修改任务如图 6-6 所示。

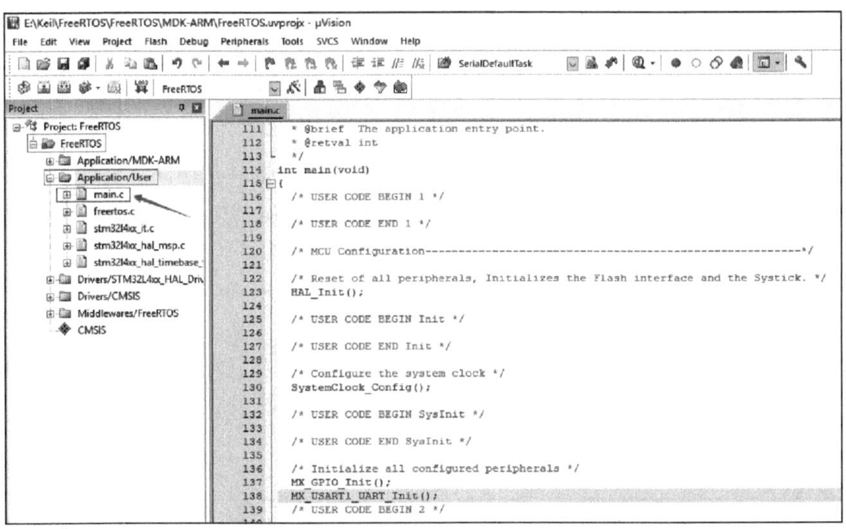

图 6-6
MDK 添加并修改任务

在该 C 文件里的 main 函数中会创建一个默认的线程任务。

```
int main(void)
{
    HAL_Init();                         //初始化所有的外设、Flash 和 SysTick
    SystemClock_Config();               //配置系统时钟
    MX_GPIO_Init();                     //初始化 CubeMX 里配置的 GPIO 口
    MX_USART1_UART_Init();              //初始化 CubeMX 里配置的串口 USART1

    typedef struct  os_thread_def  {
        char *name;                     //线程名
        os_pthread pthread;             //该线程要执行的函数地址
        osPriority tpriority;           //该线程的初始优先级
        uint32_t instances;             //该线程函数的最大实例数
        uint32_t stacksize;             //该线程栈大小字节数
    } osThreadDef_t;

    const  osThreadDef_t  os_thread_def_defaultTask
                  = {defaultTask, StartDefaultTask, osPriorityNormal, 0, 128};

defaultTaskHandle = osThreadCreate(osThread(defaultTask), NULL);

    // USER CODE BEGIN RTOS_THREADS
    //如果要添加其他任务，可以参考上面的方式在这里添加新的任务。
    // USER CODE END RTOS_THREADS

    // 这里开始 FreeRTOS 操作系统的任务调度，该函数是个死循环，不会返回。
    osKernelStart();

    // We should never get here as control is now taken by the scheduler.
    while (1)
    {
    }
}
```

分析代码可知，生成的代码会创建一个 defaultTask 线程，并执行 StartDefaultTask()函数。可修改 main.c 中的 StartDefaultTask()函数来实现各种功能，如控制 LED 灯闪烁，其代码如下：

```
void StartDefaultTask(void const * argument)
{
  /* USER CODE BEGIN 5 */
  /* Infinite loop */
  for(;;)
  {
```

```
        HAL_GPIO_WritePin(GPIOB, GPIO_PIN_4, GPIO_PIN_RESET); // 将 PB4 管脚拉低电平亮灯
        osDelay(600);
        HAL_GPIO_TogglePin(GPIOB, GPIO_PIN_4); // 反转当前电平灭灯
        osDelay(150);
        HAL_GPIO_TogglePin(GPIOB, GPIO_PIN_4); // 反转当前电平亮灯
        osDelay(150);
        HAL_GPIO_TogglePin(GPIOB, GPIO_PIN_4); // 反转当前电平灭灯
        osDelay(150);
        HAL_GPIO_TogglePin(GPIOB, GPIO_PIN_4); // 反转当前电平亮灯
        osDelay(150);
        HAL_GPIO_WritePin(GPIOB, GPIO_PIN_4, GPIO_PIN_SET); // 将 PB4 管脚拉高电平灭灯
        osDelay(1500);
    }
    // USER CODE END 5。
}
```

参考DefaultTask任务，可添加一个新的任务SerialTask，该任务将每隔一段时间从USART1上输出数据。在main.c中添加如下代码：

```
//在 main.c 中添加 SerialTaskHandle 以及下面的 printf 重定向到串口 USART1 相关代码。
osThreadId defaultTaskHandle;
osThreadId SerialTaskHandle;

//USER CODE BEGIN PV
#include <stdio.h>
#ifdef _GNUC_
    #define PUTCHAR_PROTOTYPE int _io_putchar(int ch)
#else
    #define PUTCHAR_PROTOTYPE int fputc(int ch, FILE *f)
#endif

PUTCHAR_PROTOTYPE
{
    HAL_UART_Transmit(&huart1 , (uint8_t *)&ch, 1, 0xFFFF);
    return ch;
}
/* USER CODE END PV */
……
    void StartDefaultTask(void const * argument);

//USER CODE BEGIN PFP
```

```
//在这里添加串口任务的执行函数声明。
      void SerialDefaultTask(void const * argument);
//USER CODE END PFP
……
// 在 main()函数中找到默认的创建函数的位置，在下面创建新的串口任务。
      osThreadDef(defaultTask, StartDefaultTask, osPriorityNormal, 0, 128);
      defaultTaskHandle = osThreadCreate(osThread(defaultTask), NULL);

      // USER CODE BEGIN RTOS_THREADS
      // add thread……
      // 在这里添加新的串口任务。
      osThreadDef(SerialTask, SerialDefaultTask, osPriorityNormal, 0, 128);
      SerialTaskHandle = osThreadCreate(osThread(SerialTask), NULL);
      // USER CODE END RTOS_THREADS
……
// USER CODE BEGIN 4
// 在 StartDefaultTask()函数定义之前，添加串口任务的执行函数 SerialDefaultTask()代码，该函数将每隔 2 秒在串口上打印一段消息。
void SerialDefaultTask(void const * argument)
{
      for(;;)
      {
            printf("Serial Task Output: Welcom to Bear KE1 Board!\r\n");
            osDelay(2000);
      }
}
// USER CODE END 4

void StartDefaultTask(void const * argument)
……
```

在修改完上述代码之后，我们可以编译并烧录程序到开发板上，重新复位上电后会发现 PB4 连接的 LED 灯将会慢闪一下，快闪两下；同时串口上每隔 2 秒将会输出一条字符串，这也验证了使用 FreeRTOS 成功创建了两个任务并调度运行。任务结果输出如图 6-7 所示。

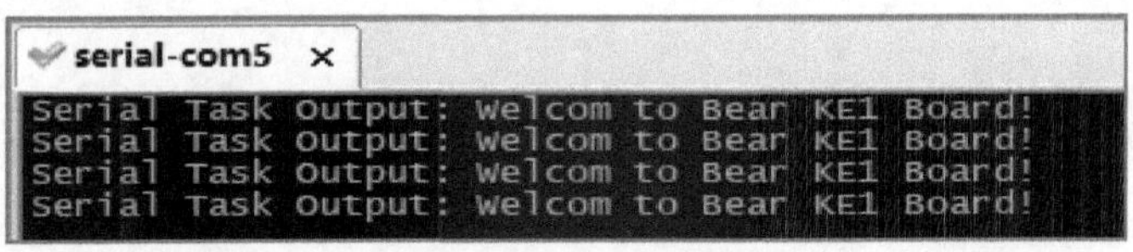

图 6-7 任务结果输出

6.3 LiteOS 操作系统

华为 LiteOS 是一款开源的轻量级物联网操作系统，该系统是一种基于线程的类 UNIX 操作系统。LiteOS 不开放云端的代码和技术细节，只开放底层智能硬件部分的代码。系统框图如图 6-8 所示。

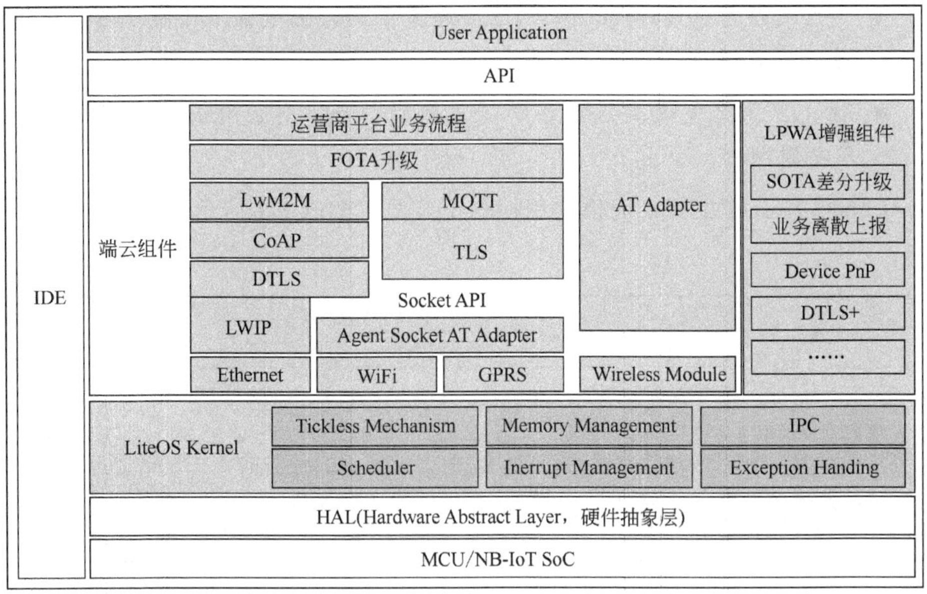

图 6-8 LiteOS 系统框图

华为 LiteOS 内核源码下载地址：

https://github.com/LITEOS/LiteOS_Kernel。

https://github.com/Huawei/Huawei_LiteOS_Kernel。

LiteOS 由 LiteOS Kernel、互联/互通中间件、开放 API 以及安全件组成，具有下述特征：

- LiteOS Kernel 为基础内核，属于精简的实时操作系统，包括任务管理、内存管理、时间管理、通信机制、中断管理、队列管理、事件管理、定时器、异常管理等操作系统基础组件，可以单独运行。
- 互联互通中间件可覆盖局域网通信（Wi-Fi、Bluetooth 等）协议和广域网通信（LTE、NB-IoT 等）协议，可解决不同协议架构间互联/互通、互操作问题。
- 提供面向不同物联网行业的业务 Profile，并以开放 API 的方式提供给第三方开发者。
- LiteOS 能够构建完备的设备侧安全和轻量级 E2E 传输安全能力。

LiteOS Kernel 的优势特征是轻量级、高实时性、高稳定性、超小内核、低功耗、快速启动等。同时，增加了多项功能，包括：

- 通过支持多种传感器协同，使得终端数据采集更智能，数据处理更精准。

- 通过支持长短距连接，实现全连接覆盖，提供多 Profile 支持与共享支撑更多业务场景，同时可伸缩连接能力有显著提升。
- 通过支持基于 JavaScript 的应用开发框架，统一应用开发平台，使得产品开发更便捷。
- LiteOS 为开发者提供设备智能化使能平台，有效降低开发门槛并缩短开发周期。

LiteOS Kernel 主要功能模块包括七个方面，如表 6-1 所示。

表 6-1 LiteOS 核心功能

模块	功能
任务	任务可以理解为线程，是调度运行的最小单元。LiteOS 中的任务基于抢占式调度，亦即高优先级任务可以抢占低优先级任务，同时支持时间片轮转的调度方式，优先级可以设置为 32 个（0～31），0 为最高优先级。任务的信息、状态等通过任务控制块 TCB 记录控制。任务的状态包括运行、就绪、阻塞（等待事件、正在读写队列等）、退出等。任务堆栈用来实现任务执行需要保存的信息及任务中断时相应上下文（即寄存器等信息存储）。任务可以进行创建、删除、挂起、恢复、延时等操作
任务同步	信号量：支持信号量的创建、删除、PV 等功能； 互斥锁：支持互斥锁的创建、删除、PV 等功能
硬件相关	提供中断、定时器等功能： 中断——提供中断的创建、删除、使能、禁止、请求位的清除等功能； 定时器——提供定时器的创建、删除、启动、停止等功能
IPC 通信	提供事件、消息队列功能： 事件——支持读事件和写事件功能； 消息队列——支持消息队列的创建、删除、发送和接收功能
时间管理	时间管理模块可用来实现定时、延时等操作。LiteOS 有系统时间和 Tick 时间，系统时间即为硬件计数器得到的时间，而 Tick 时间用来作为操作系统的基本调度时间，其真实时间大小可以配置。定时器也分为硬件定时器和软件定时器，硬件定时器采用硬件计数器和中断，而软件定时器则以 Tick 时间为基本单位
内存管理	提供静态内存和动态内存两种算法，支持内存申请和释放。目前，支持的内存管理算法有固定大小的 BOX 算法、动态申请 DLINK 算法。提供内存统计、内存越界检测功能
异常接管	异常接管是指在系统运行过程中发生异常后，跳转到异常处理信息的钩子函数，打印当前发生异常函数调用栈信息，或者保存当前系统状态的一系列动作。华为 LiteOS 的异常接管，会在异常后打印发生异常的任务 ID 号、栈大小，以及 LR、PC 等寄存器信息

LiteOS 注重安全设计，安全功能如表 6-2 所示。

表 6-2　LiteOS 安全功能

内核层	SafeArea	使得进程之间相互隔离
		保护敏感数据（如密钥、证书等）只能通过保护 API 访问
	区分用户态和内核态	限制应用对硬件和资源的访问
	安全加载	对可信应用和非可信应用采取不同的加载和资源分配机制
传输层	基于 TLS/DTLS 的加密传输	
应用层	可信应用签名	
	API 认证	

第 7 章
智能终端软件基础

“说”听得懂的“话”

7.1 概述

在智能终端设计中，MCU 和 NB-IoT 通信模组之间通过 AT 命令进行通信。由于无线通信的软件结构相比 MCU 复杂很多，通信模组封装好 AT 命令后，通过 MCU 简单调用即可实现各种复杂功能。

在智能终端和物联网平台进行通信时，需要遵循双方一致的数据传输协议。

7.2 AT 命令

AT 即 Attention，是一种调制解调器使用的命令语言。每条 AT 命令都以字母“AT”开头，因而得名。每条指令执行成功与否都有相应的返回。

AT 命令集是从 TE（terminal equipment，终端设备）或 DTE（data terminal equipment，数据终端设备）向 TA（terminal adapter，终端适配器）或 DCE（data circuit terminal equipment，数据电路终端设备）发送。AT 命令用来控制终端设备的功能并与运营商网络进行交互，如图 7-1 所示。

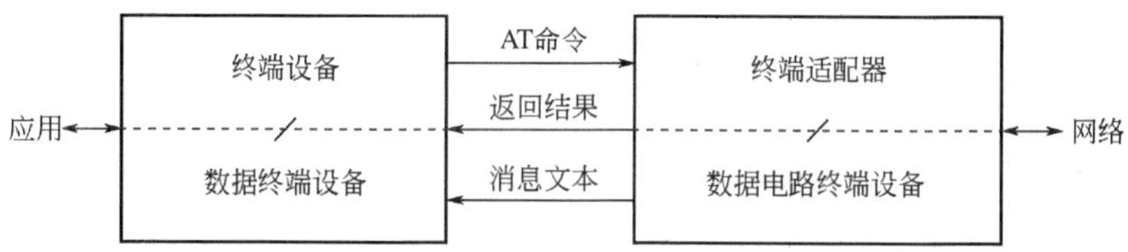

图 7-1
AT 命令交互

AT 命令在 NB-IoT 智能终端中，主要作用是让用户通过 AT 命令控制 NB-IoT 智能终端的行为，如获取终端信号强度、在网状态、网络数据收发，查询终端 IMSI 和 IMEI 等。

备注　AT 命令可参考《GSM Rec.07.07 标准 AT 命令》、移远通信《BC35-G&BC28&BC95 R2.0 AT Commands Manual》。

7.2.1 AT 命令格式

所有 AT 命令行必须以“AT”作为开头，以回车（<CR>）作为结尾。

AT 命令由前缀、主体和终止字符组成，如表 7-1 所示。

表 7-1 AT 命令格式

命令名称	格式	功能
执行命令	AT+<cmd>	执行某个命令操作
查询命令	AT+<cmd>?	查询当前命令的参数值
设置命令	AT+<cmd>=p1[，p2[，p3[…]]]	设置用户自定义的参数值或发送数据
测试命令	AT+<cmd>=?	查询设置命令或内部程序设置的参数及其参数值范围

- 前缀固定由字符 AT 单独构成。
- 主体由命令、参数和可用到的数值组成。
- < >里面的参数为必选项，命令中< >本身不出现。
- [ ]里面的参数为可选项，命令中[ ]本身不出现。
- <CR>为命令结束符（即\r，回车符，十六进制为 0X0D）。
- <LF>为换行符，所有 AT 命令的最后都要加上<LF>（即\n，换行符，十六进制为 0X0A）。这是串口终端的要求。
- 返回响应通常紧随命令之后，它的样式是“<回车><换行><响应内容><回车><换行>”（<CR><LF><响应内容><CR><LF>）。

> **备注** 在以下 AT 命令介绍过程中，只有<响应内容>被详细介绍，过程中<回车><换行>被有意省略。

7.2.2 AT 命令的响应

当 AT 命令处理程序处理完一行命令后，它将输出“OK”或“ERROR”，以此来指示它已经准备好接收新命令。

在需要连续执行多个 AT 命令时，必须等到上一条 AT 命令作了最终响应（如返回 OK、ERROR、CME ERROR、CMS ERROR 等），才能继续操作下一条 AT 命令。

响应的数据格式如下：

<CR><LF>+cmd:<parameters><CR><LF>
<CR><LF>OK<CR><LF>
或者，
<CR><LF><parameters><CR><LF>
<CR><LF>OK<CR><LF>

7.2.3 常用的 AT 命令

AT 命令分为 3GPP AT 命令、通用 AT 命令、各公司定义的私有 AT 命令。

1．3GPP AT 命令（3GPP TS 27.007）

3GPP AT 命令有很多，表 7-2 列出了部分 3GPP AT 命令。

表 7-2　3GPP AT 命令

AT 命令	功能描述
ATI	查询产品厂家、版本、型号等信息
AT+CIMI	查询 SIM 卡的 IMSI 号
AT+CFUN	设置 NB-IoT 通信模组的功能模式
AT+CSQ	获取信号强度指示
AT+CGATT	设置 NB-IoT 通信模组的网络附着状态
AT+CGSN	获取 NB-IoT 通信模组的 IMEI 号
AT+CGMR	查询 NB-IoT 通信模组的版本信息
AT+CEREG	查询网络注册状态
AT+CSCON	查询信号连接状态
AT+CGPADDR	获取 NB-IoT 通信模组的 IP 地址
AT+CGDCONT	设置核心网 APN 地址
AT+CPSMS	设置 NB-IoT 通信模组的 PSM 模式功能
AT+CEDRXS	设置 NB-IoT 通信模组的 eDRX 模式功能

举例：

（1）查询产品厂家、版本、型号等信息

命令格式	ATI
命令返回	NB-IoT 通信模组版本号、OK、ERROR
测试命令	ATI
测试结果	Quectel BC28 Revision:BC28JAR01A08 OK

（2）查询 SIM 卡的 IMSI 号，可检查 SIM 卡是否读卡成功

命令格式	AT+CIMI
命令返回	IMSI 号、OK、ERROR
数值说明	若返回 OK，说明 SIM 卡读取成功；若返回 ERROR，则需检查 SIM 卡是否插好
测试命令	AT+CIMI
测试结果	460111175490643 OK

（3）设置 NB-IoT 通信模组的功能模式

命令格式	AT+CFUN
命令返回	OK、ERROR
数值说明	AT+CFUN=1　设置 NB-IoT 通信模组为最大功能模式（打开所有的通信功能） AT+CFUN=0　设置 NB-IoT 通信模组为最小功能模式（类似手机的飞行模式）
测试命令	AT+CFUN?
测试结果	+CFUN:1 OK

（4）获取信号强度指示

命令格式	AT+CSQ
命令返回	+CSQ:**,##
数值说明	“**”为 RSSI，值为（0～31，99），数值越大表明信号质量越好，99 表示无信号，应检查天线或 SIM 卡是否正确安装； “##”为误码率，值在（0～7，99）
测试命令	AT+CSQ
测试结果	+CSQ:20,5 OK

（5）设置 NB-IoT 通信模组的网络附着状态

命令格式	AT+CGATT
命令返回	+CGATT:*
数值说明	“*”的值为 0 或 1。其中： 1 表示注册成功； 0 表示不成功
测试命令 1	AT+CGATT=1　激活 NB-IoT 通信模组进行网络附着
命令返回 1	OK、ERROR
测试命令 2	AT+CGATT?　查询 NB-IoT 通信模组是否成功入网
测试结果 2	+CGATT:1 OK

（6）获取 NB-IoT 通信模组的 IMEI 号

命令格式	AT+CGSN
命令返回	NB-IoT 通信模组的 IMEI 号、OK、ERROR
测试命令	AT+CGSN
测试结果	MPA18LR0B009868 OK

（7）查询 NB-IoT 通信模组的版本信息

命令格式	AT+CGMR
命令返回	NB-IoT 通信模组的版本信息、OK、ERROR
测试结果	SSB,V150R100C10B200SP1 SECURITY_A,V150R100C20B300SP5 PROTOCOL_A,V150R100C20B300SP5 APPLICATION_A,V150R100C20B300SP5 SECURITY_B,V150R100C20B300SP5 RADIO,Hi2115_RF1 OK

（8）查询网络注册状态

命令格式	AT+CEREG
命令返回	+CEREG:*,#
数值说明	“*”的值为 0 或 1。其中： 0 表示禁用网络注册的主动上报结果码； 1 表示启用网络注册的主动上报结果码。 “#”的值为 0～5。其中： 0 表示没有搜寻一个新的运营商进行注册； 1 表示已注册成功，本地网络； 2 表示未注册，正在搜寻一个新的运营商进行注册； 3 表示注册被拒绝； 4 表示未知； 5 表示已注册成功，漫游网络。 所以如果#的值是 1 或 5，则表示数据业务可以使用；如果#的值是 2、3、4，则表示数据业务不可用
测试命令	AT+CEREG?
测试结果	+CEREG：1，1 OK

（9）查询信号连接状态

命令格式	AT+CSCON
命令返回	+CSCON:0,*
数值说明	“*”的值为 0 或 1。其中： 1 表示连接成功状态； 0 表示空闲状态
测试命令	AT+CSCON?
测试结果	+CSCON:0,1 OK

(10)获取 NB-IoT 通信模组的 IP 地址

命令格式	AT+CGPADDR
命令返回	NB-IoT 通信模组的 IP 地址
测试命令	AT+CGPADDR
测试结果	+CGPADDR:0,10.79.148.15 OK

(11)设置核心网 APN

命令格式	AT+CGDCONT
命令返回	OK、ERROR
测试命令	AT+CGDCONT=1,“IP”,“CTNB”,设置 APN 为“CTNB”
测试结果	OK

(12)设置 NB-IoT 通信模组的 PSM 模式功能

命令格式	AT+CPSMS
命令返回	OK、ERROR
测试命令	AT+CPSMS?
测试结果	+CPSMS:0,,,01000001,00000101 OK

(13)设置 NB-IoT 通信模组的 eDRX 模式功能

命令格式	AT+CEDRXS
命令返回	OK、ERROR
测试命令	AT+CEDRXS?
测试结果	+CEDRXS:5,"0010" OK

2. 通用 AT 命令

通用 AT 命令如表 7-3 所示。

表 7-3 通用 AT 命令

AT 命令	功能描述
AT+NRB	重启 NB-IoT 通信模组
AT+NBAND	设置 NB-IoT 通信模组的频段
AT+NCONFIG	配置 NB-IoT 通信模组的参数

续表

AT 命令	功能描述
AT+NATSPEED	配置串口波特率
AT+NUESTATS	查询最近一次所驻留小区的基础信息
AT+NEARFCN	锁定 NB-IoT 通信模组的工作频点，锁频可以有效减小搜网时间，但是频点设置错误会导致搜网失败
AT+NSOCR	创建 UDP Socket
AT+NSOST	发送 UDP 数据
AT+NSORF	接收 UDP 数据
AT+NSOCL	关闭 Socket
AT+NCCID	获取 USIM 卡 ID 信息
AT+NPSMR	查询 PSM 模式状态
AT+NCSEARFCN	清除终端保存的先验频点，当下一次启动搜索网时，根据场景信号强度选择频点。该命令需要在关机（AT+CFUN=0）后才能设置
AT+NIPINFO	查询 IP 地址信息
AT+QCHIPINFO	读取系统信息

（1）重启 NB-IoT 通信模组

命令格式	AT+NRB
命令返回	OK、ERROR
测试命令	AT+NRB
测试结果	REBOOTING ?? Boot: Unsigned Security B.. Verified Protocol A.. Verified Apps A...... Verified REBOOT_CAUSE_APPLICATION_AT Neul OK

（2）设置 NB-IoT 通信模组的频段

命令格式	AT+NBAND
数值范围	工作频段有 1、2、3、5、8、12、13、17、18、19、20、26、28、66
测试命令 1	AT+NBAND=? 查询 NB-IoT 通信模组支持的工作频段
测试结果 1	+NBAND：（1，3，5，8，20，28） OK
测试命令 2	AT+NBAND?　查询当前 NB-IoT 通信模组的工作频段
测试结果 2	+NBAND:5 OK

（3）配置 NB-IoT 通信模组的参数

命令格式	AT+NCONFIG
测试命令 1	AT+NCONFIG=? 查询 NB-IoT 通信模组可配置的参数
命令返回 1	+NCONFIG:(AUTOCONNECT,(FALSE,TRUE)) +NCONFIG:(CR_0354_0338_SCRAMBLING,(FALSE,TRUE)) +NCONFIG:(CR_0859_SI_AVOID,(FALSE,TRUE)) +NCONFIG:(COMBINE_ATTACH,(FALSE,TRUE)) +NCONFIG:(CELL_RESELECTION,(FALSE,TRUE)) +NCONFIG:(ENABLE_BIP,(FALSE,TRUE)) +NCONFIG:(MULTITONE,(FALSE,TRUE)) +NCONFIG:(NAS_SIM_POWER_SAVING_ENABLE,(FALSE,TRUE)) +NCONFIG:(BARRING_RELEASE_DELAY,(0-1800)) +NCONFIG:(RELEASE_VERSION,(13,14)) +NCONFIG:(RPM,(FALSE,TRUE)) +NCONFIG:(SYNC_TIME_PERIOD,(0-65535)) +NCONFIG:(IPV6_GET_PREFIX_TIME,(0-65535)) +NCONFIG:(NB_CATEGORY,(1,2)) +NCONFIG:(RAI,(FALSE,TRUE)) +NCONFIG:(HEAD_COMPRESS,(FALSE,TRUE)) +NCONFIG:(RLF_UPDATE,(FALSE,TRUE)) +NCONFIG:(CONNECTION_REESTABLISHMENT,(FALSE,TRUE)) +NCONFIG:(PCO_IE_TYPE,(PCO,EPCO)) OK
测试命令 2	AT+NCONFIG? 查询当前 NB-IoT 通信模组已配置的参数
命令返回 2	+NCONFIG:AUTOCONNECT,TRUE +NCONFIG:CR_0354_0338_SCRAMBLING,TRUE +NCONFIG:CR_0859_SI_AVOID,TRUE +NCONFIG:COMBINE_ATTACH,FALSE +NCONFIG:CELL_RESELECTION,TRUE +NCONFIG:ENABLE_BIP,FALSE +NCONFIG:MULTITONE,TRUE +NCONFIG:NAS_SIM_POWER_SAVING_ENABLE,TRUE +NCONFIG:BARRING_RELEASE_DELAY,64 +NCONFIG:RELEASE_VERSION,13 +NCONFIG:RPM,FALSE +NCONFIG:SYNC_TIME_PERIOD,0 +NCONFIG:IPV6_GET_PREFIX_TIME,15 +NCONFIG:NB_CATEGORY,1 +NCONFIG:RAI,FALSE +NCONFIG:HEAD_COMPRESS,FALSE +NCONFIG:RLF_UPDATE,FALSE +NCONFIG:CONNECTION_REESTABLISHMENT,FALSE +NCONFIG:PCO_IE_TYPE,EPCO OK
命令格式 3	AT+NCONFIG=CELL_RESELECTION，TRUE 使能 NB-IoT 通信模组小区重选功能
命令返回 3	OK、ERROR
数值说明 3	该命令需要在重新开机后才能生效。所以建议在关机（AT+CFUN=0）后设置，再开机（AT+CFUN=1）后就能生效
命令格式 4	AT+NCONFIG=AUTOCONNECT，FALSE 关闭 NB-IoT 通信模组自动入网功能
命令返回 4	OK、ERROR

（4）配置串口波特率

命令格式	AT+NATSPEED
命令返回	OK、ERROR
测试命令	AT+NATSPEED?
测试结果	+NATSPEED:9600,2,1,0,0 OK

（5）查询最近一次所驻留小区的基础信息。

命令格式	AT+NUESTATS
命令返回	Signal power：-1164 Total power：-1057 TX power：203 TX time：966 RX time：24054 Cell ID：115669585 ECL：1 SNR：19 EARFCN：2506 PCI：24 RSRQ：-130 OPERATOR MODE：4 CURRENT BAND:5 OK

注：具体参数的释义请参见 7.3 节。

（6）创建 UDP Socket

命令格式	AT+NSOCR=<type>,<protocol>,<listen prt>[,<receive control>]
测试案例	AT+NSOCR=DGRAM,17,4505,1：创建本地 UDP 监听端口，开启数据到达自动上报
命令返回	创建成功返回 Socket 编号，数值为 0～6，最多监听 7 个端口； OK 表示创建 UDP 成功； ERROR 表示创建 UDP 失败

（7）关闭 UDP Socket

命令格式	AT+NSOCL=<socket>
命令说明	<socket>为创建 UDP Socket 时系统分配的 ID

（8）接收 UDP 数据

命令格式	AT+NSORF=<socket>,<req_length>
命令返回	1，47.91.238.235,7385,5,3132333435,0
数值说明	<socket>,<ip_addr>,<port>,<length>,<data>,<remaining length>
测试结果	AT+NSORF=1，5

备注 当接收到 UDP 数据时，当读取长度大于实际接收长度时，返回缓冲区实际接收数据长度。

（9）发送 UDP 数据

命令格式	AT+NSOST=<socket>,<remote_addr>,<remote_port>,<length>,<data>
测试案例	AT+NSOST=1,47.91.238.235,7385,5,3132333435
测试结果	1，5

3．私有 AT 命令

以下为一部分华为定义的私有 AT 命令，如表 7-4 所示。

表 7-4 华为通信定义的 AT 命令

AT 命令	功能描述
AT+NCDP	配置和查询华为物联网平台的地址
AT+NMGS	向华为物联网平台发送上行数据
AT+NMGR	从华为物联网平台读取下行数据
AT+QSECSWT	设置数据压缩模式
AT+QLWULDATA	向华为物联网平台发送 LwM2M 数据
AT+QLWULDATAEX	向华为物联网平台发送 LwM2M 的 CON/NON 数据消息
AT+NQMGR	查询接收消息的状态
AT+NQMGS	查询发送消息的状态
AT+QLWSERVERIP	设置或删除 LwM2M 服务器 IP 地址

举例：

（1）设置物联网平台 IP 地址和端口号

命令格式	AT+NCDP=<ip_addr>[,<port>]
命令返回	OK、ERROR
测试命令	AT+NCDP=180.101.147.115,5683

（2）发送状态指令

命令格式	AT+NMGS=<length>,<data>[,<seq_num>]
命令返回	OK、ERROR
数值说明	第一个参数为字节数，第二个参数为上报的十六进制业务码流，每次上报数据最多支持发送 512 个字节
测试命令	AT+NMGS=20,0130313233343536373839303132333435363738

（3）向华为物联网平台发送 LwM2M 的 CON/NON 数据

命令格式	AT+QLWULDATAEX=<length>,<data>,<mode>
命令返回	OK、ERROR
数值说明	可发送携带辅助释放指示的 CoAP 数据，用于指示核心网立即释放连接，以便模组快速进入 IDLE 状态

备注　若想获取其他更多的 AT 命令使用方法，可阅读所使用的 NB-IoT 通信模组的 AT 命令手册，如本例中的 NB-IoT 通信模组文档《Quectel_BC35-G&BC28_AT_Commands_Manual》。

7.3　NB-IoT 信号参数释义

在部署 NB-IoT 智能终端的时候，可通过 AT 命令获得基站的信号覆盖质量。NB-IoT 信号参数的含义如表 7-5 所示。

表 7-5　NB-IoT 信号参数含义

英文名称	中文名称	含义
CELL ID	基站小区标识	CELL ID 是网络中小区的编号，与 MCC、MNC 及 LAC 号组合成一个小区全球识别码，用来在全球范围内唯一识别某一小区
CSQ	信号强度	CSQ 指示 RSSI 强度，取值范围为 0~31，数值越大信号越好； CSQ 值大于 5，终端可正常工作，CSQ 值小于 5，终端不能正常工作。如果出现 99 表示信道无效
EARFCN	中心频点	若一个区域的基站中心频点都相同，表示是同频部署；若一个区域的基站中心频点交叉分布，表示是异频部署
PCI	物理小区标识	PCI 是用于区分不同小区的无线信号，确保在小区覆盖范围内不会有相同的 PCI
SNR	信噪比	Signal Noise Ratio，信号功率与噪声功率的比值，比值越大越好
SINR	信号与干扰信号比	SINR（Signal to Interference plus Noise Ratio）是指接收到的有用信号的强度与接收到的干扰信号（噪声和干扰）的强度的比值，反映当前信道的链路质量。SINR 的取值范围为 0～30，比值越大越好
RSRQ	参考信号接收质量	RSRQ（Reference Signal Received Quality）是指当前信道质量的信噪比和干扰水平。不但与承载 RS 的 RE 功率相关，还与承载用户数据的 RE 功率，以及邻区的干扰相关，因而 RSRQ 随着网络负荷和干扰发生变化，网络负荷越大，干扰越大，RSRQ 测量值越小。RSRQ 的取值范围为-3～-19.5，值越大越好

续表

英文名称	中文名称	含义
RSRP	参考信号接收功率	RSRP（Reference Signal Receiving Power）是代表无线信号强度的关键参数，反映当前信道的路径损耗强度，用于小区覆盖的测量和小区选择或重选。RSRP 的取值范围为-44～-140dBm，值越大越好
RSSI	总功率	总功率越大越好，代表基站小区的发射功率，通常和信号功率相差 10dB 左右
Tx Power	终端发射功率	数值越小越好，对应会更省电。终端最大的发射功率是 23dBm
CEL	覆盖增强等级	CEL（Coverage Enhancement Level）共分 3 个等级，数值从 0～2，分别对应可对抗 144dB、154dB、164dB 的信号衰减。基站和智能终端之间会根据其所在的 CEL 来选择相对应的信息重发次数： 0 表示常规覆盖，MCL<144dB，与现有 GPRS 覆盖一致； 1 表示扩展覆盖，144dB<MCL<154dB，在现有 GPRS 覆盖的基础上提升了 10dB； 2 表示极端覆盖，154dB<MCL<164dB，在现有 GPRS 覆盖的基础上提升了 20dB

7.4 数据传输协议

数据传输协议是通信双方对数据传送控制的一种约定，双方必须共同遵守。约定的内容包括数据格式、同步方式、传送速度、传送步骤、检纠错方式、控制字符定义等。双方实体需要遵守数据传输协议中既定的规则，才能将有意义的信息传递给对方。

PC 和智能手机入网信息交换大多是通过 TCP 和 HTTP（hyper text transfer protocol，超文本传输协议）实现的。与之不同的是，NB-IoT 智能终端的资源有限，只有少量的内存空间和有限的计算能力，较复杂的协议不太适合 NB-IoT 智能终端，传统的 HTTP 协议在物联网应用中就会显得过于庞大而不适用，比较适合智能终端的数据传输协议就是轻量级的 CoAP、MQTT 等数据传输协议。

物联网系统的数据传输协议有很多种，常见的协议包括 CoAP（constrained application protocol，受限应用协议）、MQTT（message queuing telemetry transport，消息队列遥测传输）、TCP 协议透传、HTTP/HTTPS、LwM2M 等，如图 7-2 所示。CoAP 基于 UDP 传输协议，HTTP 和 MQTT 基于 TCP 传输协议。

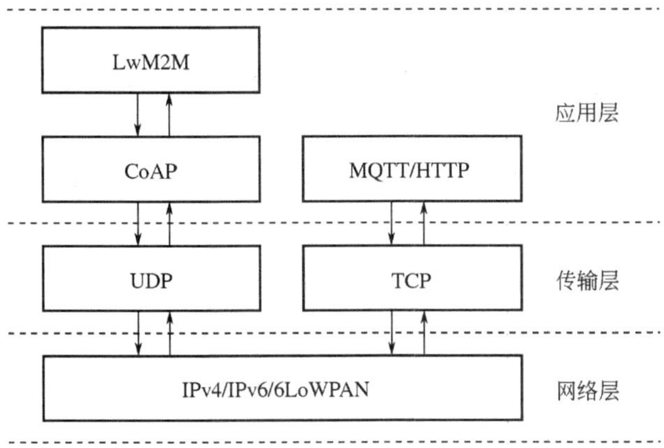

图 7-2
数据传输协议

TCP（transmission control protocol，传输控制协议）采用三次握手建立连接后，才开始传送数据，可靠性强，可共享所有被发送的数据，但因其过程都需要验证，所以消耗时间比较久。

UDP（user datagram protocol，用户数据报协议）是面向非连接的协议，它不与对方建立连接，直接就把数据包发送过去。

与 TCP 相比，UDP 减少了确认程序，可靠性相对不高，但是速度较快。同时 UDP 首部包含很少的字节，较 TCP 负载消耗要少。

MQTT 协议不支持带有类型或者其他帮助 Clients 理解的标签信息，也就是说所有 MQTT Clients 必须要知道消息格式。而 CoAP 协议则相反，因为 CoAP 内置发现支持和内容协商，这样便能允许设备相互窥测以找到数据交换的方式。

MQTT 是多个客户端通过中央代理进行消息传递的多对多协议。它主要通过让客户端发布消息、代理决定消息路由和复制来解耦消费者和生产者。MQTT 就是相当于消息传递的实时通信总线。CoAP 基本上就是一个在 Server 和 Client 之间传递状态信息的点对点协议。

7.4.1　CoAP 协议

CoAP 是 6LowPAN 协议栈中的应用层协议，基于 REST 架构风格，具有简洁、清晰且易于实现的特点。

CoAP 协议和 HTTP 协议一样，同属应用层协议，采用请求 – 响应工作模式。客户端发送 CoAP 请求，服务器一旦侦听到请求便会根据其包含的 URI 对资源进行定位，并按请求方法决定如何操作该资源。服务器处理完请求之后，将返回客户端一个 CoAP 响应。

CoAP 是一个完整的二进制应用层协议，和 TCP/IP 协议簇中的其他协议一样，CoAP 协议带有报文头，负载（payload）和报文头之间使用单字节分隔符 0xFF 隔离。报文头里的版本编号 Ver、报文类型 T、标签长度指示 TKL、准则 Code、报文序号 Message ID 为必填部分。

CoAP 协议的传输层采用 UDP 协议，但 UDP 协议传输是不可靠的，所以 CoAP 协议采用了双层结构，即事务层(transaction layer)和请求-响应层(request-response layer)。事务层处理节点间的信息交换且具有重传处理机制，同时也提供对多播和拥塞控制的支持；请求-响应层传输对资源进行操作的请求和相应信息。

CoAP 协议具有如下特点：

1）报头压缩：CoAP 包含一个紧凑的二进制报头和扩展报头。它只有短短的 4Byte 的基本报头，基本报头后面跟扩展选项。一个典型的请求报头为 10～20Byte。

2）方法和 URIs：为了实现客户端访问服务器上的资源，CoAP 支持 GET、PUT、POST 和 DELETE 等方法。CoAP 还支持 URIs，这是 Web 架构的主要特点。

3）传输层使用 UDP 协议：CoAP 协议建立在 UDP 协议之上，以减少开销和支持组播功能。它也支持一个简单的停止和等待的可靠性传输机制。

4）支持异步通信：HTTP 协议对 M2M 通信不适用，这是由于事件大多数是由客户端发起的。CoAP 协议支持异步通信，这对 M2M 通信应用来说就是常见的休眠-唤醒机制。

5）支持资源发现：为了自主的发现和使用资源，它支持内置的资源发现格式，用于发现设备上的资源列表，或者用于设备向服务目录公告自己的资源。

6）支持缓存：CoAP 协议支持资源描述的缓存以优化其性能。

HTTP 和 CoAP 协议栈的对应关系如图 7-3 所示。

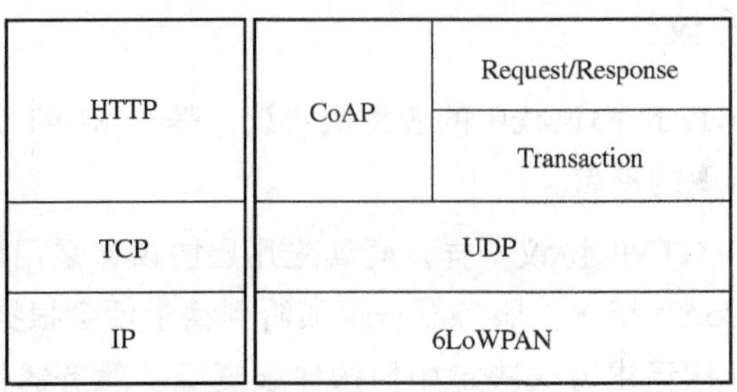

图 7-3
HTTP 和 CoAP 协议栈的对应关系

CoAP 协议采用与 HTTP 协议相同请求-响应工作模式，共有四种不同的消息类型：

CON——需要被确认的请求，若 CON 请求被发送，对方必须做出响应。

NON——不需要被确认的请求，若 NON 请求被发送，对方不必做出回应。

ACK——应答消息，接收 CON 消息的响应。

RST——复位消息，若接收者收到的消息包存在错误，接收者解析消息包或者丢弃发送者的消息包，复位消息将会被发送。

备注 CoAP 数据发送完毕后就可以休眠了，比较省电，适合数据采集的场合，特别是电池供电的传感器设备。

7.4.2 MQTT 协议

MQTT 是一种面向物联网应用的即时通信协议，使用 TCP 协议提供网络连接基础，负责终端设备之间的消息转发，能够对内容实现消息屏蔽传输，开销小，可以有效降低网络流量。

MQTT 协议采用二进制消息的发布-订阅（publish-subscribe）模式，具有服务自发现、动态扩展、事件过滤的特点，解决了物联网系统在应用层的数据源快速获取、物的加入和退出、兴趣订阅、降低带宽流量等问题，实现物的连接在空间上松耦合、时间上松耦合和同步松耦合。

MQTT 协议适用于设备和平台需要保持长连接的使用场景，MQTT 特点在于可以实现设备间的消息单播以及组播，可以不依赖其他服务（下发命令服务、推送服务等）实现让设备以应用服务器的方式对真实设备进行管理和控制。

在 MQTT 协议中有三种角色，即代理服务器、发布者客户端和订阅者客户端，其中发布者和订阅者互不干扰，也就是说发布者和订阅者互不知道对方的存在，它们只知道代理服务器，代理服务器负责将来自发布者的消息进行存储处理并将这些消息发送到正确的订阅者中去。MQTT 协议工作模式如图 7-4 所示。

图 7-4
MQTT 协议工作模式

① 代理服务器（server）　代理服务器可以是一个程序或者设备，作为发送消息的客户端和请求订阅的客户端之间的中介。其主要作用是接收发布者客户端发布的应用信息，然后将信息转发给符合条件的订阅者客户端。

② 客户端（client）　客户端指使用 MQTT 协议的程序或设备。客户端包括发布者客户端和订阅者客户端，同一个客户端既可以是发布者，也可以是订阅者。客户端可以发布消息给其他相关客户端，也可以订阅其他客户端发布的消息。

MQTT 协议具有如下特点：

- 使用基于代理的发布或订阅消息模式，提供一对多的消息发布和应用程序之间的解耦。
- 使用 TCP/IP 提供网络连接。
- 小型传输，开销很小（固定长度的头部是 2Byte），协议交换最小化，以降低网络流量。
- 支持 QoS，有三种消息发布服务质量，即最多一次、至少一次和只有一次。

MQTT 协议一般适用于星形网络架构，智能终端的数据被传输到网关或云平台，不适用设备与设备之间的通信，设备控制能力弱。

备注 MQTT 协议适合 GPRS 长连接应用场景，在 NB-IoT 应用场景中并不一定适合 MQTT 连接物联网平台。

MQTT 的特点是可以保持长连接，具有一定的实时性，云端向设备端发送消息，设备端可以在最短的时间内接收到并作出响应，所以 MQTT 更适合需要实时控制的场合，更适合执行器。要保持长连接，那么就要时不时地发送心跳包，这样就不会省电。

7.4.3 TCP 协议透传

TCP/IP 是一组用于实现网络互联的通信协议。Internet 网络体系结构以 TCP/IP 为核心。基于 TCP/IP 参考模型（TCP/IP reference model）将协议分成四个层次，即接入层、网络层、传输层和应用层，如图 7-5 所示。

图 7-5 TCP/IP 参考模型

应用层	HTTP、HTTPS等
传输层	TCP、UDP等
网络层	IP、ICMP等
接入层	LAN、WAN等

① *应用层* 应用层负责提供网络与用户应用软件之间的接口服务，如 FTP、Telnet、DNS、SMTP 等。

② *传输层* 传输层为应用层实体提供端到端的通信功能，保证了数据包的顺序传送及数据的完整性。该层定义了两个主要的协议：TCP 和 UDP。TCP 协议提供的是一种可靠的、通过“三次握手”来连接的数据传输服务；而 UDP 协议提供的则是不保证可靠的（并不是不可靠）、无连接的数据传输服务。

③ *网络层* 网络层主要解决主机到主机的通信问题。它所包含的协议涉及数据包在整个网络上的逻辑传输。注重重新赋予主机一个 IP 地址来完成对主机的寻址，它还负责数据包在多种网络中的路由。

④ *接入层* 接入层负责监视数据在主机和网络之间的交换。事实上，

TCP/IP 本身并未定义该层的协议，而由参与互联的各网络使用自己的物理层和数据链路层协议，然后与 TCP/IP 网络接入层进行连接。

TCP 协议透传适用于保持长连接、双向通信；用户可自行定义通信数据格式，非常灵活。

TCP 透传的高灵活性决定了它不受约束，它主要适用于用户自定义协议的情况，可以根据自身定义的脚本完成任意协议的交互，并且支持脚本的随时修改随时上传。协议支持一个连接传输多个设备数据，可以集中地下挂多个设备进行数据上传与下发。在智能电表、智能水表等智能仪表领域有着广泛的应用。

7.4.4　HTTP/HTTPS 协议

HTTP 是互联网上应用最为广泛的网络传输协议之一。HTTP 基于 REST 架构风格以及 TCP 传输协议，使用客户端请求（request）-服务器响应（response）的工作模式：客户端使用网页浏览器向服务器发起 HTTP 请求，创建一个到服务器指定端口的 TCP 连接；服务器一旦监听到请求，就会向客户端返回响应内容，如文本文件、HTML 文件、图片和视频文件等。

智能终端采用遵循 HTTP 协议的数据封装结构以及接口形式等连接平台进行数据传输，用户可以实现终端数据的上传和保存。

HTTP 协议适用于快速接入设备、轻量级、偏上层的应用接入场景，同时 HTTP 的 RESTful 风格接口也方便开发者快速调试，避免繁杂的代码编译和烧录过程。

需要注意的是，使用 HTTP 协议接入物联网平台的设备，由于协议本身的会话没有保活机制，设备的在线状态需要开发者根据需要自己实现。

HTTP 协议是提供和接收 HTML 界面，使用这个协议在互联网上传出 Web 的界面信息。其中，HTML 是一种用于创建文档的标记语言，这些文档包含指向相关信息的链接。HTTP 协议提出了客户端（client）-服务器（server）架构，用于信息的交互和传递。HTTP 协议有两个流程——发送请求和相应请求：客户端浏览器通过 HTTP 协议传输发送访问服务器超文本请求；服务器响应请求后将超文本信息返回给客户端浏览器。此外，HTTP 还提供人们能够轻松看懂的 URL 来访问资源。

HTTPS（hyper text transfer protocol over secure socket layer，基于安全套接字层的超文本传输协议）是广泛用于互联网上的安全敏感的通信，如网上购物、使用搜索引擎等。HTTPS 的主要作用可以分为两种：其一，建立信息安全通道，保证数据传输的安全；其二，通过网络上传回的结果判断网站的真实性。

有些物联网设备经常使用 HTTP/HTTPS 协议，主要利用 GET、POST 这两种操作进行传输数据。HTTP/HTTPS 协议是目前成熟的协议之一，在服务器上部署是很容易的。

HTTP/HTTPS 只上报传感器数据到物联网平台，无须发送下行控制指令到智能终端设备，适合简单数据上报的应用场景。

7.4.5 LwM2M 协议

LwM2M 协议是轻量化的 M2M 协议（基于 UDP 协议，具有重传机制，聚焦于 LPWAN 低功耗广域网市场），具有覆盖广、连接多、速率低、成本低、功耗低、架构优等特点，广泛应用于智能停车、智能抄表、智能井盖、智能路灯等应用场景。

LwM2M 协议基于 REST 架构，消息传递是通过 CoAP 协议来达成的，定义了一个紧凑高效又不乏扩展性的数据模型，同时考虑安全性，使用基于 UDP 的 DTLS 安全传输协议，在网络资源有限及无法确保设备始终在线的环境里更加游刃有余。LwM2M 协议栈如图 7-6 所示。

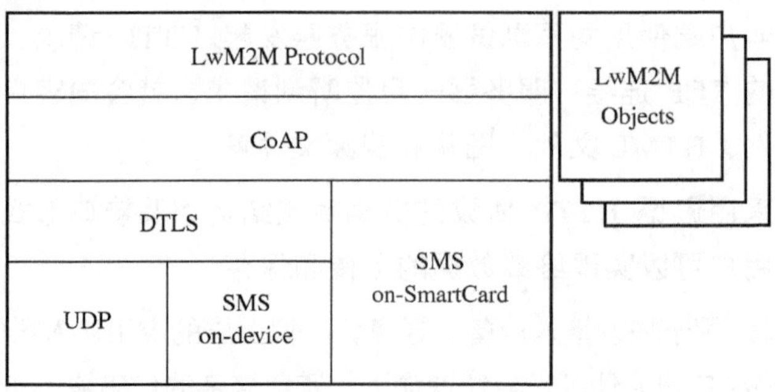

图 7-6
LwM2M 协议栈

LwM2M 定义了四个逻辑实体：

- LwM2M Server：接入机，平台服务器接口，部署在 M2M 服务供应商处或网络服务供应商处。
- LwM2M Client：客户端，负责执行服务器的命令和上报执行结果，部署在各个 LwM2M 设备上。
- Bootstrap Server：引导服务器，负责配置 LwM2M 客户端。
- SmartCard：智能卡，对客户端完成初始的引导。

LwM2M 协议基本架构如图 7-7 所示。

LwM2M 协议的逻辑实体之间拥有四个逻辑接口：

- Bootstrap：Bootstrap Server 通过这个接口来配置 Client，如 LwM2M server 的 URL 地址。引导接口的目的是向 LwM2M 客户端提供注册到 LwM2M 服务器的必要信息，例如服务器访问信息、客户端支持的资源信息等。这些引导信息可以是由生产厂家预先存储在设备中，也可以通过上文提到的 LwM2M 引导服务器或者智能卡提前写入设备。

- Device Discovery and Registration：客户端注册到服务器并通知服务器客户端所支持的能力。注册接口的目的是使 LwM2M 客户端与 LwM2M 服务器互联，将 LwM2M 客户端的相关信息存储在 LwM2M 服务器上。只有完成注册后，LwM2M 客户端与服务器端之间的通信与管理才成为可能。
- Device Management and Service Enablement：LwM2M Server 发送指令给 Client 并收到回应。设备管理与服务实现接口的主控方为 LwM2M 服务器，服务器向客户端发送指令，客户端对指令做出回应并将回应消息发送给服务器。
- Information Reporting：LwM2M Client 来上报其资源信息，如传感器温度。信息上报接口允许 LwM2M 服务器端向客户端订阅资源信息，客户端接收订阅后按照约定的模式向服务器端报告自己的资源变化情况。

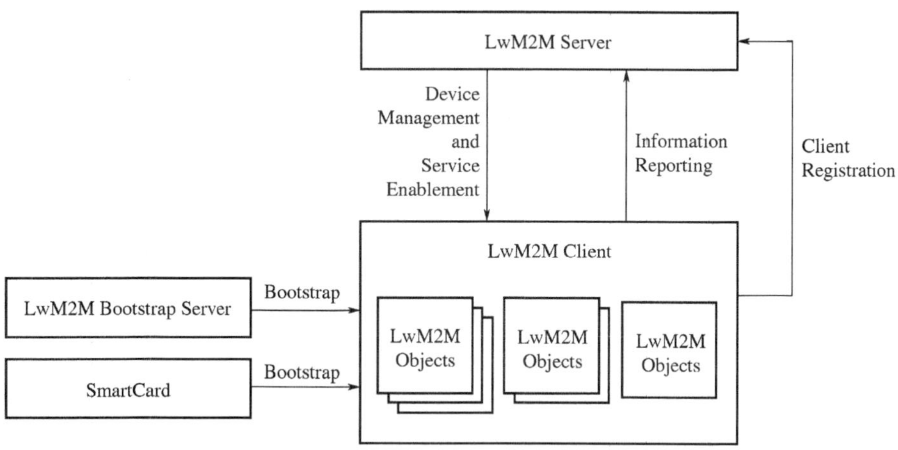

图 7-7
LwM2M 协议基本架构

LwM2M Objects 指每个对象对应客户端的某个特定功能实体。

LwM2M 规范定义了一些标准 Objects，例如：

- urn:oma:lwm2m:oma:2（LwM2M Server Object）。
- urn:oma:lwm2m:oma:3（LwM2M Access Control Object）。
- 每个 Object 下可以有很多 Resource，如 Firmware object 可以有 Firmware 版本号、size 等 resource。
- Vendor 可以自己定义 Object。

LwM2M 协议定义了一些逻辑操作，如 Read、Write、Execute、Create 和 Delete 等。通过这些逻辑操作，实现云平台与终端设备的数据交互。

LwM2M 适用于 NB-IoT 网络，适合广覆盖、低成本、低功耗、数据传输实时性要求不高、海量连接、加密传输、周期性上报等特点明显的物联网行业应用。

第8章 物联网平台

物联网平台是全球物联网产业链的兵家必争之地

8.1 物联网平台作用

物联网平台通常具有设备接入及管理、数据采集管理及分析、各种智能终端适配及扩展等功能，支持直连设备和非直连设备场景下的各种连接方式，具有跨硬件平台、跨操作系统、高性能、结构标准、易于扩展等特性。

在物联网的大规模部署情况下，海量的智能终端设备需要和物联网平台之间进行通信，不仅可以掌握每台智能终端的运行情况，也可以通过下发控制命令实现所需的远程功能。

整个蜂窝物联网体系架构如图 8-1 所示，物联网平台的作用是实现统一安全的网络接入、各种智能终端的灵活适配、海量数据的采集分析，从而实现新价值的创造。

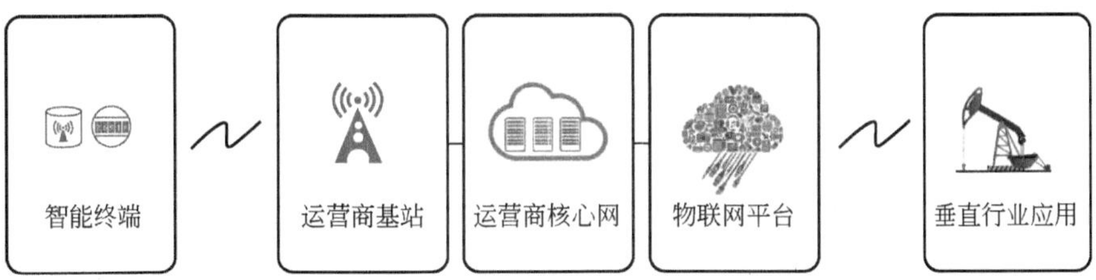

图 8-1
蜂窝物联网体系架构

物联网垂直行业应用离不开智能终端、运营商基站、运营商核心网和物联网平台的支持。目前，几乎所有的大型运营商、通信设备商、芯片商、互联网公司、行业应用公司等都在打造属于自己的物联网平台生态体系。

国内的物联网平台有中国电信物联网开放平台、中移物联 OneNet、华为 OceanConnect、阿里物联网、百度物联网等。国外的物联网平台有亚马逊 AWS IoT、微软 Azure IoT、IBM Watson IoT、思科 Jasper 等。

物联网平台就是物联网生态，需要依赖参与的合作伙伴一同完善，在提出诉求、实现功能、解决问题的螺旋式上升的过程中，创新商业模式，找到二次变现的能力，在规模逐步壮大的过程中，实现生态合作伙伴的共生共赢。

物联网平台需实现全局掌握智能终端连接网络行为和业务发展状况，以及辅助业务管控、辅助网络规划、业务规划和套餐制定等能力，确保物联网连接信息的完整性、实时性和一致性。

对于运营商的物联网平台，不管是使用 GPRS，还是 LTE，或者 NB-IoT，都可以连接不同的协议和不同接入方式的智能终端设备，还要能够实现平台与设备之间的免心跳保活机制，上层应用只需要下发命令给物联网平台，不用考虑维系海量设备的连接保活。

很多行业应用领域的企业，为了满足各种客户的定制化需求，没有人力或能力开发属于自己的软件架构，为了节约成本和时间，大多数采用开源代码。在缺少开源代码的优化能力时，若出现 Bug，经常会出现无法及时修复，同时安全性、可靠性也没有保障。

商用的物联网平台拥有完善的技术专家支持团队，为系统稳定运行提供保障，并为了简化开发难度，提供轻应用开发模板和图形化服务编排。

由于现场需求的变化以及智能终端的生命周期较长，难免需要增加新功能、修复 Bug，而很多智能终端部署范围分散，有些还不能拆卸，现场升级软件根本无法实现。这就需要物联网平台和智能终端具备远程升级能力，并且在有限的带宽资源下实现断点续传、版本回退等功能。

物联网平台的基本功能是面向开发人员搭建设备管理平台，旨在帮助开发者快速搭建数据通道，实现智能终端如传感器、智能终端设备等和云端进行双向通信。物联网平台的系统架构如图 8-2 所示。

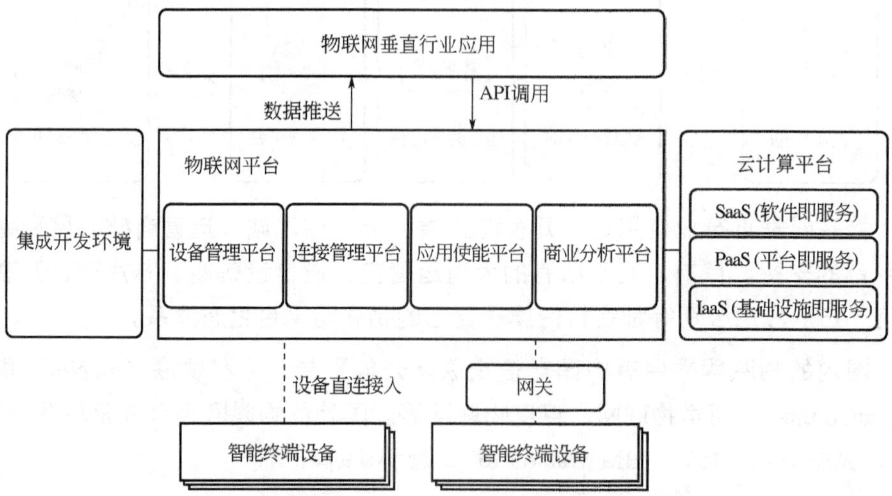

图 8-2 物联网平台的系统架构

在搭建物联网系统整体架构时，不管是直接连接物联网平台的智能终端设备，还是通过网关进行中转接入的智能终端设备，都需要在物联网平台进行集中处理。对于物联网垂直行业用户而言，若自行开发应用和管理服务器，势必需要投入较多的资金和时间，同时还存在运维的风险。为了满足物联网行业的诉求，物联网平台大多基于云计算平台为客户提供 PaaS 层服务，帮助物联网垂直行业应用开发者降低开发的复杂度、降低风险、加速产品开发和缩短上市周期。

物联网平台提供嵌入设备的 SDK（software development kit，软件开发工具包），包括软件包、软件框架、硬件平台、操作系统等，是一组为软件工程师建立的软件开发工具组合。目的是让设备快速接入平台之中，可提供 2G、3G、4G、NB-IoT、Wi-Fi、Bluetooth 等不同网络设备的接入方案，解决部署设备的接入管理。既可以满足长连接的实时性需求，也可以满足短连接的低功耗需求。因此，需要提供支持 CoAP、MQTT 等多种协议的 SDK，也需要提供跨平台移植的指导。

物联网平台提供完整的设备生命周期管理功能，支持设备注册、功能定义、脚本解析、在线调试、远程配置、固件升级、远程维护、实时监控、分组管理、设备删除、安全策略等。

物联网平台可定义 Profile（设备通用消息格式），对于不同类型的设备，拥有不同的 Profile。上层应用只需调用通用格式的 API 开放上层应用即可，南向接口设备厂家与物联网平台通过数据格式进行匹配，只需在图形化的界面中通过拖拽的方式即可实现自家设备与设备 Profile 的匹配。

对于物联网应用，由于其产业链很长，涉及智能终端、芯片、通信模组、传感器、基站、核心网、物联网平台、应用软件等多个环节，出现故障后，很难快速定位是哪个环节的问题。不仅耗费时间长，同时也带来了高额的运营维护成本。物联网平台通过采集智能终端、网络、应用软件的日志并进行关联分析，可快速识别是哪个环节出现故障。

目前，物联网平台主要是服务于开发人员，集中在 PaaS 服务领域的竞争，主要参与者如表 8-1 所示。

表 8-1　物联网平台参与者种类

行业类型	参与者种类
ICT 行业领域	主要参与者包括电信运营商、通信设备商、芯片商、虚拟运营商、通信技术服务商等，为开发者提供设备管理平台和连接管理平台，有些会提供更多的功能，例如应用使能平台和业务分析平台
互联网领域	主要参与者包括互联网平台商、云服务提供商等，为开发者提供云计算、存储、大数据分析等。此类平台开放度较高，数据积累丰富，具备较强的业务分析能力，大多数在发力人工智能技术服务
软件服务领域	主要参与者包括软件服务商、系统集成商等，为开发者集成提供 ERP、OA、MES 等软件功能。面向企业级市场，为开发者提供从应用系统的规划、开发、部署，再到运营支撑、优化的一体化服务
垂直行业领域	主要参与者包括垂直领域的行业巨头和垂直行业平台，为开发者提供行业领域的共性需求服务，利用对细分行业的深刻理解，把设备、网络、数据、算法、云平台等融入业务架构，形成独特优势

8.2　物联网平台种类

根据物联网平台实现的功能进行划分，物联网平台包括 DMP（device management platform，设备管理平台）、CMP（connectivity management platform，

连接管理平台）、AEP（application enablement platform，应用使能平台）和 BAP（business analytics platform，商业分析平台）。

物联网平台将通过提供高级分析和深度学习能力，满足未来物联网发展的各项高阶需求。到目前为止，没有一家物联网平台公司能够提供从智能终端管理、连接管理到应用开发、数据分析的全套服务。每家物联网平台提供商都有自己专注的领域和独特的优势。

1．DMP

设备管理平台对智能终端提供设备数据采集和管理、远程监控和配置、身份验证和安全、软件升级和维护、故障检测和排查、全生命周期管理等功能。

设备管理平台实时提供智能终端设备的自我诊断和预测性维护，提高客户的服务满意度；提供开放的 API，帮助客户轻松地进行系统集成和增值功能开发；所有设备的数据可以存储在云端，便于通过大数据分析功能提供增值服务。

通常，设备管理平台与合作伙伴一起，提供传感器、通信模组、智能网关、连接软件，并开放接口给上层应用开发商，提供端到端的整体解决方案。有些甚至把 CRM、ERP、MES 等都集成到 DMP 中，形成更加完整的设备管理解决方案。

2．CMP

连接管理平台一般应用于运营商网络，实现对物联网连接配置和故障管理、保证智能终端联网通道稳定、网络资源用量管理、连接资费管理、账单管理、套餐变更、号码/IP 地址/MAC 地址资源管理，更好地帮助运营商做好物联网 SIM 卡的管理，客户还可以自主进行 SIM 卡管控和账单查询。

连接管理平台参与运营商物联网的营业收入分成，业务模式简单明确；能够全面掌握智能终端的通信连接状态、服务开通以及套餐订购等情况；能够让客户查询到其拥有的智能终端的流量使用、状态变更等情况；能够自助进行部分故障的定位及修复，快速响应客户的连接服务等；跨国企业与 CMP 平台对接时，可以一点接入全球通用，具有较高的竞争力。

3．AEP

应用使能平台是提供应用开发和统一数据存储两大功能的 PaaS 平台，架构在 CMP 平台之上。

应用使能平台提供成套应用开发工具（大部分能提供图形化开发工具，甚至不需要编写代码）、中间件、数据存储功能、业务逻辑引擎、对接第三方系统 API 等。

物联网应用开发者在应用使能平台上快速开发、部署、管理应用，而无须考虑下层基础设施扩展、数据管理和归集、通信协议、通信安全等问题，降低开发成本、大大缩短开发时间。

应用使能平台帮助企业极大节省物联网应用开发的时间和费用，同时上层应用大规模扩张时无需担心底层资源的扩展问题。目前，应用使能平台主要根据应用开发完成后的激活设备数量进行收费。

据测算，开发者使用应用使能平台开发应用，可以节省 70%的时间，使物联网应用快速推向市场，同时为企业节省了雇佣底层架构技术人员的费用。

4．BAP

商业分析平台包含两种主要功能：一种是数据分析；另一种是机器学习。

针对数据分析，商业分析平台在集合各类相关数据后，进行分类处理、分析并提供视觉化数据分析结果（图标、仪表盘、数据报告）；通过实时动态分析，监控设备状态并予以预警。

机器学习是通过对历史数据（结构化数据和非结构化数据）进行训练生成预测模型或者客户根据平台提供工具自己开发模型，满足预测性的、认知的或复杂的分析业务逻辑。

未来物联网平台上的机器学习将向人工智能过渡，例如，IBM Watson 拥有 IBM 独特的 DeepQA 系统，结合了神经元系统，模拟人脑思考方式，总结出逐步强大的问答系统，未来将帮助企业解决更多的商业问题。

目前，机器学习收取建模费用和预测费用。建模期间按照数据分析、模型训练和评估时间收费，即执行这些操作所需的计算小时数收费；建模完成进行计算和预测时，通过数据结果的信息量或者计算需要的内存容量收费。

例如，智能门锁感知到有主人到家，智能温控器根据该成员习惯自动设置最佳温度，并点亮家中特定房间的电灯。在工业中，某个企业遍布全球的智能工厂可以针对不同厂区的需求，自动部署生产能力和生产资料，实现协同生产。

8.3 华为 OceanConnet 物联网平台

华为 OceanConnect 物联网平台是一种物联网连接管理平台，是面向运营商和企业/行业领域的统一开放云平台，支持 SIM 和非 SIM 场景的各种连接和连接管理。通过开放的 API 和独有的 Agent，向上集成各种行业应用，向下接入各种传感器、智能终端和网关，帮助运营商和企业/行业客户实现多种行业智能终端的快速接入，多种行业应用的快速集成。OceanConnect 物联网平台提供安全可控的全连接管理，使能行业革新，构建物联网产业生态。

华为 OceanConnect 物联网平台立足物联网 PaaS 平台的几大难题，如物联网集成与开发挑战、产业生态构建挑战、安全与数据隐私挑战、端到端全面运维挑战等，从而提出连接承上启下，实现四大能力强化：快速便捷的设备集成能力、灵活敏捷的应用使能能力、安全可靠的连接管理能力、高效精细的端到端运维能力。在南向，通过强大的开放与集成能力降低设备的接入门槛，加之自有的智能终端朋友圈实现海量接入；在北向，提供强大易用的开发工具，简化应用开发难度。依靠广泛的行业伙伴和建设多年的开发者社区，借助行业积累和大数据决策，可为合作伙伴提供五大场景的技术支持，包括 NB-IoT 场景、边缘计算网关场景、家庭网关场景、OceanConnect 物联网平台场景、LiteOS 场景。

物联网连接管理平台包括数据管理、设备管理和运营管理，实现统一安全的网络接入、各种智能终端的灵活适配、海量数据的采集分析，从而实现新价值的创造。物联网连接管理平台不仅通过 Agent 简化各类智能终端厂家的开发，屏蔽各种复杂设备接口，实现智能终端设备的快速接入；同时面向各行业提供强大的开放能力，支撑各行业伙伴快速实现各种物联网业务应用，满足各行业客户的个性化业务需求。

1. OceanConnect 物联网平台特点

（1）应用预集成的解决方案与生态链构建

以基于云化的物联网连接管理平台为核心，同时支持公有云和私有云部署，面向企业/行业、家庭/个人领域提供一系列预集成应用，包括智慧家庭、车联网、公共事业、油气能源等；与合作伙伴共同构建一个智能的全连接世界，创造更大的商业价值。

（2）接入无关（任意设备、任意网络、多协议适配）

支持无线、有线等多种网络连接方式接入，可以同时接入固定或移动的设备；丰富的协议适配能力，支持海量多样化终端设备接入；Agent 方案简化了各类终端厂家的开发，屏蔽各种复杂设备接口，实现终端设备的快速接入；同时华为可以提供预集成 Agent 的室内外物联网敏捷网关，真正做到给客户提供端到端的物联网基础平台，让客户聚焦于自身的业务；华为平台帮助客户实现了应用与终端的解耦合，帮助客户不再受限于私有协议对接，获得灵活的分批建设系统的自由。

（3）强大的开放与集成能力

网络 API、安全 API、数据 API 三大类 API，帮助行业集成商和开发者实现强大的连接安全，数据的按需获取和个性化的用户体验；华为物联网连接管理平台的集成框架安全、可靠，可以实现与现网网元、IT 系统的快速集成。

（4）大数据分析与实时智能

实现了云端平台、边缘网关、智能终端的分层智能与控制，提供规则引擎等智能分析工具。

（5）支持全球主流物联网标准

华为物联网连接管理平台支持全球主流物联网标准协议及功能实现，包括 oneM2M、ETSI 等规范。在家庭网络领域，遵循 Zwave、ZigBee、Bluetooth、Allseen、Thread 等标准；在车联网领域，遵循 JT/T808 等标准规范。

2. OceanConnect 物联网平台产品架构

OceanConnect 物联网平台能够向下兼容各类型、各厂家、各协议的设备接入，将海量的 API 向上开放给业务提供商调用；同时，通过管理门户管理接入的设备，并提供与华为公有云服务的对接，如图 8-3 所示。

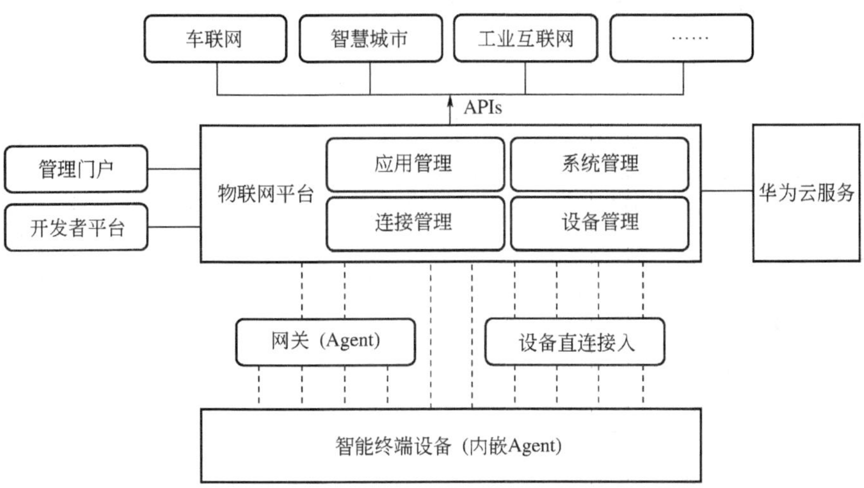

图 8-3 OceanConnect 物联网平台架构图

（1）连接管理

OceanConnect 物联网平台云服务支持智能终端设备直接接入 OceanConnect 物联网平台，也可以通过工业网关或者家庭网关接入。工业网关、家庭网关或智能设备可以通过内嵌 Agent 的 SDK 将设备接入 OceanConnect 物联网平台，解决了智能终端设备接入协议复杂多样、定制困难的问题，极大地提高了设备集成接入的效率。OceanConnect 连接管理能力如表 8-2 所示。

表 8-2　OceanConnect 连接管理能力

设备接入方式	支持有线和无线的接入方式，如固定宽带、2G/3G/4G、5G、NB-IoT、Z-Wave、ZigBee、eLTE 等
设备多协议接入	支持 HTTP/HTTPS、MQTT、CoAP 协议接入，并在云端对接入协议进行解析
SDK 接入能力	支持 Agent Rich、Agent Lite 和 Agent Tiny
设备接入认证	设备通过唯一的标识，如 IMEI 或者 MAC 地址接入到物联网平台，认证通过后，才允许设备接入，并提供 DTLS+的安全传输通道

（2）设备管理

华为定义标准化设备数据模型，对行业业务属性及设备的能力，以服务的形式抽象归纳，形成统一的北向 API 提供给应用开发者，南向基于华为 OceanConnect 物联网平台的异构协议接入能力，快速适配接入海量 IoT 设备，由平台负责转换设备数据模型，从而简化应用开发难度，构建开放的南北向生态，加快项目复制能力。

OceanConnect 物联网平台云服务提供丰富的设备管理能力，用户可以通过管理门户或者调用 API 的方式，对设备进行管理，OceanConnect 设备管理能力如表 8-3 所示。

表 8-3　OceanConnect 设备管理能力

设备模型定义	用于定义一款接入设备所具备的属性（如颜色、大小、采集的数据、可识别的指令或者设备上报的事件等信息），然后通过厂家、设备类型和设备型号，唯一标识一款设备，便于平台识别
双向通信的能力	支持设备上报数据到 OceanConnect 物联网平台和北向应用服务器；同时也支持应用服务器或平台向设备下发指令
设备生命周期管理	支持在 OceanConnect 物联网平台上对设备进行增加、修改、删除和查询，并能实时查看设备的状态（离线或在线）
设备配置更新	支持通过应用服务器或管理门户以下发命令的方式，对设备的业务进行更新，支持对设备进行批量的操作
软/固件升级	支持通过 OTA 的方式，对智能终端设备进行软件、硬件的升级操作，支持对设备进行批量的操作
历史数据存储	OceanConnect 物联网平台提供设备上报数据的存储，历史数据最多支持存储 7 天

续表

设备影子	设备影子是一个 JSON 文档，用于存储设备上报状态、应用程序期望状态信息。每个设备有且只有一个设备影子，设备可以获取和设置设备影子实现同步，这个同步可以是影子同步给设备，也可以是设备同步给影子
规则引擎	可以通过简单的规则设置，实现设备的联动和数据转发
设备联动	例如设置一个规则的触发条件（如温度阈值、时间等），在满足触发条件时，OceanConnect 物联网平台会触发一个指令使设备执行一个操作（如上报信息、打开设备开关、上报警告等）
数据转发	将 OceanConnect 物联网平台接收的设备数据，转发到华为公有云的其他服务进行数据分析、储存等
设备地图	通过设备注册时填写的经纬度信息，在地图上展示设备的具体位置，便于用户可视化管理设备

（3）系统管理

企业管理员可以根据业务上的需要，为 OceanConnect 物联网平台的使用人员分配不同的账户信息，同时可以对分配的账户进行权限管控，减小业务风险；同时，OceanConnect 物联网平台还提供审计日志的能力，能够对所有物联网平台使用人员的操作日志、安全日志（登录、退出、密码修改等）进行记录，便于出现业务故障时，能够方便地进行历史日志分析。

（4）应用管理

OceanConnect 物联网平台云服务面向开发者开放了海量的 API，包括应用安全接入、设备管理、数据采集、命令下发、批量处理和消息推送的接口能力，帮助开发者快速孵化行业应用。

另外，OceanConnect 物联网平台管理门户提供了统计报表的能力，能够直观的统计 API 调用数、下发命令数、设备总数、上报消息数、设备在线率等报表数据，便于用户实时地掌握设备和应用的信息。

OceanConnect 物联网平台支持的接口与协议主要体现在物联网平台对外的接口与协议。

北向应用服务器通过 HTTP/HTTPS 协议调用物联网平台的 API，同时物联网平台也通过 HTTP/HTTPS 协议向应用服务器推送订阅消息。

OceanConnect 物联网平台通过 HTTP/HTTPS、MQTTS 等协议和 M2M 设备/网关之间进行服务层的连接及消息传输。通过 HTTP/HTTPS 协议向华为公有云服务转发数据和消息，以便更好地对设备数据进行分析和存储。通过 CoAP/CoAPS 协议和 NB-IoT 设备进行消息传输。

OceanConnect 物联网平台端到端集成开发的流程如下：

步骤 1：获取物联网平台的登录信息。

步骤 2：根据自身行业特征，选择对应的平台服务套件。

步骤 3：Profile 文件用于描述一款设备的能力特性。物联网平台通过解析 Profile 文件，获取该款设备支持的服务、属性、命令等信息。

步骤 4：在 NB-IoT 设备接入场景下，物联网平台需要通过编解码插件，对 NB-IoT 设备上报的数据和下发给 NB-IoT 设备的命令进行格式转换。

步骤 5：应用服务器调用物联网平台的鉴权接口，完成与物联网平台的对接。

步骤 6：应用服务器调用物联网平台的订阅接口，告知物联网平台将消息推送到哪里，以及希望推送的通知类型。

步骤 7：应用服务器调用物联网平台的注册接口，在物联网平台添加设备，只有注册设备后，对应的设备才可以接入物联网平台。

步骤 8：应用服务器需要调用物联网平台的修改设备信息接口，根据 Profile 文件对已注册的设备信息进行修改，以实现注册设备和 Profile 文件的关联。

步骤 9：设备与物联网平台对接，物联网平台才可以对设备进行控制和管理。

步骤 10：设备上报数据到物联网平台。

步骤 11：应用服务器调用物联网平台的命令下发接口，对设备下发控制指令。

设备的 Profile 文件是用来描述一款设备是什么、能做什么以及如何控制该设备的文件。一个 Profile 文件的内容主要包括两部分：一部分是设备的基础属性信息，如厂商 ID、厂商名字、设备类型、设备型号、协议类型等；另一部分是设备的服务信息，定义设备的业务数据，包括设备上报的上行数据和厂商服务器下发给设备的下行数据。每款设备都需要一个 Profile 文件。

一款设备对应一个编解码插件，NB-IoT 智能终端设备与物联网平台之间采用 CoAP 协议通信，CoAP 消息的数据为应用层数据，应用层数据的格式由设备厂商自行定义。由于 NB-IoT 设备对省电要求通常较高，所以应用层数据一般采用二进制格式。应用层数据在物联网开放平台做协议解析时，会转换成统一的 JSON 格式，以方便应用服务器使用。要实现二进制消息与 JSON 格式消息的转换功能，物联网平台需要使用设备厂商提供的编解码插件，如图 8-4 所示。

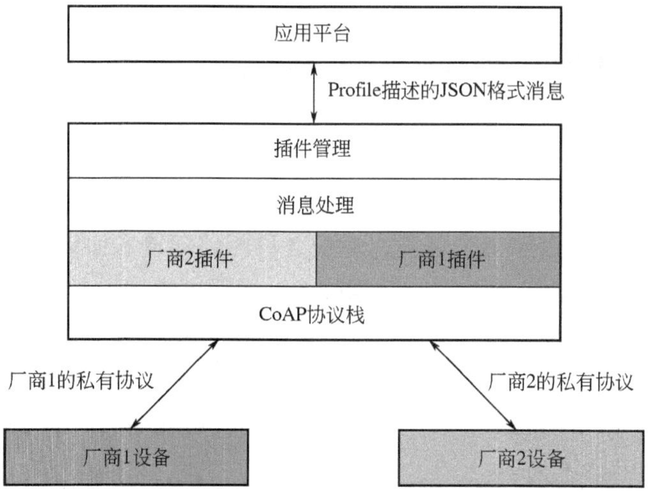

图 8-4
编解码插件开发流程

上行消息的流程是先解析 CoAP 报文到应用层数据，然后调用设备厂商提供的插件解码，最后把消息发送到应用平台；下行消息的流程是在下发消息的时候调用设备厂商提供的插件编码，然后组装 CoAP 消息发送到设备。

3．OceanConnect AI

视频是未来数据的主要来源，视频智能驱动物联网高阶智能“进化”。在很多行业场景中，物联网不仅需要物的传感与控制，还需要增加机器视觉，才能创造出满足各种行业需求的智能化解决方案。

华为 OceanConnect AI 是物联网的“智能引擎”，具备传感数据分析智能（环保预测分析，水电气用量分析预测等）和视频分析智能（人脸识别、车牌识别、模式识别等），面向各种行业场景，进行多源的数据分析，形成统一智能决策，并形成分析到执行的闭环。

4．OceanConnect Edge

伴随物联网智能交通、无人驾驶等应用对数据分析与决策对低延迟的高要求，催生边缘计算。不仅把云的计算能力下沉，更重要的是把物联网平台业务能力下沉到户现场，边缘节点的 IoT 服务与云上 IoT 服务形成有效协同。

华为 OceanConnect Edge 是一个“轻量级”的物联网平台，具备数据采集、数据存储、数据分析、智能终端鉴权、设备孪生、规则引擎、函数计算、智能分析、机器视觉等完整的物联网平台服务能力，与 OceanConnect 物联网云平台协同，提供更加实时高效的 IoT 服务：智能算法执行在边缘，智能算法训练在云端；实时数据分析在边缘，非实时数据分析在云端；本地业务管理在边缘，全局业务管理在云端。

8.4 中国移动物联网开放平台

中国移动物联网开放平台（OneNET）是中移物联网有限公司基于物联网技术和产业特点打造的开放平台和生态环境，适配各种网络环境和协议类型，支持各类传感器和智能硬件的快速接入和大数据服务，提供丰富的 API 和应用模板以支持各类行业应用和智能硬件的开发，能够有效降低物联网应用开发和部署成本，满足物联网领域设备连接、协议适配、数据存储、数据安全、大数据分析等平台级服务需求。OneNET 官方网址为：https://open.iot.10086.cn。OneNET 位置示意图如图 8-5 所示。

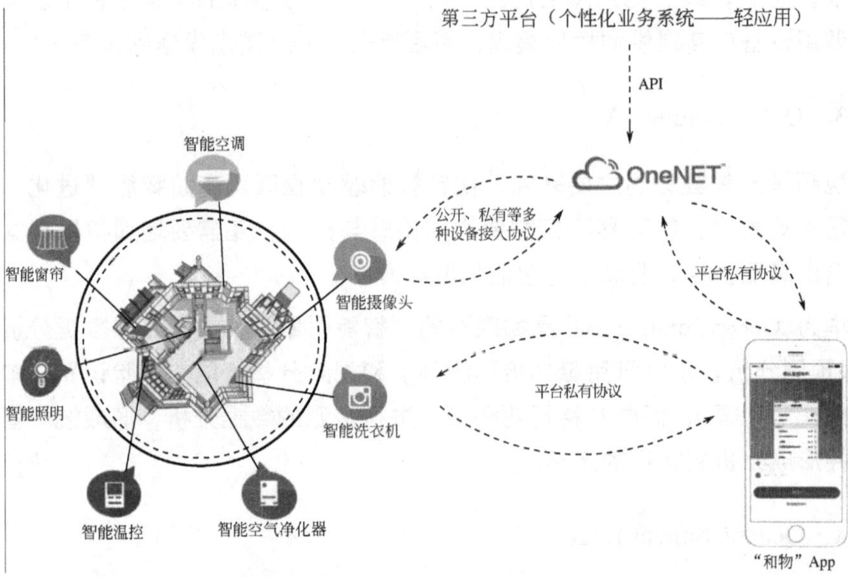

图 8-5
OneNET 位置示意图

OneNET 系统架构图如图 8-6 所示，作为 PaaS 层，OneNET 为 SaaS 层和设备层搭建连接桥梁，为终端层提供设备接入，为 SaaS 层提供应用开发能力。

OneNET 平台能力如表 8-4 所示。

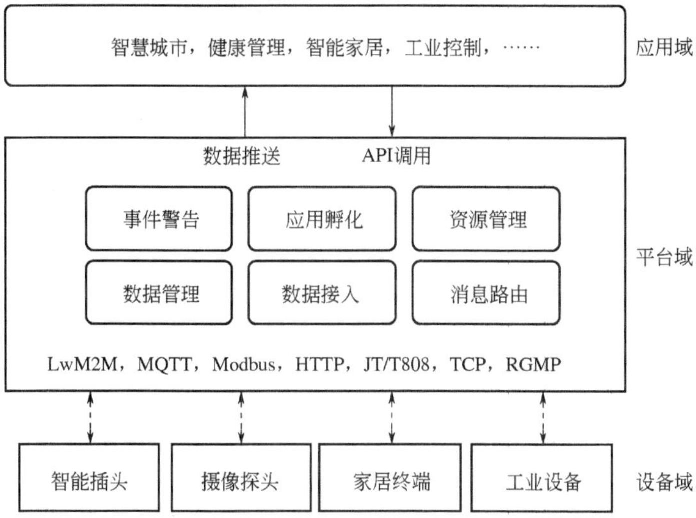

图 8-6
OneNET 系统架构图

表 8-4　OneNET 平台能力

设备接入	支持海量设备接入，提供基础通信套件，降低设备接入门槛，提高接入效率
安全传输	提供设备端 DTLS 和应用端 HTTPS 的数据加密传输
数据处理和分发	提供对设备按照 OMA IPSO 规范进行资源属性的订阅、存储和转发
丰富 API	提供丰富的 API 满足各类用户的使用场景
缓存命令	提供 NB-IoT 场景下设备在 PSM 等状态下行命令的缓存和下发
触发上报	支持设备数据在满足一定规则条件时通过邮件或推送的方式及时上报

OneNET 的 NB-IoT 套件提供了一种方便用户使用 NB-IoT 通信模组，将设备连接到 OneNET 平台实现丰富 NB-IoT 应用的能力。平台可以为用户提供“终端—平台—应用”整体解决方案，帮助企业实现快速 NB-IoT 能力升级，智能终端侧通过移植 SDK 可以实现轻量化 CoAP+LwM2M 传输协议，降低智能终端功耗；平台侧可实现与中国移动 NB-IoT 网络无缝对接，满足大量高并发设备的快速入云，同时实现对设备进行资源订阅、存储、转发和命令下发等功能；应用侧提供了丰富的 API，帮助用户快速实现基于平台相关能力的开发和开放。

OneNET 平台提供的服务如表 8-5 所示。

表 8-5　OneNET 平台提供的服务

PaaS 层服务	为物联网平台开发者提供智能设备自助开发工具、后台技术支持服务，为用户提供物联网专网、短彩信、位置定位、设备管理、消息分发、远程升级等基础服务
SaaS 层服务	为开发者提供第三方应用开发平台，快速实现不同业务需求，借助轻应用孵化器快速搭建属于自己的 Web 和 App 应用
IoT 数据云	高扩展的数据库、实时数据处理、智能预测离线数据分析、数据可视化展示等为开发者提供多维度的业务运营服务
开发者社区	开发者社区汇聚不同的知识源，形成物联网爱好者的生态圈，让项目与开发成果容易传播

1. 产品开发整体流程

OneNET 平台提供了丰富的智能硬件开发工具和服务，助力各类智能终端设备迅速接入网络，实现数据传输、数据存储、数据管理等完整的交互。

OneNET 的接入协议包括 LwM2M（NB-IoT）、MQTT、Modbus、EDP、HTTP、JT/T808 及 TCP 透传等，OneNET 将接收到的数据按照对应协议解包存储，并以 API 的方式提供给应用层使用。

OneNET 平台的开发者（包括个人用户和企业用户）可以按照图 8-7 所示流程进行产品开发。

图 8-7
OneNET 物联网平台接入流程

用户注册和产品创建主要实现用户在平台上的注册和产品的创建工作，后续的设备开发和应用对接的所有操作均在用户所创建的产品上进行。具体可参见“开发者中心”的“产品创建”章节。

硬件接入主要实现开发者实际的智能终端设备在 OneNET 平台上的创建、连接和数据交互。具体可以参见“开发者中心”的“硬件接入”章节。

应用开发主要是通过 Rsetful API 的方式实现和 OneNET 平台进行交互对接。具体可以参见“开发者中心”的“应用开发”章节。

2. 设备接入 OneNET 平台总体流程

OneNET 平台的 NB-IoT 设备接入及应用开发流程分两个阶段进行：第一阶段为 NB-IoT 设备接入 OneNET 平台，如图 8-8 所示；第二阶段为基于设备上传数据流的应用开发，如图 8-9 所示。

图 8-8
NB-IoT 设备接入 OneNET 平台流程图

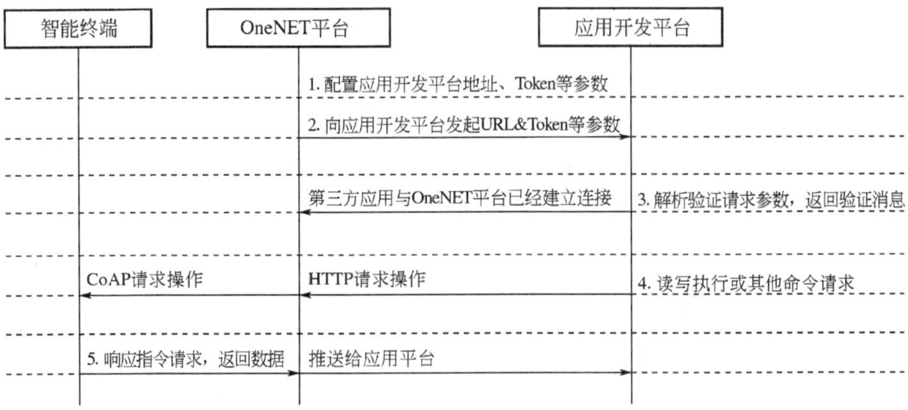

图 8-9
基于设备上传数据流的应用开发

在设备接入 OneNET 平台之前，设备侧需完成由 OneNET 平台提供的基础通信套件 SDK 的移植工作。要将 SDK 移植到 NB-IoT 芯片中，还需在 NB-IoT 芯片中完成设备应用程序开发、基础通信套件 AT 指令封装、抽象接口实现和底层操作系统及驱动实现。

8.5　中国电信物联网平台

按照中国电信物联网平台的规定，在正式接入中国电信物联网平台的智能终端设备，首先需要注册环境测试账号，验证成功后才可以正式接入中国电信物联网平台，接入流程如图 8-10 所示。中国电信物联网平台官方网址为 http://www.ctwing.cn。

图 8-10 中国电信物联网平台接入流程

用户登录【天翼物联网产业联盟】微信公众号填写开放平台测试账号申请。

> **备注** 中国电信物联网平台必须发送数据到指定的服务器，不能随意更改，其余的操作方式与华为 OceanConnect 物联网平台的一致。

查找微信公众号【天翼物联网产业联盟】，单击【联盟服务】，选择【平台对接认证】，完成表格填写并提交。

电信开放实验室确认测试账号申请，确认后为客户开通开放平台测试环境 SP 账号。账号会通过邮件的方式通知客户。

APN（access point name，接入点名称）是一种网络接入技术，是物联网终端联网时必须配置的一个参数，决定了物联网终端通过哪种接入方式访问网络。

> **备注** 因中国电信天翼物联网平台的软件版本有可能迭代优化，所以具体信息以中国电信物联网官方平台为准。

对于运营商来说，APN 就是一个逻辑名称，物联网专网用户通过不同的 APN 接入网络，对其分配不同的 IP 地址和策略，实现与运营商大网用户的隔离。

对于物联网终端来说，APN 的设置需要在终端上完成，通过 NB-IoT 网络与物联网平台进行数据交互，支持客户专属 APN，不支持物联网 SIM 卡之间及物联网终端与手机之间的点对点数据通信。

> **备注** 目前，中国电信开放的 APN 名称是 CTNB，其他的 APN 需要向中国电信咨询。

中国电信开放了不同的 APN，如表 8-6 所示，分别针对不同组合的省电模式，用户在购买不同的卡时，对应的资费也有所不同。

表 8-6 中国电信 APN 地址

序号	APN 名称	PSM Active Timer	eDRX	
		T3324	T_{eDRX}	T_{PTW}
1	psmA.eDRX0.ctnb	2s	不启用	不启用
2	psmC.eDRX0.ctnb	60s	不启用	不启用
3	psmF.eDRXC.ctnb	180s	20.48s	10.24s
4	psm0.eDRXH.ctnb	不启用 PSM	655.36s	10.24s
5	psm0.eDRXD.ctnb	不启用 PSM	40.96s	10.24s
6	psm0.eDRXC.ctnb	不启用 PSM	20.48s	10.24s
7	psm0.eDRX0.ctnb	不启用 PSM	不启用	不启用
8	ue.prefer.ctnb	终端控制	终端控制	终端控制
9	CTNB	2s	不启用	不启用

8.6　物联网安全体系

互联网技术革命，把人类带入了虚拟世界，而物联网革命，将虚拟世界带回现实。未来的人类社会，无论在生活、工作，还是商业、工业场景中，虚拟世界和现实世界之间的界限将越来越模糊，这既产生了无处不在的安全问题，同时也催生了巨大的安全市场机会。

2016 年 10 月 21 日，美国东部遭遇史上最大规模的 DDoS 攻击（拒绝式服务攻击），攻击流量超过 1Tb/s，近半个美国的网络瘫痪。造成这次事故的元凶，却是很多智能设备被黑客攻击后沦为发起 DDoS 攻击的傀儡机。由于智能终端的廉价和容易被控制，当信息进行传输时，庞大的数据和海量的智能终端非常容易造成网络拥堵现象，产生变相拒绝服务的情况。除此之外，物联网还充斥着恶意代码攻击、伪造信息等各种安全威胁。

物联网连接了虚拟世界和现实世界，因此物联网安全不仅事关商业利益，更威胁到了国家公共安全和个人财产安全。如果轨道交通被不法分子利用，就有可能发生列车出轨、调配失度的危险；如果安装在身体里的无线心脏起搏器遭到黑客利用，病人的生命安全将得不到保障；如果智能汽车的远程控制被利用，司机的财产不可避免地将遭受损失。物联网安全体系涉及主动安全、被动安全、数据安全等，不仅与通信方式相关，还涉及控制行为安全，同时也嵌套了很多互联网领域的安全。因此，物联网领域的安全体系就显得更加复杂。

近几年来，物联网技术不仅在个人消费领域取得进展，还在智能制造、智能交通、公用设施等拥有大型资产的行业得到了广泛应用。随着汽车、路灯、电力、家电和数百亿个物体的相互连接，网络攻击的后果也会越来越严重。国家、企业和个人的数据也将面临越来越隐蔽的攻击，有些甚至在数年后才会被发现。

网络安全不是一个崭新的话题。随着物联网的发展及日常生活中越来越多的连接，网络安全将会成为网络行业首要的话题。物联网安全不仅是人们需要关注的重点，还是物联网发展必须要打好的基础。

互联网安全与物联网安全的区别如表 8-7 所示。

表 8-7　互联网安全与物联网安全的区别

互联网安全特点	物联网安全特点
人机交互	哑终端
开放式操作系统	嵌入式操作系统
打补丁修补方式	固件升级方式
个体与群体并重	注重海量规模
黑名单	白名单
寻找被攻击的目标	寻找被利用的目标
相对成熟的生态系统	极不成熟的生态系统

1. 物联网安全的现状

物联网的核心技术主要有三个特点：可连接、可跟踪和可监控。因此，物联网所面临的安全性威胁也主要是针对这三个方面，主要包括感知、传输和应用。由于网络环境纷繁复杂，因此首先从感知方面来讲，在接触这些信息的时候，物联网就面临多重威胁；其次是传输，感知节点在传输过程中是暴露在整个错综复杂的网络环境之下的，这时候最容易受到不良信息的攻击；最后是应用方面，随着物联网在各行各业的应用越来越广泛，运行的过程中稍有不慎就会出现各种各样的安全性问题，给整个行业造成难以弥补的损失。

在技术方面，物联网安全的威胁大多是因为智能终端不安全和网络不安全；在管理方面，物联网安全的威胁是因为大批量节点难以有效处理和海量数据的搜集、存储和处理变得困难。

从技术和管理原理上，物联网安全可以总结为以下特点：

- 物联网时代，传统网络安全的防护将继续存在。
- 智能终端安全相比传统网络安全需求更加迫切。
- 网络拓扑结构对安全影响较大，优秀的网络拓扑结构更有利于网络安全管理和防护。
- 物联网安全更需要大数据处理能力支撑，传统的处理方式难以适应物联网安全的诉求。

物联网在物理上与现实世界紧密相连，在业务上又不可分割，这才是威胁物联网安全最大的症结。物联网安全的管理属性大于技术属性。因此，物联网安全中多采用白名单机制，以便隔离现实世界和虚拟网络。不合法的身份禁止接入访问，非允许的程序禁止在网络中执行。

从一定层面上讲，物联网在应用过程中可能面临几种安全性问题，如隐私泄露，这是一个非常普遍的现象。大量的传感器可能会被恶意地捆绑在任何物品中，通过网络输出到开放的互联网，给人们正常的生产生活造成很大困扰。

所有连接网络的设备都将会受到恶意软件的影响，一个恶意软件就可以影响其连接的所有设备。因此，越来越多的消费者开始要求购买的产品能提供更为全面的隐私安全保护，以避免他们的敏感信息和行为被恶意搜集甚至泄露出去。

在物联网带来的安全威胁中，最让人感到无奈的地方在于消费者无法预料自己的哪些隐私数据会被商家收集，以及商家将如何利用这些数据。

尽管在购买设备或下载 App 的时候会带有相关的隐私条约，但人们往往会忽略这些内容，即便看了，估计也是囫囵吞枣，不知所云。其实在大部分产品所谓的隐私条款里，都会有类似于强制性仲裁条款的内容。这意味着，一旦消费者的隐私因使用这些产品而遭到侵害，消费者也无法将其告上法庭或采取其他法律措施进行维权等。因此，当消费者购买和使用这样的产品时，就等于宣告放弃了自己的隐私权。

在物联网进程中，将各企业在获取用户数据时的行为进行透明化是十分必要的，这也是提高消费者隐私安全保护的前提。通过行业自我监控或政府监控措施，让企业在获取用户数据之前先征得用户同意，是实现企业透明化的有效方式。

行业采取自我监控的行为能够让其根据行业特点设定标准，在搜集用户数据的同时更有效地保护用户隐私安全。但光靠企业为保护用户隐私而做出的这些努力，还远远不够。政府从法律上让企业对用户的隐私安全担责，也是十分关键的。例如，政府可以明令企业修改其产品隐私条款，如“用户放弃诉讼产品侵犯隐私的权利”之类的不合理要求。

物联网产业的发展不应只停留在技术层面的进步，它同时也应该满足消费者日益增长的隐私安全需求。但在这之前，用户必须知道物联网设备到底搜集了他们的哪些隐私数据。

物联网常见的破坏形式有隐私泄露、局部网络破坏、非法入侵和被控制为僵尸网络发起 DDoS 攻击等几种类型。这些攻击中有个共性，就是普遍的攻击都是针对物联网的智能终端设备。

面对浩如烟海的物联网设备，安全事件的出现多是由技术和管理问题造成的。物联网安全的进程与其所在行业的成熟度息息相关。随着智慧城市、智能制造、环境保护等产业的进一步成熟，物联网安全企业将会进一步拓展。

2．物联网安全体系建设

物联网安全基础设施是整个体系的技术基础，提供了各种物联网应用场景下普遍、大量需要用到的安全技术，包括容灾体系、密钥管理、数字证书、等级保护体系等。物联网安全基础设施建设以整合提升现有资源为主要方式，建立逻辑上统一的容灾恢复中心、监控应急中心、密钥管理中心、安全管理中心、安全评测中心和身份管理中心等。

基于 NB-IoT 网络的物联网安全技术体系如图 8-11 所示。

物联网的安全保障体系是全方位的，需要全社会的积极配合及各职能部门的相互协调。人们有必要建立或健全安全管理体系和组织体系，完善安全运行管理机制，明确各职能部门的职责和分工，从技术、管理和法律等多方面保证物联网的正常运行。

若要解决日益增长的物联网安全问题，采用互联网的打补丁方式则不太现实。这是因为在完成物联网的整体部署后再安装安全解决方案并不能及时应对安全性问题，很多薄弱环节会被利用，而且需要修补很多漏洞。

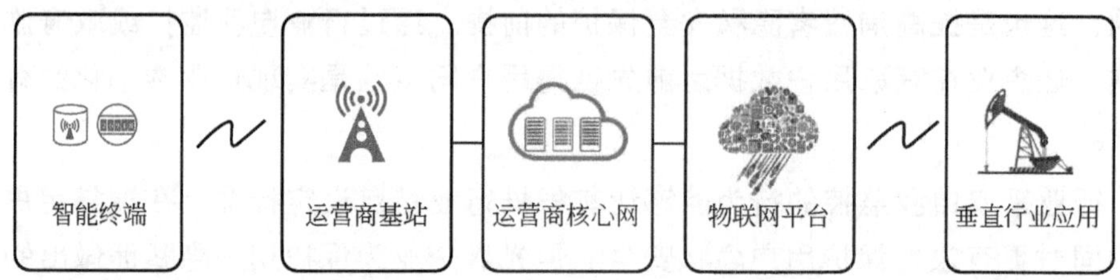

图 8-11
基于 NB-IoT 网络的物联网安全技术体系

为了保护物联网，首先应加强物联网的 M2M 通信安全，包括被动安全方式、主动安全方式和行为分析方式。这些方式被单独使用或组合使用来保护物联网系统免受广泛的威胁，包括信息窃听、数据伪造和设备冒充等。

1）被动安全方式就是防篡改机制，可以轻松防止信号拦截，并能够阻断网络犯罪分子对设备进行简单的“黑盒子”分析。

2）主动安全方式基于传输层安全性的加密和基于证书的验证，可以加大设备的破解难度，从而制止犯罪分子的潜在攻击。

3）行为分析方式是监测是否有未授权的入侵，并将攻击的影响降至最低的限度。

对于物联网运营商，需要从端到端打造安全体系，并且需要搭建一个平台帮助客户的解决方案获得安全性，加密、正确使用 IP 地址和访问密钥是全面保护的第一道防线，并且确保它们在任何时候都有自行管理、完全控制并且保持最高安全水平的自由。这种安全策略可消除物联网应用的各类障碍、降低安全实施成本、易于使用和部署，并且能够获得保证、验证和认证，确保更简单、快捷的灵活性。

第9章
智能终端工作流程设计

在流程处理中
一决高下

9.1 智能终端工作流程概述

NB-IoT 可适合多种物联网的应用场景，不同的场景拥有不同的行业特点，因此需要根据场景设计智能终端的工作流程。NB-IoT 技术适用的应用场景包括固定上报类、固定控制类、移动上报类、移动控制类。

NB-IoT 智能终端的 MCU 与 NB-IoT 通信模组之间通过串口进行通信，而 NB-IoT 通信模组和业务服务器之间是通过 NB-IoT 基站和核心网进行通信。智能终端工作流程如图 9-1 所示。

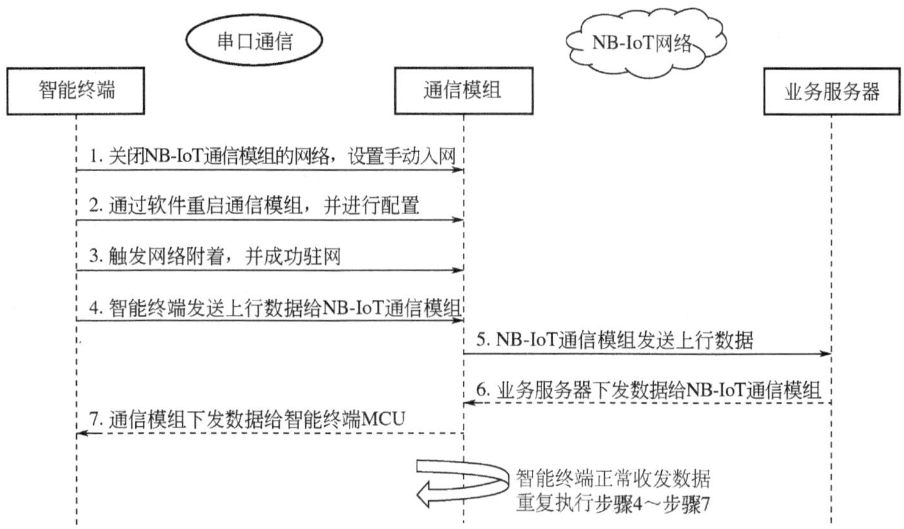

图 9-1
智能终端工作流程

步骤 1：智能终端关闭 NB-IoT 通信模组的网络，确保通信模组暂时停止和网络的交互，然后配置服务器地址。

步骤 2：智能终端通过软件重启 NB-IoT 通信模组，配置运营商的频段，设置最大功能模式，打开或关闭省电模式。

步骤 3：触发网络附着，然后检查是否成功入网。若成功入网，即可进行数据传输业务。若入网失败，需要重启 NB-IoT 通信模组，设置最小功能模式，清除先验频点，然后再继续尝试入网。

步骤 4：智能终端 MCU 通过串口发送上行数据给 NB-IoT 通信模组。

步骤 5：NB-IoT 通信模组通过空口发送数据给 NB-IoT 基站，再传输给核心网和物联网平台，最终通过业务服务器进行数据解析。

步骤 6：业务服务器再次通过物联网平台、核心网、NB-IoT 基站发送数据给 NB-IoT 通信模组。

步骤 7：NB-IoT 通信模组下发数据给智能终端的 MCU，实现智能终端的功能处理。

以上步骤 4～步骤 7 可循环往复，实现数据的上传和下发。

固定上报类的终端应用部署位置固定，数据传输业务具有周期性；大部分时间处于睡眠状态，无须接收寻呼消息，仅在终端发送上行数据时接收下行数据。此类终端应用要求低功耗以及高数据传输成功率，但对数据实时性要求低。常用的终端如智能水表、智能燃气表、智能烟感等。

固定控制类的终端应用部署位置固定，不仅需要上报数据，还要能及时接收下行控制数据。若通过电池供电，为了省电，大部分时间仍然处于睡眠状态；若通过外部电源供电，大部分时间处于在线状态，能实时接收下行数据。常用的终端如智能路灯、白色家电、智能门锁等。

移动上报类的终端应用会在移动状态下进行数据传输业务；无须接收寻呼消息，仅在终端发送上行数据时接收下行数据。该类终端应用要求低功耗，对数据实时性要求低。常用的终端如物流追踪器、智能手环、可穿戴设备等。

移动控制类的终端应用处于移动状态下，且在大部分时间处于在线状态，要求能实时接收下行数据或传输上行数据。此类终端的电池容量较大，或者是充电电池，不用过多考虑低功耗特性，但对数据实时性要求高。常用的终端如共享单车、电动车控制器、金融租赁等。

在设计智能终端的工作流程之中，需重视运营维护能力的建设，尽量让智能终端具备如下的功能。

- 具备获取日志的能力，一种模式是远程通过物联网平台或服务器获取日志，需芯片支持通过 LwM2M 协议远程将日志上报到物联网平台或服务器；另一种模式是在现场获取芯片和通信模组日志的能力，如通过串口、蓝牙等获取日志。
- 具备远程获取芯片和网络状态的能力，如小区 ID、信号质量等，需芯片支持通过 LwM2M 协议远程将芯片和网络状态上报到物联网平台或服务器。
- 具备远程或在现场升级软件版本的能力，如通过串口、蓝牙、FOTA 等方式进行版本升级。
- 具备远程获取芯片和外设的状态，如电池电量、传感器数据等，需芯片支持通过 LwM2M 协议远程将芯片和外设状态上报到物联网平台或服务器。

- 具备远程复位的能力，确保芯片在异常的时候可进行复位恢复。
- 具备失败后重试的功能，如平台注册失败、数据发送失败等异常情况。

9.2 固定上报类智能终端

固定上报类智能终端应用部署位置固定，数据传输业务具有周期性，大部分时间处于睡眠状态，无须接收寻呼消息，仅在智能终端发送上行数据时接收下行数据，如智能水表、智能燃气表、智能烟感等产品。

固定上报类智能终端应用要求低功耗以及高数据传输成功率，但对数据实时性要求低。通常建议打开 PSM 省电模式，关闭 eDRX 省电模式。

固定上报类智能终端应用设计参考流程如图 9-2 所示。

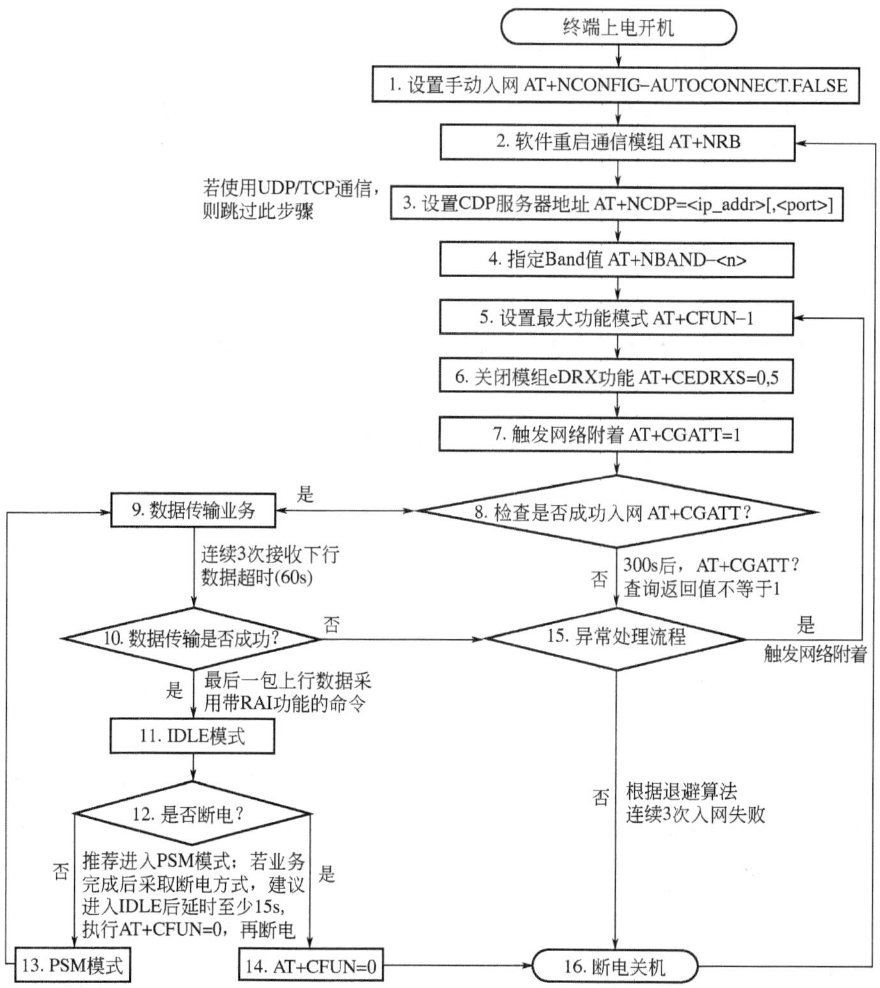

图 9-2 固定上报类智能终端应用参考流程

固定上报类智能终端应用流程描述如下：

步骤 1：设置 NB-IoT 通信模组为手动入网模式。

步骤 2：智能终端通过软件重启 NB-IoT 通信模组，使步骤 1 的设置生效。

步骤 3：设置CDP服务器地址，如果使用TCP/UDP透传方式，则可跳过此步骤。

步骤 4：配置运营商的频段。例如，中国电信为 Band5，即配置成 AT+NAND=<5>。

步骤 5：设置最大功能模式。为了选择信号覆盖更好的小区，建议开启通信模组的小区重选功能。NB-IoT 通信模组默认为开启。若小区重选功能被关闭，首先确认通信模组处于最小功能模式（可通过 AT+CFUN?查询），然后向通信模组发送 AT+NCONFIG=CELL_RESELECTION,TRUE 命令使能小区重选。

步骤 6：关闭 NB-IoT 通信模组的 eDRX 省电模式。此类应用采用 PSM 省电模式。

步骤 7：触发网络附着。

步骤 8：检查是否成功入网。此步骤会进行开机入网超时的判断。由于网络变化或在深度覆盖下，智能终端入网时间较长，因此建议 MCU 开机入网超时时间不小于 300s。

步骤 9：若成功入网，即可进行数据传输业务。

步骤 10：判断是否成功实现数据传输。若传输成功，则进入 IDLE 模式；若未收到服务器的下行应答，MCU 延时 20s 后再次尝试发送数据；若连续 3 次数据均发送失败，则进入步骤 16 的异常处理流程。

步骤 11：进入 IDLE 模式。如果上报数据不需要服务器的应答，最后一条上行数据业务可以采用带有 RAI 功能的命令发送，提示核心网立即释放 RRC 连接。通信模组快速进入 IDLE 状态，待 IDLE 定时器超时后通信模组自动进入 PSM 模式。

步骤 12：判断是否采取断电模式进行省电。若不断电，则进入 PSM 模式。

步骤 13：进入 PSM 模式。推荐进入 PSM 模式，在下次进行数据传输时，直接跳转步骤 9。

步骤 14：若业务完成后采用断电方式，建议进入 IDLE 后延时至少 15s，需先执行 AT+CFUN=0 的命令，触发通信模组保存频点、向网络发送去附着消息，然后再进行断电。

步骤 15：若入网异常，或者数据传输业务失败，则进入异常处理模式。若继续尝试入网，则跳转到步骤 5 进行触发网络附着。若连续 3 次入网失败，则实施断电关机。

步骤 16：断电关机。数据传输结束后，可采用断电模式进行省电，待下次需要传输数据时，再次跳转到步骤 2 进行下一轮工作流程。

9.3　固定控制类智能终端

固定控制类智能终端应用部署位置固定，通常由外部电源供电，大部分时间处于在线状态，能实时接收下行数据，如智能路灯、白色家电、智能消火栓等产品。

固定控制类智能终端应用对数据实时性要求较高，对功耗要求较低，建议关闭 PSM 和 eDRX 省电模式。

固定控制类智能终端应用设计参考流程如图 9-3 所示。

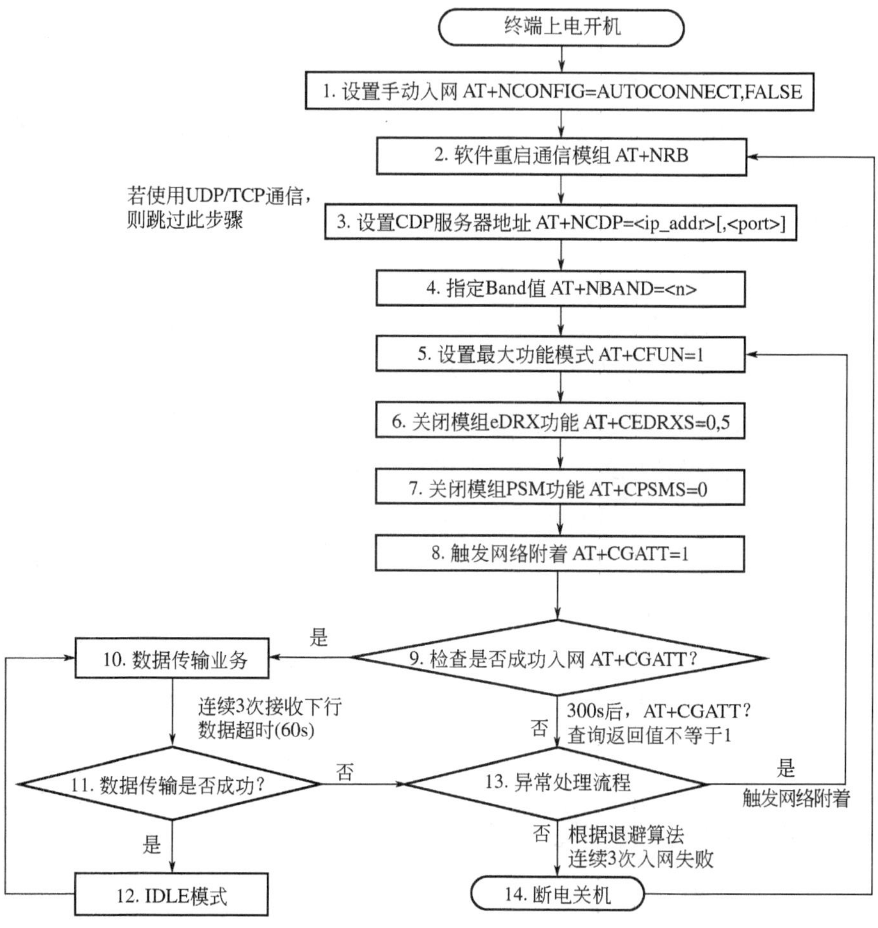

图 9-3
固定控制类智能终端应用参考流程

固定控制类智能终端应用流程描述如下：

步骤 1：设置 NB-IoT 通信模组为手动入网模式。

步骤 2：智能终端通过软件重启 NB-IoT 通信模组，使步骤 1 的设置生效。

步骤 3：设置 CDP 服务器地址，如果使用 TCP/UDP 透传方式，则跳过此步骤。

步骤 4：配置运营商的频段。例如，中国电信为 Band5，即配置成 AT+NAND=<5>。

步骤 5：设置最大功能模式。为了选择信号覆盖更好的小区，建议开启通信模组的小区重选功能。NB-IoT 通信模组默认为开启。若小区重选功能被关闭，首先确认通信模组处于最小功能模式（可通过 AT+CFUN?查询），然后向通信模组发送 AT+NCONFIG=CELL_RESELECTION,TRUE 命令使能小区重选。

步骤 6：关闭 NB-IoT 通信模组的 eDRX 省电模式。

步骤 7：关闭 NB-IoT 通信模组的 PSM 省电模式。

步骤 8：触发网络附着。

步骤 9：检查是否成功入网。此步骤会进行开机入网超时的判断。由于网络变化或在深度覆盖下，智能终端入网时间较长，因此建议 MCU 开机入网超时时间不小于 300s。

步骤 10：若成功入网，即可进行数据传输业务。

步骤 11：判断是否成功实现数据传输。若传输成功，则进入 IDLE 模式；若未收到回应或收到 ERROR，MCU 延时 20s 后再次尝试发送数据；若连续 3 次数据均发送失败，则进入步骤 13 的异常处理流程。

步骤 12：进入 IDLE 模式。此状态下可以接收实时的下行消息（需要运行商提供的物联网卡支持该业务）。在下次进行数据上报传输时，直接跳转步骤 10。

步骤 13：若入网异常或数据传输业务失败，则进入异常处理模式。若继续尝试入网，则跳转到步骤 5 重启通信模组。若连续 3 次入网失败，则实施断电关机。

步骤 14：断电关机。设备发生异常无法恢复时，可采用断电方式实施硬件重启设备。设备进入此状态时，可能是由于物联网网卡欠费或核心网发生故障。为减小网络压力，建议等待下次需要传输数据时，再次通电并跳转到步骤 2 进行下一轮工作流程。

9.4 移动上报类智能终端

移动上报类智能终端应用会在移动状态下进行数据传输业务，无须接收寻呼消息，仅在智能终端发送上行数据时接收下行数据，如物流追踪器、智能手环、可穿戴设备等产品。

移动上报类智能终端应用要求低功耗，对数据实时性要求低。通常建议打开 PSM 省电模式，关闭 eDRX 省电模式。

移动上报类智能终端应用设计参考流程如图 9-4 所示。

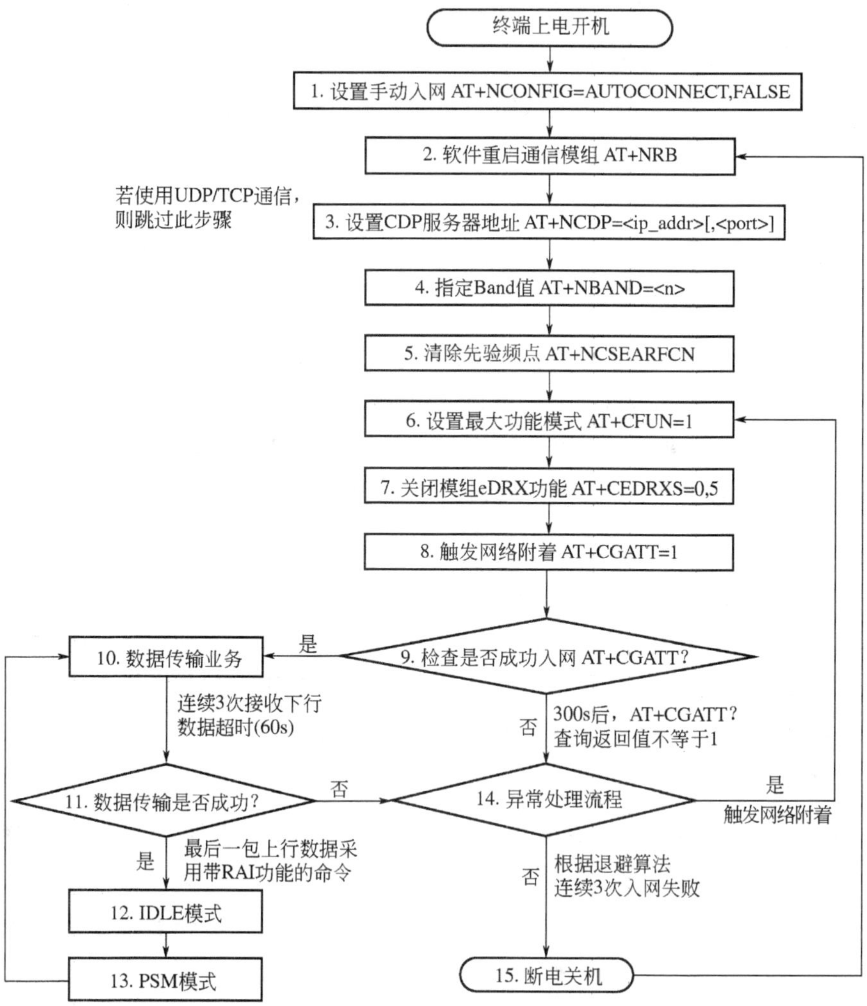

图 9-4
移动上报类应用智能终端参考流程

移动上报类智能终端应用流程描述如下：

步骤 1：设置 NB-IoT 通信模组为手动入网模式。

步骤 2：智能终端通过软件重启 NB-IoT 通信模组，使步骤 1 的设置生效。

步骤 3：设置 CDP 服务器地址，如果使用 TCP/UDP 透传方式，则跳过此步骤。

步骤 4：配置运营商的频段。例如，中国电信为 Band5，即配置成 AT+NAND=<5>。

步骤 5：清除先验频点，确保 NB-IoT 通信模组快速进行小区重选。

步骤 6：设置最大功能模式。开启通信模组的小区重选功能，NB-IoT 通信模组默认为开启小区重选。若小区重选功能被关闭，向通信模组发送 AT+NCONFIG=CELL_RESELECTION,TRUE 命令使能小区重选。可以通过 AT+NCONFIG? 查询小区重选是否打开。

步骤 7：关闭 NB-IoT 通信模组的 eDRX 省电模式。此类应用采用 PSM 省电模式。

步骤 8：触发网络附着。

步骤 9：检查是否成功入网。此步骤会进行开机入网超时的判断。由于网络变化或在深度覆盖下，智能终端入网时间较长，因此建议 MCU 开机入网超时时间不小于 300s。

步骤 10：若成功入网，即可进行数据传输业务。

步骤 11：判断是否成功实现数据传输。若传输成功，则进入 IDLE 模式，否则 MCU 延时 20s 后再次尝试发送数据；若连续 3 次数据均发送失败，则进入步骤 14 的异常处理流程。

步骤 12：进入 IDLE 模式。如果上报的数据不需要服务器的应答，最后一条上行数据业务可以采用带有 RAI 功能的命令发送，提示核心网立即释放 RRC 连接。通信模组快速进入到 IDLE 状态，待 IDLE 定时器超时后通信模组自动进入 PSM 模式。

步骤 13：进入 PSM 模式。推荐进入 PSM 模式，在下次进行数据传输时，直接跳转步骤 10。

步骤 14：若入网异常，或者数据传输业务失败，则进入异常处理模式。若继续尝试入网，则跳转到步骤 6 进行触发网络附着。若连续 3 次入网失败，则实施断电关机。

步骤 15：断电关机。数据传输结束后，可采用断电模式进行省电，待下次需要传输数据时，再次跳转到步骤 2 进行下一轮工作流程。

9.5 移动控制类智能终端

移动控制类智能终端应用处于移动状态下，且在大部分时间处于在线状态，要求能实时接收下行数据或传输上行数据，如共享单车、电动车控制器、金融租赁等产品。

移动控制类智能终端应用一般可充电，不用过多考虑低功耗特性，但对数据实时性要求高，建议关闭 PSM 和 eDRX 省电模式。

移动控制类智能终端应用设计参考流程如图 9-5 所示。

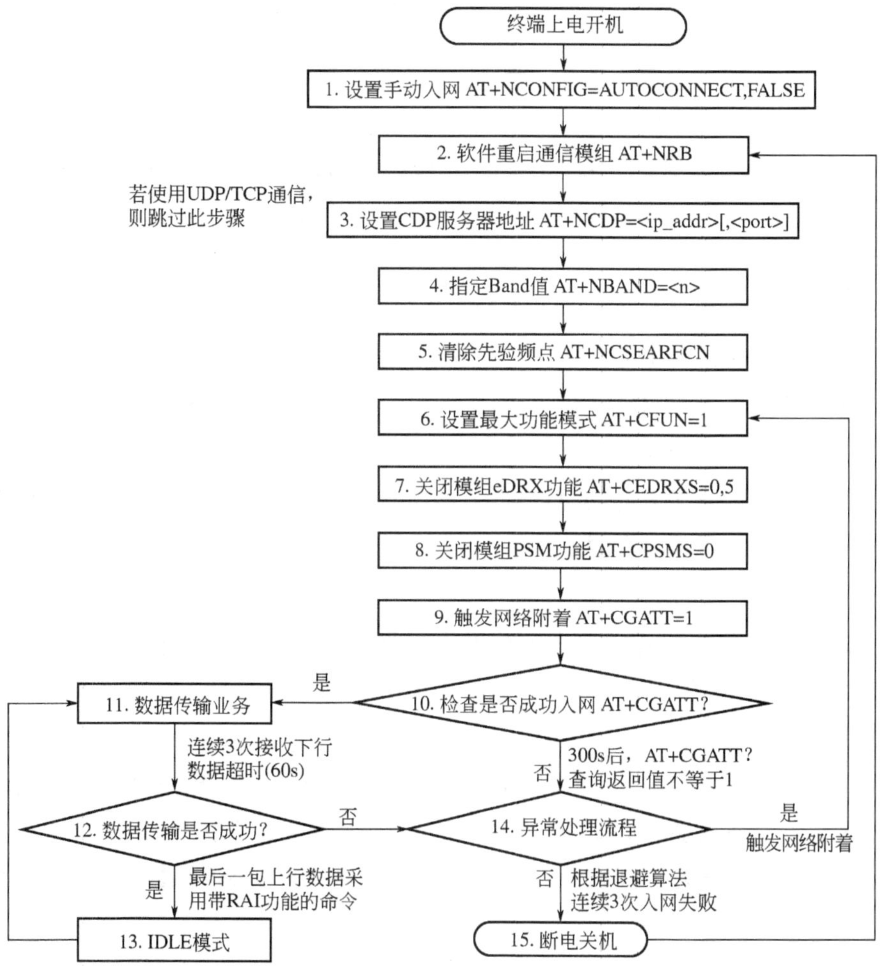

图 9-5　移动控制类智能终端应用参考流程

移动控制类智能终端应用流程描述如下：

步骤 1：设置 NB-IoT 通信模组为手动入网模式。

步骤 2：智能终端通过软件重启 NB-IoT 通信模组，使步骤 1 的设置生效。

步骤 3：设置 CDP 服务器地址，如果使用 TCP/UDP 透传方式，则跳过此步骤。

步骤 4：配置运营商的频段。例如，中国电信为 Band5，即配置成 AT+NAND=<5>。

步骤 5：清除先验频点，确保 NB-IoT 通信模组快速进行小区重选。

步骤 6：设置最大功能模式。开启通信模组的小区重选功能，NB-IoT 通信模组默认为开启小区重选。若小区重选功能被关闭，向通信模组发送 AT+NCONFIG=CELL_RESELECTION,TRUE 命令使能小区重选。可以通过 AT+NCONFIG? 来查询小区重选是否打开。

步骤 7：关闭 NB-IoT 通信模组的 eDRX 省电模式。

步骤 8：关闭 NB-IoT 通信模组的 PSM 省电模式。

步骤 9：触发网络附着。

步骤 10：检查是否成功入网。此步骤会进行开机入网超时时间的判断。由于网络变化或在深度覆盖下，智能终端入网时间较长，因此建议MCU开机入网超时时间不小于 300s。

步骤 11：若成功入网，即可进行数据传输业务。

步骤 12：判断是否成功实现数据传输。若传输成功，则进入 IDLE 模式，否则 MCU 延时 20s 后再次尝试发送数据；若连续 3 次数据均发送失败，则进入步骤 14 的异常处理流程。

步骤 13：进入 IDLE 模式。此状态下可以接收实时的下行消息（需要运行商提供的物联网卡支持该业务）。在下次进行数据上报传输时，直接跳转步骤 11。

步骤 14：若入网异常，或者数据传输业务失败，则进入异常处理模式。若继续尝试入网，则跳转到步骤6进行触发网络附着。若连续3次入网失败，则实施断电关机。

步骤 15：断电关机。设备发生异常无法恢复时，可采用断电方式实施硬件重启设备。设备进入此状态时，可能是由于物联网网卡欠费或核心网发生故障，为减小网络压力，建议等待下次需要传输数据时，再次通电并跳转到步骤 2 进行下一轮工作流程。

9.6 智能终端应用设计重点流程

1. 业务数据收发或者网络附着失败的异常处理流程

若入网异常或数据传输业务失败后，先执行 AT+NRB 复位通信模组，再执行 AT+CFUN=0 保持通信模组关机，然后执行 AT+NCSEARFCN 清除先验频点，最后重新继续尝试入网。若入网或数据传输业务仍失败，可进行 3 次重试；若仍失败，则断电关机。待下一次业务上报时，再重新入网。

异常处理流程如图 9-6 所示。

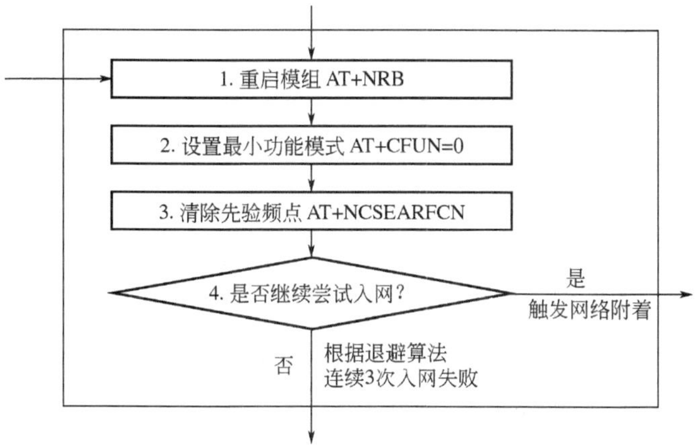

图 9-6
异常处理流程

2．FOTA 固件升级

FOTA 升级过程中，需终止所有业务，禁止向通信模组发送任何 AT 命令，禁止给智能终端断电，建议不断电保护时间为 30min。智能终端通过主串口输出“FIRMWARE DOWNLOADING”表示固件已开始升级，输出“FIRMWARE UPDATE SUCCESS”表示固件升级成功，输出“FIRMWARE UPDATE OVER”表示固件升级结束。

备注　电池供电的项目在开启 FOTA 升级之前应该先确认电池剩余电量是否足以支撑 FOTA 升级。

3．异常复位保护

考虑到供电不稳、未知异常等一些情况，智能终端需要利用串口的中断机制增加异常复位保护。

若智能终端收到通信模组的复位打印信息：“REBOOT”，则可判定通信模组已发生了异常复位，智能终端 MCU 需要重新再配置相关初始参数。

4．AUTOCONNECT 功能

通信模组自动联网功能指的是从上电或复位后通信模组就自动执行附着网络相关的流程，无须通过其他的 AT 命令触发。

若是执行 AT+CFUN=0 进入最小功能模式后，再执行 AT+CFUN=1 命令开启全功能模式状态，并不会触发通信模组执行 AUTOCONNECT 的动作，需要再执行 AT+CGATT=1 触发网络连接。

5．拥塞控制 Back-off 定时器功能

当网络侧出现拥塞时，NB-IoT 基站或核心网下发 Back-off 定时器限制一段

时间内智能终端的接入。

Back-off 定时器有三个来源：

1）核心网通过 ATTACH REJECT、TAU REJECT、SERVICE REJECT 等消息下发。

2）基站侧通过 Extended wait time 下发。

3）网络侧 REJECT，却不带定时器值时，智能终端选取 15～30min 的随机值。

拥塞控制 Back-off 定时器功能流程如图 9-7 所示。

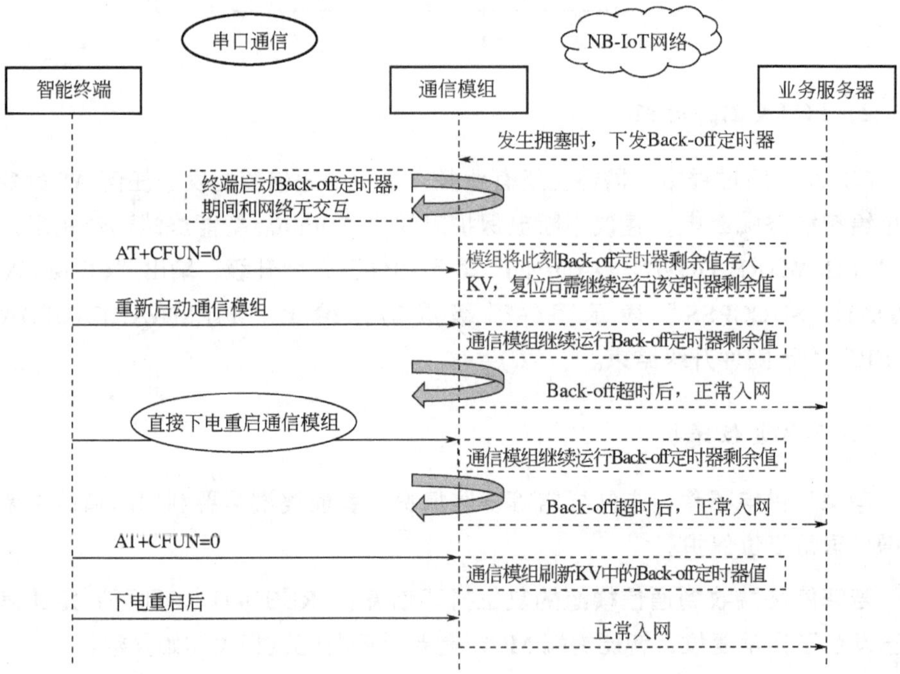

图 9-7 拥塞控制 Back-off 定时器功能流程

备注 智能终端在断电之前，必须先执行 AT+CFUN=0 命令，将 Back-off 定时器清除。定时器超时后，智能终端才可正常入网。

一旦核心网下发了 Back-off 指令，通信模组会保存该参数并开启 Back-off 定时器，该定时器计时完成之前，通信模组无法联网。

AT+CFUN=0 指令会触发 Back-off 定时器参数写入到 KV。参数写入 KV 后，无论通信模组重启还是掉电后再上电，模组都会在启动完成后读取 KV 的数值并启动 Back-off 定时器继续计时，直到 Back-off 时间计时完毕，模组重新恢复入网功能。注意：Back-off 定时器计时完毕后并不能主动更新 KV 内的参数值，需要再次执行 AT+CFUN=0 指令触发模组刷新该参数。

第 10 章
智能终端固件升级

万无一“失”的
保险措施

10.1 固件升级概述

智能手机经常会收到系统更新的提醒通知，在网络允许和电量充足的情况下，大多数人都会选择对智能手机进行升级。这种操作称为 FOTA，主要针对智能终端的固件进行升级，和应用软件的升级有所区别。

随着智能手机、可穿戴设备、智能网联汽车、智能家居等智能终端设备地快速普及，就会遇到三个棘手的问题，分别是：解决潜在问题、导入全新功能和提升人机交互。

（1）解决智能终端潜在问题和风险，降低售后运维和客户投诉等成本

智能终端产品无法做到十全十美，在使用的过程中可以修补产品缺陷，既可以提前占领市场，又可以实现远程售后服务。若想满足消费者日益增长的诉求，在不更换硬件的情况下，可以对软件和功能进行迭代，让消费者有常用常新的感觉。针对智能设备的网络攻击事件比例呈上升趋势，为了保护安全和隐私需求，规避安全风险就成为品牌企业必须重视的环节。潜在问题解决包括软件故障解决、安全漏洞修复等。对于潜在的软件漏洞问题和信息安全风险，通过固件升级可以保证极大降低软件更新成本和减少升级所耗费的时间。

（2）优化及导入智能终端的新功能，提升产品竞争力，赋能智能终端之上的商业模式

全新功能导入主要是面对激烈的市场竞争，可以有效平衡产品功能、发布时间点和稳定性的矛盾。其包括核心新功能导入、通信协议层完善、应用层功能调整等。一方面可保证商业模式的灵活调整能力，另一方面可以演进与时俱进的客户诉求，提升客户满意度。

（3）实现智能终端的自主可控能力，加强产业链下游对终端全生命周期的管理

随着联网化和智能化步伐加速，智能终端如雨后春笋冒出，背后是产业链的集成整合，每一个智能终端的 MCU、NB-IoT 通信模组、物联网平台等都有多种解决方案，每个环节都有可能出现不可预料的问题。每家供应商都只负责自己的产品升级，品牌厂商对终端的安全可控就尤为重要。

对于智能终端的固件，通常有三种类型，分别是整包升级、压缩包升级、差分包升级。智能终端固件升级类型如表 10-1 所示。

表 10-1　固件升级类型

类型	功能描述	资源需求
整包升级	对生成的智能终端固件进行 100%完整升级，需要的数据流量最大，消耗时间也最长	处理器自身资源要求较高，需要存储完整的升级包升级时间长导致失败的风险增加； AB 分区、失败回滚等增加额外资源要求和成本
压缩包升级	对整包进行压缩，待下载到智能终端后进行解压缩安装。通常可压缩到整包的 63%左右，可节省一些数据流量	压缩算法对计算能力、内存和存储等有要求； 压缩后需要与整包相同的存储区域来存储复原升级包； 只是下载流量小，与整包升级无太大差异
差分包升级	通过比较新旧版本之间的差异，生成差异文件，在较优的差分算法支撑下，差分包大约是整包的 5%。不仅节省数据流量，减少升级时间，还能保证升级效率	目前属于最佳的升级方案，对硬件资源要求更小； 差分算法的商用稳定性和可靠性及效率要求更高； 流量消耗最小、升级时间最短

在固件升级操作中，可以通过本地串口进行升级，也可以通过 FOTA 实现远程升级。

通常，在智能终端未能安装部署之前，若遇到必须的固件升级，最好是通过串口方式实现，速度快，也便于管理。对于已经部署的智能终端，有些企业会预留接口，可派人实现本地升级。

备注　目前，受 NB-IoT 基站和通信带宽的限制，FOTA 远程升级需制定合适的升级策略，满足大规模部署设备的固件升级。

对于无法拆卸和分散部署位置的智能终端，只好采用 FOTA 方式来升级。

若要实现 NB-IoT 智能终端的升级，需涉及 NB-IoT 芯片、NB-IoT 通信模组和终端 MCU 的固件升级。NB-IoT 智能终端固件升级系统架构如图 10-1 所示。

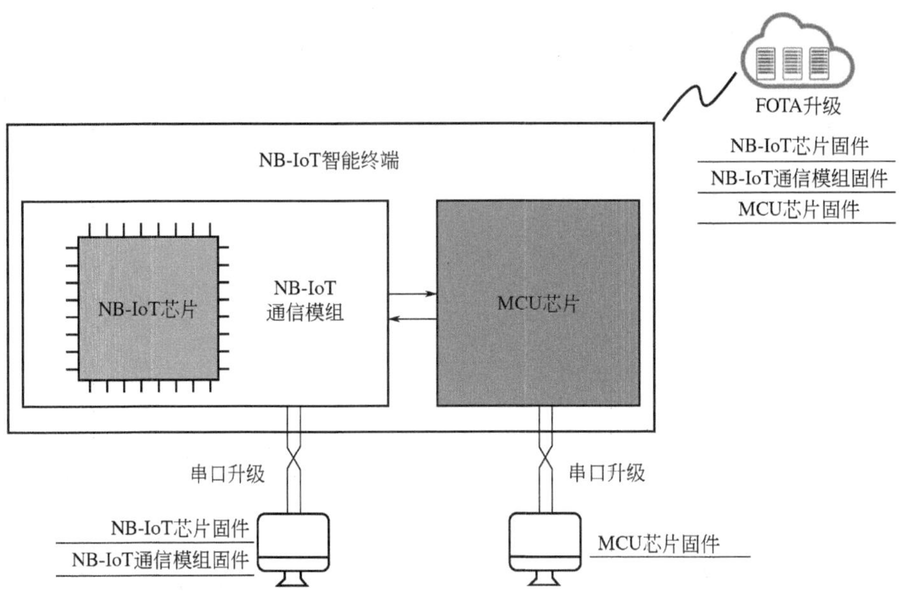

图 10-1
NB-IoT 智能终端固件升级系统架构

对于 NB-IoT 芯片的固件升级，通常是芯片企业给出升级包，通信模组企业对代码进行重新编译和验证，然后交给智能终端企业，融合到整个智能终端的固件之中。

10.2 本地固件升级

> **备注** 本节以小熊座 KE1 开发板作为示例，对移远通信 BC28 通信模组固件进行升级，固件升级工具采用移远通信的 QDownload_NB_IoT_V3.4.exe。

本地固件升级是利用 PC 通过串口对 NB-IoT 通信模组固件或智能终端 MCU 固件进行升级。

对于 NB-IoT 芯片的升级，每家企业都会提供相应的固件升级工具软件，内部封装了私有的命令和协议。对于 NB-IoT 通信模组企业，会根据芯片企业提供的固件升级工具，再次封装变成属于自身企业对产业链提供的固件升级工具软件。其中，可包含自身私有的命令和协议，也可适配多家芯片企业的工具软件，方便其用户便捷使用。

在升级之前，要准备好 BC28 通信模组的固件包，需从移远通信获取最新的升级文件，此处文件名为：BC28JAR01A01_ONT.fwpkg。

> **备注** 升级固件时所有使用的文件路径不能含中文，否则无法升级。

将小熊座 KE1 开发板通过提供的 USB 线连接到 PC 上，然后运行固件升级软件。首先选择正确的 NB-IoT 通信模组和 PC 上对应的串口，并将拨动开关 S3M 拨动到“TO BC28”一侧，然后可以单击【Query version】和【Read IMEI】按钮测试 PC 串口与 NB-IoT 通信模组之间的通信是否正常。如果正常，则单击【Load FW File】按钮选择所需升级的固件包，如图 10-2 所示。

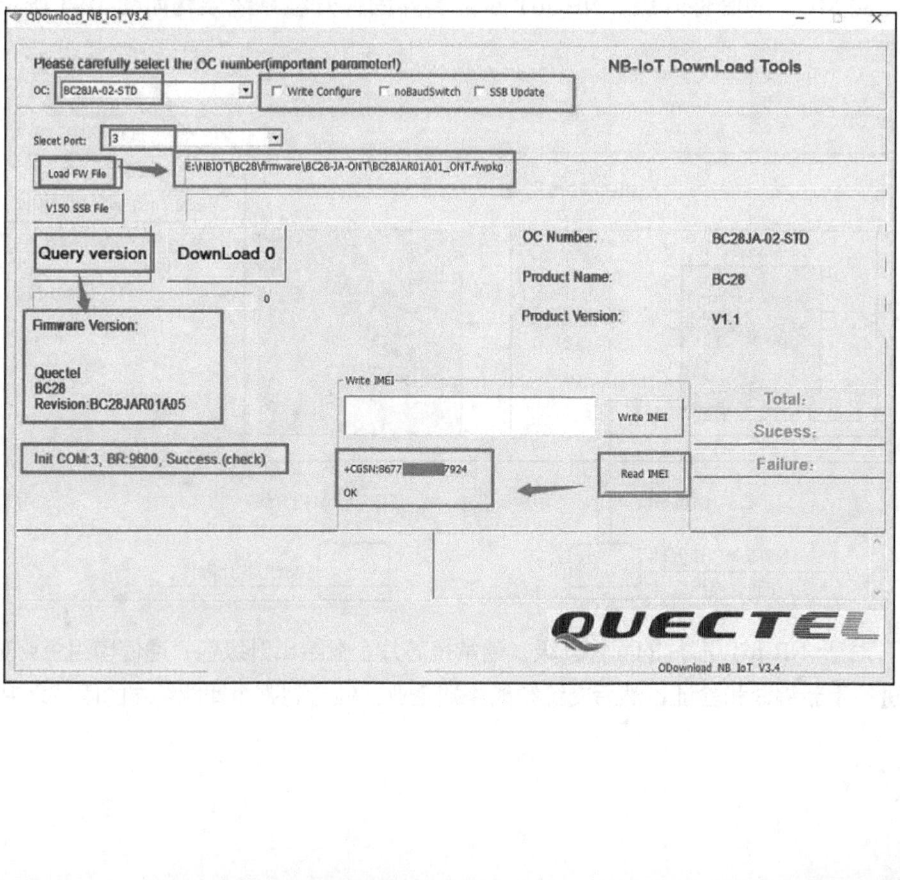

图 10-2 本地固件升级

接下来，单击【DownLoad 0】按钮开始升级固件，如图 10-3 所示。

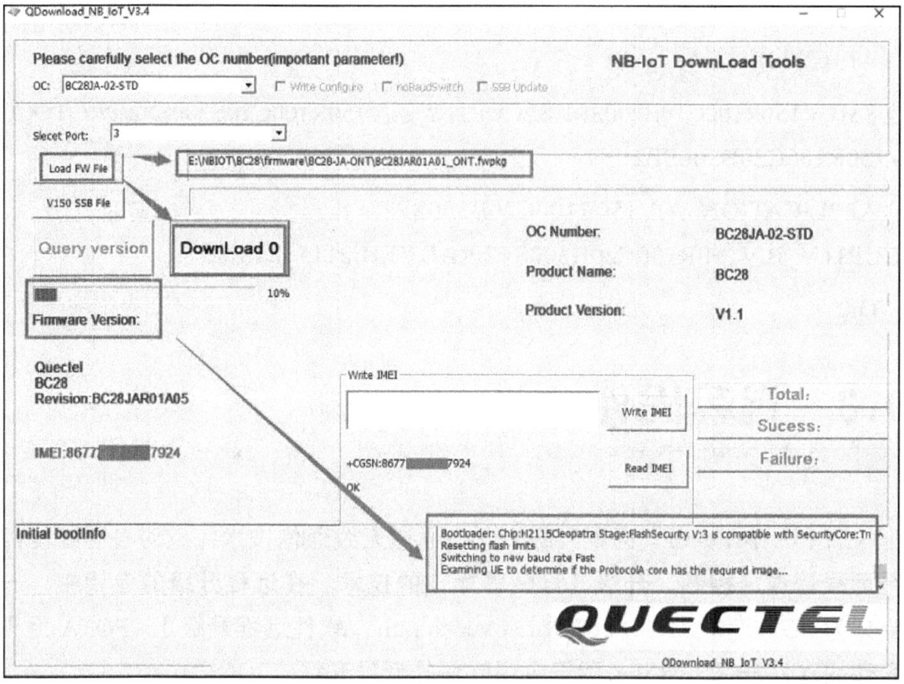

图 10-3
升级固件

烧录完成后会提示 IMEI 写入失败。重新单击【Read IMEI】，即可读出 IMEI 号，如图 10-4 所示。

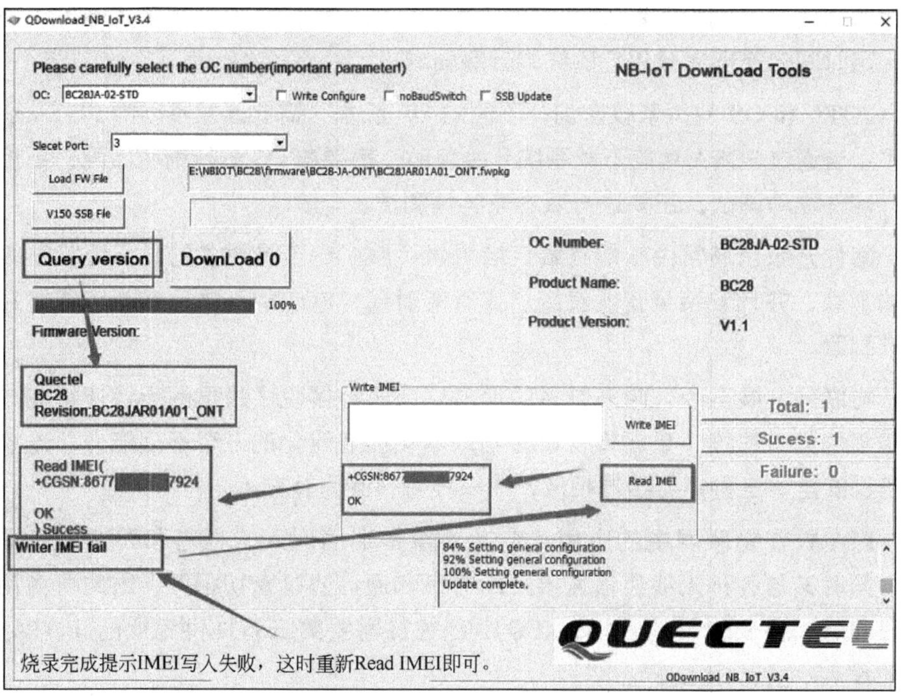

图 10-4
重新读取 IMEI 号

重启小熊座 KE1 开发板，可使用 AT+CGMR 命令查看软件版本已经升级到相关版本：

AT+CGMR

SSB,V150R100C10B200SP1 SECURITY_A,V150R100C20B300SP2 PROTOCOL_A,V150R100C20B300SP2

APPLICATION_A,V150R100C20B300SP2
SECURITY_B,V150R100C20B300SP2 RADIO,Hi2115_RF1

OK

10.3 远程固件升级

OTA（over-the-air，远程升级）泛指通过无线通信技术完成对各种智能终端进行远程管理、控制、升级、诊断等操作的技术。在远程升级的应用中，一般又会分为 FOTA 和 SOTA（software over-the-air，软件远程升级）。FOTA 用于实现固件的软件升级，SOTA 用于应用软件的远程升级。

FOTA 的本质是固件升级，包括驱动、系统、功能、应用等的升级。适用的终端范围很广，基本可以为市场上所有的智能终端提供升级服务，无论是电信运营商还是终端设备制造商，通过集群应用、网格技术和分布式服务，能够在一定时间内处理大量用户的终端升级需求。

FOTA 和 OS 的关系较密切，不同的 OS 版本，需要开发不同的 FOTA 适配版本。当通过 FOTA 功能下载系统升级包时，需要与 OS 进行精密匹配，不但要进行硬件驱动调试，还要进行版本兼容性测试。

固件升级包通常由智能终端厂商提供，FOTA 工具更多的是保证将升级包成功下载，并且安装至智能终端。在智能时代，FOTA 升级已成为智能终端的标准配置。

物联网发展至今，越来越多的设备厂商已经摆脱了最早的无线连接完成数据采集的固有思维，重新审视设备物联网化和智能化的三个基础能力：连接、升级、安全。三种能力相辅相成，缺一不可，互为补充。

FOTA 在物联网中的应用，离不开设备端的嵌入式程序和云端的管理平台，同时又与各种无线通信连接技术特征和通信协议密切相关，因此可商用、高可靠性、高安全性的规模化 FOTA，往往需要第三方提供专业的 FOTA 能力建设。

10.3.1 FOTA 升级概述

FOTA 的核心技术包括：差分适配算法、智能差分包工具、FOTA SDK、安全性和稳定性、FOTA 管理平台、灵活的服务器架构、智能升级策略配置、专业固件管理等。

FOTA 升级流程如图 10-5 所示。

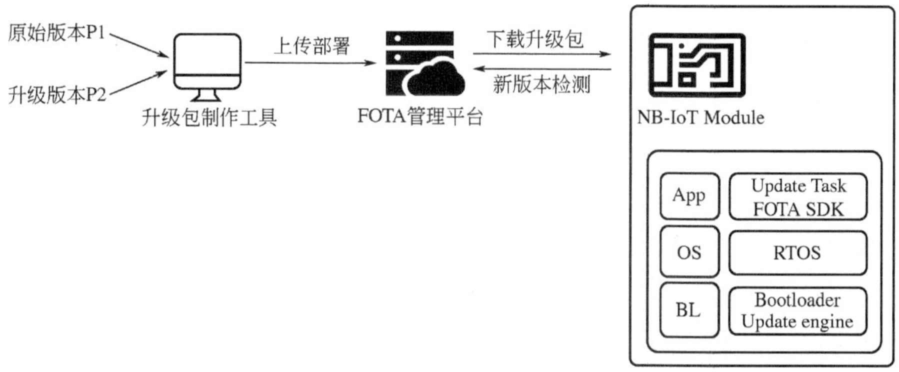

图 10-5 FOTA 升级流程

FOTA 实现分为三个阶段，如表 10-2 所示。

表 10-2 FOTA 实现阶段

阶段	特点
生成差分包	不同通信模组方案生成差分包的方法不一样。一般由厂商提供差分工具或者直接提供完整的差分包
传输差分包	差分包通常放置在物联网平台，通过物联网平台的设备管理功能将差分包推送给待升级的智能终端
安装差分包	智能终端下载好更新包之后，会进行完整性校验和安全校验，如果通过则继续升级，若升级失败会回滚到之前的版本

采用 NB-IoT 技术的智能设备，大多是低功耗嵌入式设备，硬件配置和计算资源有限。以智能水表远程升级为例，若需要实现 NB-IoT 芯片升级的功能，大致流程如下：

1）NB-IoT 芯片企业把升级包提供给 NB-IoT 通信模组。

2）NB-IoT 通信模组对新代码进行编译、调试和验证后，提供给智能终端。

3）智能水表企业把 NB-IoT 通信模组升级软件重新编译、调试和验证。

4）智能水表企业通知水务公司，登录到物联网平台提供的管理界面，导入升级软件包，按照升级策略进行升级。

备注 应谨慎发布升级包，升级包必须通过严格测试，才可发布。

为了实现差分升级，需使用差分工具进行处理。通常，物联网平台会内嵌第三方服务平台工具。第三方服务平台为智能终端升级制定策略，保证升级成功。

在软件设计过程中，需考虑万一升级失败后的版本回退功能，避免智能终端“消失”。

10.3.2 FOTA 业务流程

NB-IoT 智能终端的 FOTA 升级需通过 NB-IoT 网络，由物联网平台推送升级包到智能终端进行远程在线升级。在物联网平台创建升级任务，智能终端通过上报数据触发升级流程，并在升级过程中与物联网平台进行交互并完成下载、校验与升级。升级完成后重新入网并上报升级结果。

备注 NB-IoT 通信模组 FOTA 升级所使用的差分升级包需要从 NB-IoT 通信模组厂商获取。

FOTA 过程中智能终端对 NB-IoT 通信模组进行断电、重启、休眠等操作，会造成 NB-IoT 通信模组 FOTA 失败，且无法支持断点续传。FOTA 升级过程中，智能终端需要终止业务，禁止向 NB-IoT 通信模组发送 AT 命令，禁止断电、重启、休眠 NB-IoT 通信模组等操作。

在 FOTA 升级成功重启之后，NB-IoT 通信模组的历史配置会丢失。因此，智能终端需要在 FOTA 升级结束后重新对 NB-IoT 通信模组进行初始化配置。

为了降低 NB-IoT 智能终端固件升级的成本，提高固件版本的维护灵活性，智能终端需要支持通过 FOTA 对 NB-IoT 通信模组固件进行远程升级的功能。FOTA 升级流程如图 10-6 所示。

FOTA 升级流程依赖于智能终端业务/心跳数据的上报，为提升 FOTA 效率，建议业务智能终端的业务模型要考虑离散处理，或可通过应用系统调整业务/心跳上报离散间隔时间。

NB-IoT 通信模组开始升级时会发送消息<FIRMWARE DOWNLOADING>到智能终端 MCU，在 NB-IoT 通信模组升级期间智能终端不能断电；NB-IoT 通信模组升级完成后会发送消息<FIRMWARE UPDATE OVER>，通知智能终端升级结束，此时智能终端可正常工作。

1．下载阶段

1）当智能终端发起注册或者上报数据到物联网平台，物联网平台感知智能终端在线，如果物联网平台有升级任务，则会下发查询版本号、小区 ID、信号强度、升级状态等。

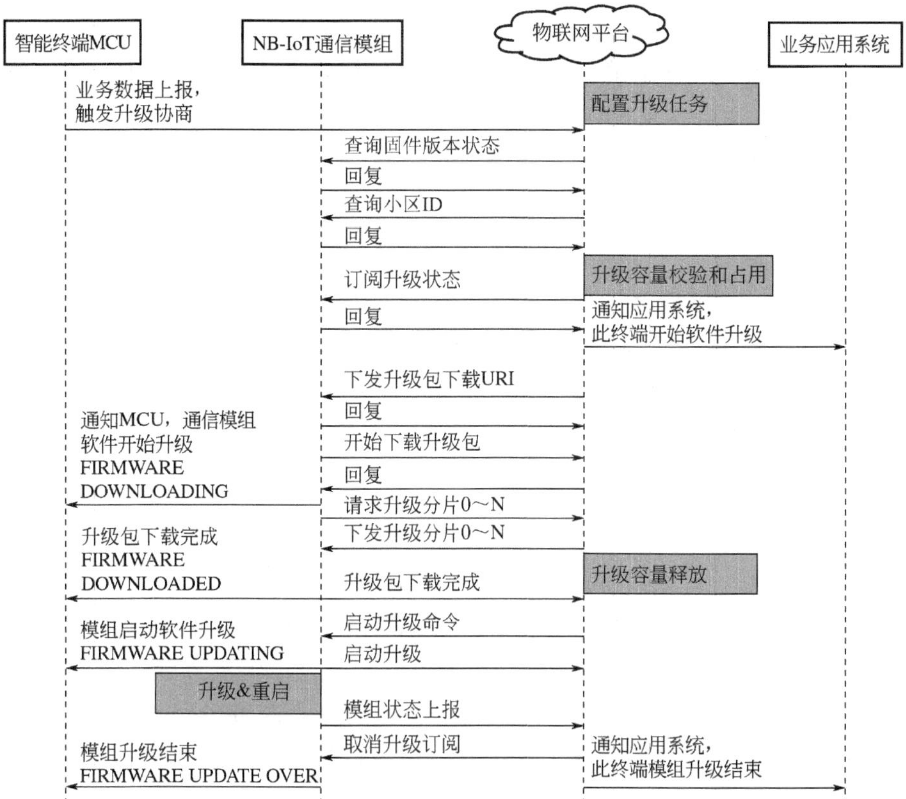

图 10-6
FOTA 升级流程

2）如果物联网平台判断可以发起升级，则会订阅升级状态资源，成功之后下发升级包 URI 给智能终端。升级状态从 IDLE 转换成 DOWNLOADING，NB-IoT 通信模组通知智能终端 MCU 开始下载发送<FIRMWAREDOWNLOADING>字符串给智能终端 MCU。此时，智能终端不应该给 NB-IoT 通信模组断电，也不能发送和数据传送相关的 AT 命令。

3）NB-IoT 通信模组获取物联网平台下发的 URI 之后，升级状态从 IDLE 转换成 DOWNLOADING，并向物联网平台请求升级包数据。如果下载过程中有异常导致下载失败，升级状态从 DOWNLOADING 转变到 IDLE，NB-IoT 通信模组也会向智能终端 MCU 发送<FIRMWARE DOWNLOAD FAILED>，此时若设备已正常联网注册，则智能终端可以正常处理业务。之后物联网平台下发查询失败原因，下发取消观察，NB-IoT 通信模组停止 FOTA 任务，向智能终端 MCU 发送<FIRMWARE UPDATE OVER>，表示 FOTA 任务结束。

4）当升级包下载完成，并校验成功。升级状态由 DOWNLOADING 转换到 DOWNLOADED，NB-IoT 通信模组向智能终端 MCU 发送<FIRMWARE DOWNLOADED>。

5）当升级包下载完成，但校验失败。升级状态转换到 IDLE，物联网平台服务器查询失败原因，下发取消观察，NB-IoT 通信模组会停止 FOTA 任务，并向智能终端 MCU 发送<FIRMWARE UPDATE OVER>，表示 FOTA 任务结束，智能终端 MCU 可以正常处理业务。

2．升级阶段

校验完成，物联网平台下发升级命令，升级状态由 DOWNLOADED 转换到 UPDATING，NB-IoT 通信模组向智能终端 MCU 发送<FIRMWARE UPDATING>。在此状态，智能终端MCU不可以断电NB-IoT通信模组，不可以发送业务 AT 命令，也无法紧急告警。

3．恢复网络阶段

1）升级成功，升级状态由 UPDATING 转换到 IDLE，NB-IoT 通信模组向智能终端 MCU 发送<FIRMWARE UPDATE SUCCESS>，待 NB-IoT 通信模组成功入网后，智能终端可以正常处理业务。物联网平台下发取消观察后，NB-IoT 通信模组会停止 FOTA 任务，并向智能终端 MCU 发送<FIRMWARE UPDATE OVER>，表示 FOTA 任务结束，智能终端可以正常处理业务。

2）升级失败，升级状态由 UPDATING 转换到 DOWNLOADED，NB-IoT 通信模组向智能终端 MCU 发送<FIRMWARE UPDATE FAILED>，等待 NB-IoT 通信模组成功入网后，智能终端MCU可以开始正常处理业务。之后物联网平台查询失败原因，下发取消观察，NB-IoT 通信模组则会停止 FOTA 任务，并向智能终端 MCU 发送<FIRMWARE UPDATE OVER>，表示 FOTA 任务结束，智能终端 MCU 可以正常处理业务。

在设计智能终端 MCU 软件时，由于 NB-IoT 通信模组通过串口和智能终端侧 MCU 进行通信，当前主要有两种串口通信方式：查询和中断。

若智能终端 MCU 串口通信采用查询方式，需遵循如下设计：

1）每次智能终端 MCU 发送完消息，需要等待监听串口新消息，导致智能终端 MCU 被串口监听任务占用，不能及时处理自身业务。

2）如果智能终端发送完数据，每次进行长时间串口等待监听，会导致功耗数据增大。

3）NB-IoT 通信模组 FOTA 特性使用概率极低，如果每天为确认是否有 FOTA 升级进行等待，引起功耗增加，电池损耗太大。

若智能终端 MCU 串口通信采用中断方式，需遵循如下设计：

1）每次智能终端上报数据发送完成后，串口工作在中断方式，响应 NB-IoT 通信模组下发的升级消息。

2）由于采用中断方式，在智能终端 MCU 等待 NB-IoT 通信模组消息的同时，可以处理自身其他业务。

3）当智能终端 MCU 中断响应接收到平台下发的 FOTA 升级消息 <FIRMWARE DOWNLOADING>，智能终端 MCU 进入 FOTA 升级保护模式，不对 NB-IoT 通信模组断电、不发送数据传输相关的 AT 命令给 NB-IoT 通信模组。

4）如果平台不进行 FOTA 升级，智能终端完成自身业务后，查询 NB-IoT 通信模组状态，如果进入 IDLE 态，就可以按照智能终端后续流程处理。

10.3.3　FOTA 平台能力

若要实现 FOTA 远程升级的能力，需要依赖 FOTA 平台提供的服务。市场上有专业的 FOTA 服务提供商，如艾拉比 OTA 平台；也有综合性物联网平台嵌入的 FOTA 能力，如华为 OceanConnect、中移物联 OneNET 等。

对于 NB-IoT 智能终端，有些用户会选择运营商物联网平台的 FOTA 工具，有些用户会选择独立的第三方 FOTA 服务平台进行升级管理。

通常，运营商物联网平台提供 FOTA 工具，由用户自行配置、验证和使用，不提供升级服务质量。第三方 FOTA 服务平台可针对智能终端固件进行差分算法处理，提供稳定的云平台，制定完善的升级策略，并通过多种手段确保智能终端的升级和管理服务。

第三方 FOTA 服务平台可参考艾拉比物联网平台，官方网址：http://www.abupdate.com。

FOTA 平台能力如表 10-3 所示。

表 10-3　FOTA 平台能力

能力种类	能力特点
固件格式	支持常见的固件格式包括：.zip，.rar，.bin，.7z，.apk，.dec，.delta，.diff，.enc，.exe，.gz，.package，.sh，.update，.txt，.html，.temp
版本判断	在具备多个固件版本时，具备智能判断最新版本，减少人工干预。例如，A、B、C 三个版本，若 A-B 存在升级关系，用户开启 A-C 的升级后，A 的用户会自动升级到最新版本 C
版本回退	万一发生新版本有问题的时候，可回退到之前的版本继续使用
固件切片	支持固件切片传输，有效解决通信带宽限制
安全能力	可复制公钥用于设备端签名，支持身份验证，支持安全链接机制，支持升级包签名和验签机制，支持升级包加密解密机制

续表

能力种类	能力特点
差分工具	支持在线差分工具、离线差分工具
完整性校验	支持在线智能校验包的完整性
数据统计	可实时显示下载进度、实时显示下载速率、不同的统计维度展示

FOTA 云端管理平台的功能如表 10-4 所示。

表 10-4 FOTA 云端管理平台功能

能力种类	能力特点
功能需求	FOTA 云平台管理系统提供可视化的操作界面，并具有项目管理、版本管理、用户管理、升级管理、统计分析、日志查询等功能
项目管理	以厂商名称、机型型号、芯片型号、设备类型确定一类设备产品的归类，便于管理、维护这一类设备； 每类设备都有一个唯一的编号和唯一的密码，作为设备的身份认证； 项目管理具备项目增删改查功能，能够对项目信息进行维护，能够按照项目进行 FOTA 版本管理，并提供相应的数据统计
版本管理	可管理软件版本的一个迭代，定义好每一个版本迭代的规则以及每个版本所能支持的语言能力。以便后续维护和有升级需求的软件版本管理，让相关人员能清晰地知道，每个版本迭代的优化以及问题
用户管理	FOTA 云平台的用户管理功能，具备用户增删改功能，每个用户能够对个人信息进行维护； 用户管理可以对用户进行角色划分，不同角色的权限有不同的操作权限； 用户被授予的权限，可设置完成自己承担任务所需的最小权限； 用户注册时，密码在平台端进行非对称加密后，存入数据库； 用户通过客户端登录平台时，账号、密码等敏感信息首先在客户端进行加密，然后在平台端进行解密，并进行认证授权，才能登录平台
升级管理	对固件版本号进行管理； 支持差分包的上传、测试、发布、取消发布、冻结、删除等功能； 能够区分测试设备，完成测试的差分包才能够发布； 支持回滚升级； 支持策略管理； 支持升级推送，即可从 FOTA 平台端发起升级任务，支持强制静默升级
统计分析	设备数量统计，包括设备总量、新增设备量、日活设备量等； 升级统计，包括累计下载量、下载成功数、下载成功率、升级量、升级成功数量、升级成功率等； 能够按版本、类型、条件、日期等多个维度进行，可以用折线图或饼状图显示，并可以导出统计结果
日志查询	FOTA 云平台能够记录每个用户的操作，如删除、新增、导入、更新等，并根据不同用户权限提供相应的日志查询功能，也可以查询设备端和云端交互日志，以便追踪问题

FOTA 在设备端需要建设的能力。

设备端 SDK 是运行在芯片或者 MCU 系统上的应用程序，集下载、存储、升级于一体，能够自行检测新版本，下载差分包或者全量包并完成设备端固件更新。

设备端 SDK 包括云端控制管理 UC 和本地升级还原 UA 两个部分：

1）UC 程序嵌入到应用框架中，包括版本检测、下载管理、数据校验、下载存储、错误报告，状态报告、网络容错、重试、续传、调试信息、流程调度等。

2）UA 程序嵌入到 Bootloader 或 Recovery 中。UA 在正式执行还原运算前，对升级文件进行校验，并比较本地 Flash 上的 App 的 HASH 和升级文件里面配置的是否一致，如果不一致不进行升级。

当选择好合适的 FOTA 升级工具之后，因智能终端采用的芯片、操作系统、软件、部署方式等方面的差异，需制定合适的远程升级策略。FOTA 升级策略如表 10-5 所示。

表 10-5 升级策略

升级策略	实现功能
静态升级	仅升级满足指定条件的当前设备
动态升级	满足指定条件的设备都将收到升级通知。动态升级将持续维护需升级的设备范围，包括当前已经上报版本号的设备和新激活的设备
全部设备	该升级包对应的全部设备，无须根据 MID、地区、数量和发布类型等条件来配置升级范围
定向升级	选择定向升级后，仅升级被选中的设备
区域升级	升级指定地理位置区域的设备
周期提醒	网络条件限制升级，检测/安装周期提醒
条件配置	下载条件配置，包括空间限制、路径指定、电量要求等
自动下载	根据设定的下载条件，触发设备自动下载升级包
自动升级	指定升级时间，闲时安装，重启安装
强制升级	属于静默升级，选择时机进行无感知升级，包括自动下载和自动升级

备注 不同的 FOTA 平台提供的 FOTA 能力会有所区别，在使用时可咨询对应的服务提供商。

第 11 章
智能终端产品认证

不以规矩，
不能成方圆

11.1　智能终端产品认证概述

在物联网领域，智能终端经常应用在智慧城市、智能交通、工业物联网、智能社区等领域，但每个行业都有自己的特点，无法利用几款产品满足所有需求，因此带来了智能终端的多样性。另外，智能表计、智慧路灯、可穿戴设备等产品体积大小不一，天线形态多样，供电方式不同，产品实现功能千差万别。

根据各个国家或地区的法规条例，接入公用电信网络的电信终端设备需办理进网许可证。NB-IoT 智能终端工作时必须接入运营商网络进行通信，因此属于电信终端设备，需遵守各个国家或地区的法律法规。

NB-IoT 作为蜂窝物联网领域的重点技术之一，在移动通信领域受到广泛关注和应用，全球多个区域已经部署。随着万物互联时代的到来，可以预见 NB-IoT 的使用场景将会越来越多，网络部署和入网设备数量也将快速增长，因此如何保证 NB-IoT 终端产品能符合各个国家和区域的要求就变得尤为重要。

针对智能终端的产品认证，有国家强制性的，有行业组织规定的，有运营商认证的，也有企业自己制定标准的，如表 11-1 所示。

表 11-1　智能终端产品认证种类

种类	制定者及主要内容
国家强制认证	规则制定：法律规定电信产品认证管理制度，对设备强制进行测试和认证 主要内容：人身安全和环境保护、无线电频谱管理、EMC 等
行业技术认证	规则制定：由行业组织制定规则，并组织实施的测试和认证 主要内容：标准符合性/一致性和互联互通
企业验收标准	规则制定：需方制定的测试和认证规则 主要内容：需方特定的业务、功能、性能、定制要求等

1．NB-IoT 智能终端设备进网管理总体要求

支持 NB-IoT 无线通信技术且独立接入公用电信网的所有形态的终端设备都必须符合国家规定的标准，并取得进网许可证。

部分终端设备存在体积大，不具备运输存储和测试等条件的，综合技术原理分析，建议对通信功能单元相对独立、通信硬件架构完整、通信功能非其主功能的 NB-IoT 无线数据终端设备，可将其通信功能单元作为进网管理对象，发放进网许可证。

2．NB-IoT 通信模组参考样机进网无法替代智能终端进网

NB-IoT 通信模组产品因客户需求、智能终端产品应用场景等不同，其组成单元不尽相同。通信模组产品一般包含主芯片（包括基带芯片和射频芯片）和射频前端部分（滤波器、放大器、开关等），还可能包含 MCU 单元、GNSS 定位单元、传感器单元、SIM/USIM 单元以及天线部分。

通信模组产品往往仅具备主芯片和射频前端电路，并不具备通信终端产品完整硬件结构，是无法独立工作完成无线网络接入实现物联网数据传输的。

智能终端企业采购通信模组产品后，仍需要根据智能终端产品实际使用需求设计与通信模组产品匹配的硬件电路，其中包括射频天线、SIM 卡、电源供电等对智能终端产品与网络间互联互通和业务功能实现至关重要的单元。

NB-IoT 智能终端在中国上市需取得国内进网许可，终端制造商应先在电信设备认证中心网站上注册并提交申请，然后提供样品，检测机构按照规定检测项目进行测试，合格后出具检测报告，此后制造商提交进网申请，待审批合格后可获得电信设备进网许可证。

NB-IoT 智能终端设备进网检测标准依据：

- 《数字移动通信终端通用技术要求和测试方法》（YD/T 3230—2017）。
- 《移动智能终端安全能力技术要求》（YD/T 2407—2013）。
- 《移动应用软件安全评估方法》（YD/T 3228—2017）。

NB-IoT 智能终端设备进网整体流程如图 11-1 所示。

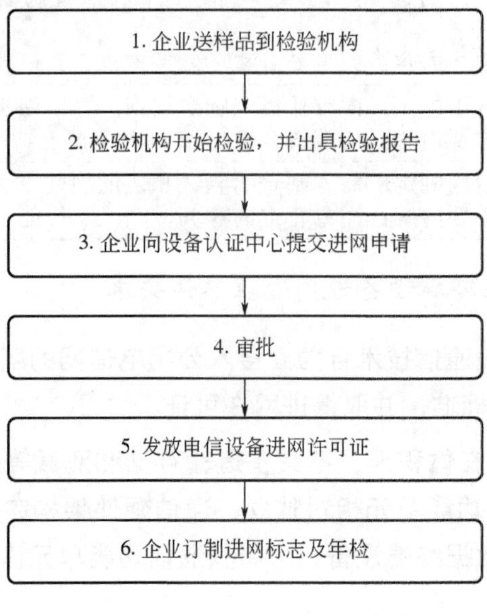

图 11-1
NB-IoT 智能终端设备进网整体流程

NB-IoT 网络方面的测试需根据部署的阶段进行对应的测试。在前期研发阶段，主要测试网络设备单系统功能性能、组网运行能力和运行稳定性等功能；在正式商用阶段，主要测试网络设备规模组网协同运行能力、组网兼容性、初步网络规划及网络优化等内容；在大规模商用之后，主要测试网络优化、区域部署管理、故障容量流量监测等方面。

在 NB-IoT 网络部署初期，可以划分为三个阶段的测试，分别是 PoC（proof of concept，基本能力验证）、实验室测试、外场测试。

PoC 又称为概念验证测试，是针对设备功能、性能指标的验证性测试。

实验室测试阶段是将被测设备组成完整的运行系统，在实验室模拟真实的网络运行环境，考察设备整体运行的效果和其他网络设备一对一互联互通的能力。

外场测试阶段是在实验室测试效果的基础上，在实地环境中布设网络设备和基站、天线等设备。根据需要，部署若干小区规模组网，进行规模组网验证、实地无线性能验证、负载压力验证等测试内容。

NB-IoT 智能终端面临如下挑战：

（1）测试场景及智能终端形态多样化

物联网的细分领域非常多，存在更加复杂、极端的环境部署情况，验证单点关键技术的性能与指标难度加剧。同时，物联网终端的形态趋于多样化，需要测试仪器仪表具备更好的可扩充性和兼容性。因此，在低功耗广域网的场景中，智能终端到测试环境的构建更加复杂，核心网模拟服务器需要更加灵活的配置、基站模拟器的测试场景需要更加多样。

（2）海量终端连接加剧测试难度

海量终端连接是低功耗广域网的主要特点之一，要求每个小区至少支持5万量级的连接数，海量终端的模拟需求对于终端模拟器是个巨大的挑战，测试方案与方法的选择也同样值得考虑。

（3）缺乏成熟的终端功耗测试方法

低功耗要求智能终端的电池续航时间为 2～10 年。这种场景中智能终端的工作方式存在特殊性，如在某些工作场景中，设备每天只工作一次：工作状态下，几十微秒内消耗几十纳安到几百毫安的电流；待机状态下，消耗超低深度睡眠电流。对于这种特殊的工作方式，需要在复杂波形中分析功耗，寻求一种成熟的测试方法量化智能终端功耗指标。

（4）生产测试需提高效率降低成本

海量连接同样加大了低功耗大连接场景中生产测试的难度，选择合适的测试方法、设计合理的测试方案是提高测试效率所必须考虑的问题。同时，考虑物联网终端的低成本特性，如何大幅降低测试成本，同样对测试仪器仪表的研发设计提出了挑战。

（5）物联网设备的安全性

物联网设备的安全性、可靠性、保密性涉及智能终端，接入网、核心网等网络各个节点，如何确保物联网生态系统的稳健和高度安全，对于测试是一个极大的挑战。同时，智能终端的应用场景非常广泛，涉及社会基础设施和日常生活中的各个领域，包括交通、安防、医疗、电力、工业、农业、环保等，测试仪器仪表需支持各垂直行业领域的安全性测试需求。

11.2 中国政府强制认证

在中国部署的 NB-IoT 智能终端，需符合中国政府的强制认证，如表 11-2 所示。

表 11-2　中国政府强制认证

电信设备强制的监管	法律法规体系	监管主体	适用范围
电信设备进网许可证（NAL）	《中华人民共和国电信条例》 国家对电信终端设备、无线电通信设备和涉及网间互联的设备实行进网许可制度	中华人民共和国工业和信息化部（工信部）信息通信管理局、电信设备认证中心、授权检验机构	接入公用电信网的电信终端设备、无线电通信设备和涉及网间互联的设备
无线电发射设备型号核准（SRRC）	《中华人民共和国无线电管理条例》 无线电发射设备依法取得无线电发射设备型号核准证	工信部、无线电管理局、检测中心	无线电发射设备
强制性产品认证（CCC）	《中华人民共和国认证认可条例》 强制性产品认证管理规定	国家质量监督检验检疫总局、中国检验认证集团、中国质量认证中心（CQC）	实施强制性产品认证的产品目录

11.2.1 电信设备进网许可证

在中国，工业和信息化部根据《中华人民共和国电信条例》下发了《电信设备进网管理办法》，并于 1999 年 1 月 1 日起正式生效。根据该管理办法，对接入公用电信网使用的电信终端设备、无线电通信设备和涉及网间互联的电信设备实行进网许可制度。实行进网许可制度的电信设备必须获得工业和信息化部颁发的进网许可证；未获得进网许可证的，不得接入公用电信网使用和在国内销售。工业和信息化部信息通信管理局负责电信设备的审查和批准，并颁发电信设备进网许可证。地方电信管理机构负责对各地区电信设备的进网工作进行监督和管理。

中国电信设备进网许可证（NAL）证书式样如图 11-2 所示。电信设备生产企业应当在其生产的获得进网许可的电信设备上粘贴进网许可标志。智能终端设备进网许可标志式样如图 11-3 所示。

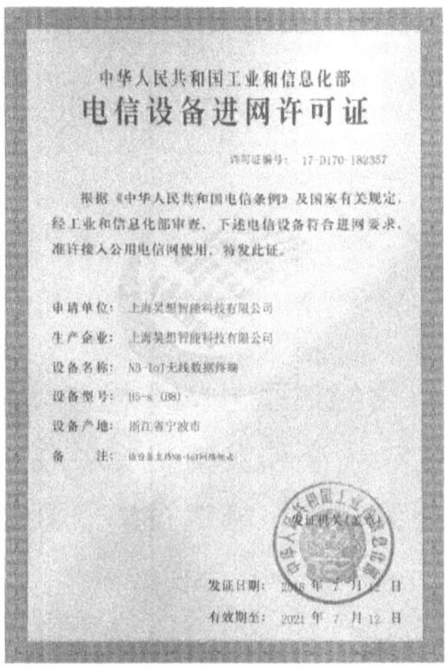

中华人民共和国工业和信息化部
电信设备进网许可证

许可证编号：17-D170-182357

根据《中华人民共和国电信条例》及国家有关规定，经工业和信息化部审查，下述电信设备符合进网要求，准许接入公用电信网使用，特发此证。

申请单位：上海昊想智能科技有限公司
生产企业：上海昊想智能科技有限公司
设备名称：NB-IoT无线数据终端
设备型号：H5-s（B8）
设备产地：浙江省宁波市
备　　注：该设备支持NB-IoT网络制式

发证日期：2018 年 7 月 12 日
有效期至：2021 年 7 月 12 日

图 11-2　中国电信设备进网许可证证书式样

图 11-3　智能终端设备进网许可标志式样

11.2.2　无线电发射设备型号核准

无线电发射设备型号核准证简称“型号核准证”或 SRRC，由国家无线电管理委员会（现为中国国家无线电监测中心）核发，按照我国法律法规在市场上销售的任何无线电发射产品所使用的频段都必须获得中国国家无线电监测中心的批准，型号核准是指在无线电发射设备投入使用前的研制、生产、进口、购置等环节，对其频谱参数技术指标依法进行技术管理的制度。核准主要内容是对无线电发射设备工作的频率、频段、发射功率、频率容限、占用带宽、带外发射及杂散发射等频谱参数进行核定。

> 备注　因物联网终端设备形态种类众多，粘贴标志较难实施。对于很多户外安装部署的设备，恶劣环境无法保证进网许可标志粘贴的牢靠性。

申请方式：首先申请企业需要将产品送往国家无线电管理委员会指定认可的实验室（国家无线电监测中心）检测，检测合格后获得检测报告，然后将该检测报告提交至国家无线电管理委员会，申请通过后工信部主管部门会向申请方核发“无线电发射设备型号核准证”证书。无线电发射设备型号核准证式样如图 11-4 所示。

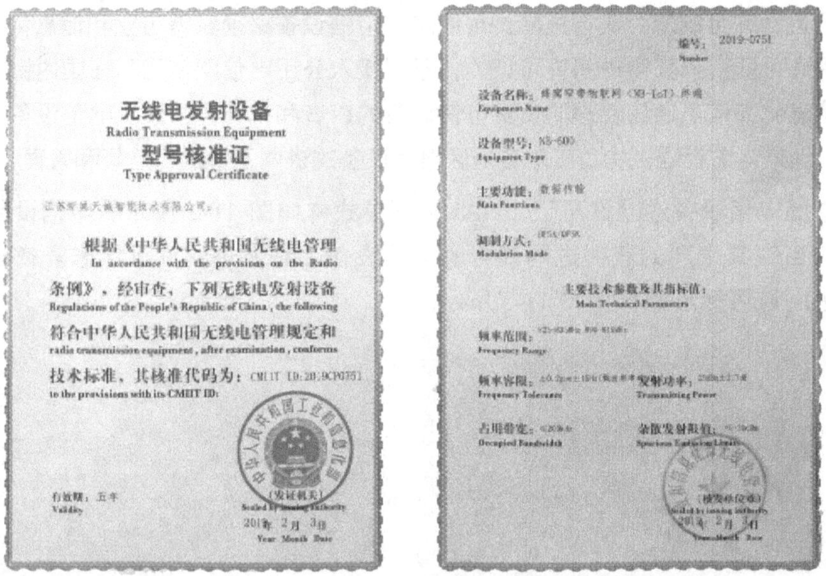

图 11-4
无线电发射设备型号核准证式样

NB-IoT 智能终端在中国正式上市前，需经过型号核准检测，主要由国家无线电监测中心负责，测试内容主要是无线电频谱和发射机相关指标，测试项有 UE 最大/最小输出功率、功控绝对相对功率容差、频率误差、载波泄漏和占用带宽等。

11.2.3 强制性产品认证

中国强制认证（China Compulsory Certification，CCC）是国家认证认可监督管理委员会根据《强制性产品认证管理规定》（原中华人民共和国国家质量监督检验检疫总局令第 117 号）制定的，是中国强制性产品认证制度的简称。

强制性产品认证制度，是中国政府为保护国家安全、防止欺诈行为、保护人体健康或安全、保护动植物生命或健康、保护环境，依照法律法规实施的一种产品合格评定制度。它要求列入中国强制性产品 CCC 认证目录中的产品，通过实施强制性产品认证程序得到检测和审核，以符合国家标准和技术法规；没有获得指定认证机构的认证证书、没有按规定加施认证标志的产品，一律不得进口、不得出厂销售和在经营服务场所使用。

中国国家强制性产品认证证书式样如图 11-5 所示。

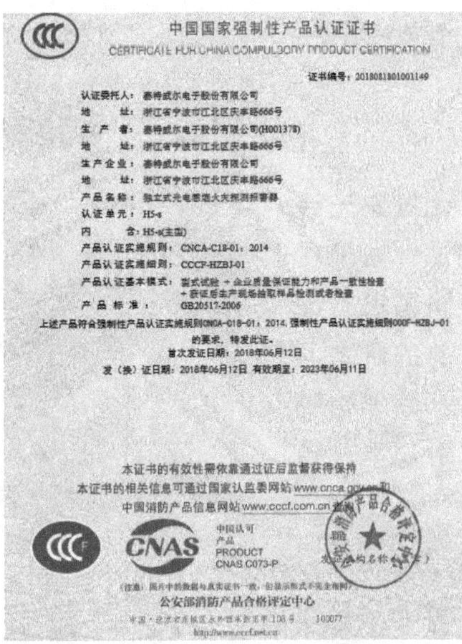

图 11-5 中国国家强制性产品认证证书式样

11.3　国外强制认证

为了规范本国流通使用的产品，提高产品质量，世界各国都根据自己的特点建立了适合本国的强制性认证要求和流程。国外的认证主要分为两大类，分别是法规强制类和行业组织认证类。

备注　NB-IoT 暂时不涵盖在其认证目录内，所以单模终端产品无须进行 CCC 检测及认证，如果是多模产品，则需按照 CCC 认证要求通过测试审核后，才能出厂销售及使用。

11.3.1　法规强制类

法规强制类主要是较大国家的强制要求，包括欧盟的CE认证、美国的FCC认证、加拿大的IC认证等，NB-IoT智能终端若想进入这些区域销售，必须通过相应的认证，涉及的测试内容主要是射频发射机性能（含蜂窝和非授权频段）、电磁兼容、安全性能（含电器安全和人体辐射安全）等。

（1）欧盟 CE 认证

CE 标志是欧盟对产品提出的一种强制性安全标志。根据欧盟理事会 1985 年 5 月 7 日《关于技术协调和标准新方法决议》（85/C 136/06）、欧盟理事会《关于合格评定全球方法决议》（90/C 10/01）和欧盟理事会 1993 年 7 月 22 日《关于技术协调指令的不同阶段合格评定程序模式以及加贴和使用 CE 合格标志规则的决定》（93/465/EEC）的规定，所有相关指令覆盖的产品在投入欧盟市场前，必须符合相关指令的基本要求、经过通过合适的合格评定程序评定并加贴 CE 认证标志。

只有符合欧洲的健康、安全与环境保护相关法律规定并贴有 CE 标记的设备，才能在市场上销售；如果缺少 CE 标记，欧洲联盟的海关、执法与监督机关可以依法将该产品没收。这种 CE 认证主要应用针对使用无线频谱的设备，以及所有连接到公共电信网络的设备。虽然欧洲联盟内部每个国家都有自己对于电信设备的监管体系，但在欧洲市场流通的电信设备必须首先要通过 CE 认证。

CE 认证主要监测测试的内容包括常规 RF（radio frequency，射频）测试、EMC（electro magnetic compatibility，电磁兼容性）测试、安规（safety）测试、SAR（specific absorption rate，人体比吸收率）测试。

指令和协调标准是 CE 认证的主要法律依据。

指令由欧盟委员会制定。常用的指令包括 RED（the radio equipment directive，无线电设备指令）2014/53/EU 指令、LVD（low voltage electrical equipment，低电压电气设备）2006/95/EC 指令、EMC（electro magnetic compatibility，电磁兼容性）2004/108/EC 指令。

协调标准主要由欧洲标准化委员会（CEN）、欧洲电工标准委员会（CENELEC）和欧洲电信标准化协会（ETSI）三个标准化组织制定。每个指令下面包含具体的标准，如RED指令下面包含EN 301 489、EN 301 511等协调标准，EMC指令下面包含EN 55013、EN 55020等协调标准。

（2）美国FCC认证

美国的电信监管机构是FCC（Federal Communications Commission，美国联邦通信委员会），属于美国政府的一个独立机构，直接对国会负责。FCC通过控制无线电广播、电视、电信、卫星和电缆来协调国内和国际的通信。许多无线电应用产品、通信产品和数字产品要进入美国市场，都要求实施FCC认证。

FCC主要参考测试标准和KDB（knowledge data base）。测试标准针对不同的测试内容有不同的参考：如针对EMC的ANSI C63.4、针对射频的ANSI/TIA-603-C、针对SAR的IEEE 1528等。FCC针对现行法规和测试标准没有明确定义的产品，提供了KDB作为测试方法的参考，KDB随时更新，并可以在FCC网站上查到。对于新型产品，如5G便携设备，如果没有现成的KDB可以参考，可以在FCC网站发起KDB咨询（KDB inquiry），向FCC确认测试方法。

FCC认证的主要测试项目如下：

- Part22/24，针对通信产品的发射机进行测试，对于同一发射机的每种调制方式都要进行相同项目的测试，包括传导测试和辐射测试，测试内容包括输入功率、辐射限值频率稳定度、占用带宽、辐射带宽、传导杂散等。
- Part27，测试内容和Part22/24相同，主要针对Part22/24里面没有覆盖的频段。
- Part90，测试内容和Part22/24相同，主要针对Part22/24/27里面没有覆盖的频段。
- Part15C，主要针对有意发射的设备，即通过辐射或感应的方式有意产生和发射射频能量的装置，如Bluetooth、Wi-Fi等。
- Part15B，主要针对无意发射的设备，即有意产生射频能量供给装置内部使用或通过连线将射频信号传送给有关设备使用，但不是通过有意辐射或感应的方式发射射频能量的装置，如计算机周边、充电器等。

- RF exposure，类似 CE 的 SAR 测试，但限值为 1.6W/kg 平均每 1g，比 CE 要求更为严格。

（3）加拿大 IC 认证

加拿大电信监管机构是工业部（Industry Canada，IC），其规定了模拟和数字终端设备的检测标准以及产品进入加拿大市场的基本要求。IC 认证的流程及测试项目与 FCC 类似，一般可与 FCC 联合申请。

（4）日本认证

总务省（Ministry of Internal Affairs and Communications，MIC）是日本通信、广电的综合管制机构。总务省机构中与信息通信相关的三个局是：信息通信国际战略局、综合通信基础局和信息流通行政局。具体负责电信设备设施管理工作的是综合通信基础局，下设电信事业部、电波部等。

日本的强制性认证分为两种：电波法（Telec）和电信法（Jate）。电波法测试侧重 RF 射频部分，电信法侧重协议和电气安全方面。

《无线电波法》和《电子通信事业法》分别规定了无线电设备和终端设备的标准认证制度，这是目前日本电子通信设备认证管理的主要法律依据。

日本 VCCI 认证属于非强制性认证。VCCI 是日本的电磁兼容认证标志，由日本电磁干扰控制委员会［Voluntary Control Council for Interference by Information Technology Equipment（ITE）］管理。VCCI 是会员入会的方式，只有申请了 VCCI 会员的企业才可以使用 VCCI 标志。VCCI 认证影响力较大，大多数出口日本的电子产品会被要求具有 VCCI 标志。

11.3.2　行业组织认证类

行业组织认证类主要是欧洲的 GCF 认证和北美的 PTCRB 认证。虽然这两个认证属于自愿性范畴，但如果终端需要销售给这两个组织的运营商成员，也必须经过其授权实验室检测合格，而绝大部分运营商都是这两个组织的重要成员，此类认证测试涵盖的内容非常广泛，包含射频、无线资源管理、协议信令、SIM 卡电器和逻辑特性、各种应用测试、音频测试、辐射杂散和 OTA 测试等。

（1）GCF 认证

GCF 的全称是 Global Certification Forum，其组织架构主要包含 SG、CAG、FTAG 等。其中，SG 是理事会，主要负责制定规则和总体要求；CAG 主要负责所有一致性相关的规则和用例制定，包含 RF、RRM、Protocol 和 SIM 等能在实验室仪表环境下进行测试的用例，因为涉及的用例众多，CAG 将其按照一定的规则分成不同的 WI（work item），方便添加、删除用例及追踪系统验证状态；FTAG 主要负责场测相关的规则和用例制定，如实际场测时网络的数量和配置要求、用于端到端测试时对于终端的要求等。

工作组每年均会固定召开四次会议，GCF 的运营商和终端制造商作为全权会员（full member）参加，第三方实验室作为观察员（observer）参加，SG 是单独召开的，CAG 和 FTAG 是在一起召开的。各工作组在会议上会更新相关规则、认证要求，CAG 还会着重在一致性系统及用例的验证工作上，FTAG 则着重在对于新制式场测的具体要求及网络 FTQ 的变化更新上，参加这些会议会使得参加者更紧密地了解到 GCF 认证的最新变化甚至下一步的工作重点，不管对于终端制造商还是测试实验室来说都是至关重要的。

NB-IoT 智能终端制造商在进行 GCF 认证测试时，需要选择 GCF RTO（Recognised Test Organisation）执行 RF、RRM、Protocol、SIM 和各应用等用例的实验室测试，还需选择 Field Trial RTO 在授权的实际网络中进行测试，再将两大部分测试结果提交到 GCF 网站，维护一个认证文件夹，由 GCF officer 或者 ACE（Assessment Capable Entity）审核合格后获得认证并公布在 GCF 网站，若 GCF officer 或者运营商成员对于其中的结果有疑问，需要由终端制造商及时作出解答，并予以解决。

备注 目前的 NB-IoT 单模终端在进行 GCF 认证测试时，无须测试辐射杂散或者 OTA 性能；但如果是多模终端或者支持语音通话等功能，还需进行其他制式的相关测试或者音频测试。

GCF 使用的测试标准主要来自 3GPP、ETSI 和 GSMA、OMA 等标准组织，在做 GCF 认证时要按照有效的 GCF 版本及对应的 Test Cases List，结合终端的 PICS 特性选择用例并进行测试，所使用的测试系统也必须是 GCF Validated Test Platform，在其网站可以查询到的有效软硬件版本才行，主流的测试仪表厂商有 R&S、Keysight、Anritsu、Comprion 等。

（2）PTCRB 认证

PTCRB 的全称是 PCS Type Certification Review Board，其主要组织包括 PTCRB、CTIA 和 PVG。其中，PTCRB 主要负责认证规则的指定、认证要求的提出、授权实验室的审核等工作；CTIA 主要帮助 PTCRB 制定其特殊要求的测试标准，如 OTA、Wi-Fi OTA、Battery Life 等都是由 CTIA 负责成立工作组讨论制定的，此外 CTIA 还负责提交 PTCRB 认证的终端产品的所有资料和报告的审核及批准；PVG 类似 GCF 的 CAG 工作组，将 PTCRB 的要求细化到不同的 RFT 工作组，再由工作组负责人进行用例的标准进展、系统验证工作的跟踪和定期汇报。

PTCRB 和 PVG 都是每年召开四次会议，要求全权授权实验室必须参加全部会议，并要求实验室每年 11 月提交 Lab Renew 的所有文档，经过审核后方可延续授权资质，若不满足要求将直接取消实验室的授权资质；在授权实验室时对于实验室支持的制式、频段、支持的用例百分比也有非常明确的要求，若获得授权必须全部满足；除此之外，PTCRB 还要求全权授权实验室要在 PVG 承担若干工作组职责并作出相应贡献。由此可见，PTCRB 对于实验室的要求比 GCF 更加严格。

PTCRB 认证流程与 GCF 相比大同小异，但是也更加严格：终端制造商需要在其官方网站提交测试申请并选择一个主实验室，由该主实验室负责所有测试内容，主实验室可发起分包，但是所有测试内容都必须在 PTCRB 授权实验室进行方可；完成后由实验室上传报告和相关声明，终端制造商也需上传产品用户手册、PICS 特性表等文件，经过 CTIA 审核并由制造商缴纳审核费后方可通过认证。

PTCRB 使用的测试标准和认证的测试系统与 GCF 大部分相同，对于其关心的某些性能但是没有相应的标准组织制定规范的情况，PTCRB 会自己撰写，如 CTIA OTA/CWG Test Plan、AT Command 和 TTY 测试规范等。在做 PTCRB 认证时要按照有效的 NAPRD03 版本及对应的 Test Cases List，结合终端的 PICS 特性选择用例并进行测试，目前的要求是在认证结果提交时最新和次新的两个 NAPRD03 版本有效。

PTCRB 规定得非常严格，终端制造商在提交认证申请时，要定义清楚终端产品是什么样的形态、是原型还是改型（如果是改型的话哪些原型结果可以继承）、软硬件是否有升级等，实验室和制造商都必须遵从。

备注　目前 NB-IoT 单模终端产品进行 PTCRB 认证时，辐射杂散 RSE 是必须测试的，而 OTA 性能测试是非强制的；但是可以预见随着标准的完善和产品类型的相对固定，OTA 也将成为 NB-IoT 产品 PTCRB 认证的必选项。若终端产品支持多种制式，也需要按照其永久参考文档 NAPRD03 和 PPMD 补充执行相应测试。

11.4　运营商终端产品入库

运营商拥有强大的品牌和销售渠道，企业若想利用运营商的平台进行销售，就需要按照运营商的流程办理进入运营商销售平台产品目录库的过程。该过程又称运营商入库。

运营商对入库的企业要求门槛不一。在中国，只要企业的产品有正常的产品认证手续（进网许可证、型号核准、3C 证书），并且能够通过运营商的官方测试，就可以进入运营商销售平台的产品目录库。

1. 中国电信终端产品入库流程

中国电信终端产品库，由中国电信移动终端运营中心（以下简称“终端中心”）负责运营与管理，是中国电信集团、各省分公司、渠道商及各类终端供应商获取终端产品资料的综合信息平台。

（1）合作厂商备案流程

凡获得国家相关部委认证（包括但不限于工信部）、获得终端生产许可的厂商均可提出申请作为合作厂商。合作厂商需持有效营业执照、商标注册证等相关资质文件办理备案登记，获得平台账号开通产品权限。

1）首先进入中国电信集团 MSS 系统注册，网址为 https://dxwmh.zbytb.com，注册审核通过后，至终端信息平台厂商备案页面，进行信息填报。

2）终端公司相关负责人对填报信息核查无误、审核通过后，厂商将获得产品管理权限。

3）审核通过后厂商将获得自注册厂商代码，可登录终端信息平台合作伙伴模块进行查看。

4）厂商备案信息更改需通过平台提交和审核。

（2）产品入库

产品入库管理由终端中心执行。入库指的是由厂商对某款产品自行发起入库申请，由终端中心进行入库检查，通过后纳入产品库统一管理。产品入库的申请、审核都在天翼终端信息平台进行。

产品入库流程包括产品报备、样机提交、注册测试、入库申请、入库检查、串码关系上报、核准入库。

1）产品报备。

入库的终端实行季度报备制。报备型号需与取得相关资质证书中的型号一致。

报备在产品库平台线上进行，报备内容包括厂商和产品基本信息、价格、上市安排、主要参数、是否申请广院测试（蜂窝类泛智能终端）以及联系人信息等。通过报备审核的产品方可进入测试和入库流程。

eSIM 的终端需在其采用的 eSIM 芯片完成入库后再提交报备。

2）样机提交。

产品报备后测试预约前，厂商即可提交产品入库样机，样机实际软件版本应与入库填报一致，并要求为实际上市版本包装完整。

3）注册测试。

蜂窝类终端产品需支持自注册功能。支持数据通信的终端需实现数据域自注册功能。

蜂窝类终端自注册测试在产品库平台进行，产品报备后，可在平台的蜂窝类终端预约测试节点进行预约，根据《蜂窝类终端自注册测试流程》进行送机和测试，测试结果在平台反馈。蜂窝类终端需先通过自注册功能的测试后方可提交产品入库申请。提交入库的软件版本需与测试通过的版本一致。

4）入库申请。

终端产品通过报备和注册测试后，厂商可在产品管理环节中补全产品信息，并提交入库审核。未通过测试的产品信息无法提交。

5）入库检查。

产品入库检查包括产品核验、产品资质检查、资料检查、样机功能检查以及包装 VI 和串码检查等。

① *产品核验* 检查提交入库的终端产品是否通过了相关规范性测试或符合某些特别入库流程的要求，可以进入入库审核阶段。

② *产品资质检查* 入库终端产品应根据《强制性产品认证管理规定》等相关要求，取得中国国家强制性产品认证证书。通信类终端（接入公用电信网的终端设备以及无线电通信设备）需获得电信设备进网许可证和无线电发射设备型号核准证。

③ *资料检查* 平台填报产品资料完整准确、与实物样机保持一致，与测试情况保持一致。

④ *样机功能检查* 包括对用户卡支持、基本功能、预装应用情况等。

⑤ *包装 VI 与串码检查* 根据中国电信终端包装 VI 要求以及《蜂窝终端串码使用规范》《中国电信非蜂窝类泛智能终端产品统一编码规范》等对包装盒、机身进行检查。蜂窝类终端机身需贴有工信部进网许可证标贴、CCC 标贴以及包括厂商信息、设备名称、设备型号、串码以及型号核准证号信息的标识贴。

6）串码关系上报。

入库终端需上报全量串码和相关对应关系，报串码应为实际发货上市机器串码。要求入库复审环节完成首批串码上报，并在入库上市后根据发货进度逐批上报。对于蜂窝类泛智能终端上报 IMEI 串码，蜂窝类终端支持 eSIM 的还应上报所使用 eSIM 芯片卡的 EID。串码和 EID 对应关系核验通过后，终端可接入中国电信 eSIM 业务。

7）核准入库。

符合要求产品核准入库，同时产生产品信息和编码信息同步至中国电信各数据系统，供采购、补贴、串码、直供等业务系统使用。

入库终端主要产品信息在电信终端信息平台进行公开展示，可查询产品证书、价格、外观、软硬件配置等信息。

备注　最新入库流程请参考中国电信官方信息渠道。

2．中国移动终端产品入库流程

中国移动通过给专门的服务窗口（13810785392@139.com，号码可直接通话）发邮件，申请签订保密协议，流程启动，对方回邮件指引厂家注册，完成后在系统内申请入库测试及入库操作。

3．中国联通终端产品入库流程

中国联通物联网开放实验室依托中国联通内部基础资源、物联网能力，面向合作伙伴提供包含模组测试认证、终端产品认证、行业解决方案测评及创新方案孵化在内的标准化服务，并通过物联网市场拉通供求双方对接渠道。

中国联通物联网开放合作平台（网址为 http://114.255.193.236/uniiot/IOT/modulelist.html）作为实验室的统一线上接口，将实验室资源、能力、服务向合作伙伴开放，并向合作伙伴提供自主申请、自主管理功能。终端厂家登录注册，填写相关信息后，提交入库测试申请，测试通过，拿到测试报告后，联通网络技术研究院会做后续入库的事宜，厂家基本不用参与。

第 12 章 智能终端功能设计

传感器是
创新之源

12.1 智能终端功能设计概述

在进行终端的功能设计时，主要是实现外围接口和传感器的功能。本书通过利用 STM32CubeMX 工具进行管理和配置，实现 GPIO 口的控制、串口控制、I^2C 接口控制等功能，从而实现各种物联网场景的终端产品设计。

为了帮助读者理解和实践，本书在小熊座 KE1 开发板的基础上，借助 LED 灯、USART 串口、按键、温湿度传感器、环境光传感器、蜂鸣器、麦克风、继电器、OLED 显示器等，可实现很多智能终端产品的开发原型实践。例如：

- 为了实现智能路灯的功能，可利用 LED 灯，通过 GPIO 口控制 LED 灯的开关，从而模拟实现智能路灯的应用场景。
- 为了实现 MCU 和 NB-IoT 通信模组之间的通信功能，需要实现串口通信的功能，可通过 Printf 函数对 LOG 信息的输出进行模拟。
- 有些智能终端需要按键触发功能，如预付费的智能燃气表，因此就需要通过 GPIO 实现按键的输入功能。
- 在设计可穿戴智能设备时，可通过 OLED 显示器实现人机交互模式的显示。
- 在设计智能烟感时，可通过 PWM 方式控制蜂鸣器，用来实现模拟烟雾检测后的声音报警功能。
- 在设计智能温湿度计时，可通过 I^2C 总线与温湿度传感器进行通信，并把温湿度数据显示在 OLED 屏幕上。
- 在设计环境噪声监测产品时，可利用 ADC 功能收集麦克风采集的数据，从而实现噪声数据的显示。
- 在设计自动控制设备时，通常需要使用小电流去控制大电流的自动开关，可使用继电器实现被控电路的通断控制。
- 在设计带屏幕显示的智能终端时，为了降低功耗，可利用 ADC 功能采集环境光传感器的数据，用来实现屏幕亮度的自动调整。

备注 读者可以利用本书对应的小熊座 KE1 开发板，利用多种传感器的组合搭配，实现智能终端的创新创意设计。

在进行本章智能终端功能设计之前，必须掌握一些基础知识和技能，包括：

- 阅读本书第 4 章。
- 阅读本书第 5 章。

- 掌握基本的 C 语言语法。
- 掌握电路图的阅读方式。
- 准备好小熊座 KE1 开发板实验套件。
- 确认已安装 STM32CubeMX 工具，并下载 STM32L4 最新固件库。
- 确认已安装 Keil MDK 中 STM32L4xx_DFP 支持。
- 确认已安装串口调试助手工具。
- 检查 ST-Link 下载线连接是否正常。

> **备注**　可通过 www.zhiyeketang.com 索取参考实现代码。

> **备注**　本节仅针对 MCU 可设计的智能终端功能进行阐述，并未涉及 NB-IoT 通信功能。与 NB-IoT 通信功能相关的实践设计见第 13 章。

12.2 LED 点灯控制功能设计

1．实现功能

在设计智能终端产品时，经常会利用 GPIO 进行通断的控制。例如，在设计智能路灯产品时，其最基本的功能是控制路灯的亮和灭。在此，可以通过 GPIO 模拟控制 LED 灯，实现类似智能路灯的远程控制功能。

> **备注**　本节通过利用小熊座 KE1 开发板作为实例参考，利用 MCU 实现 LED 灯的本地控制，也可以利用小程序进行 LED 灯的远程控制。读者也可以利用自己的 NB-IoT 智能终端进行实训操作。

2．功能设计

以小熊座 KE1 开发板为例，开发板设计了六个 LED 灯，分别是：

- 一个电源指示灯，D4U/蓝色。
- 一个 MCU 工作指示灯，D5U/绿色。
- 一个通信模组工作指示灯，D1B/绿色。
- 两个充电状态指示灯，D1P/红色，D2P/绿色。
- 一个三色 LED 灯，D6U/红绿蓝。

在 STM32CubeMX 中配置管脚为输出模式，当该管脚输出高电平时 LED 灯会被点亮，输出低电平时 LED 灯就会熄灭。通过 1s 延时函数循环切换 LED 灯管脚状态，从而达到使 LED 灯不停闪烁的目的。

> **备注**　在本节案例中，使用 MCU 工作指示灯 D5U 和三色 LED 灯 D6U。其中，MCU 的 PB4 管脚控制 D5U 绿色 LED 灯；MCU 的 PB5、PB6、PB7 管脚控制 D6U 三色 LED 灯。

3．操作过程

打开 STM32CubeMX 软件，创建一个新的 MDK 工程，因本例使用小熊座 KE1 开发板，采用的 MCU 型号为 STM32L433CxT6，封装类型为 LQFP48，因此需要在软件中选择对应的 MCU 芯片型号。

选择好 MCU 芯片后，进入 MCU 管脚和接口配置界面【Pinout & Configuration】，用于配置芯片所有资源的参数，例如 ADC、DMA、I^{2}C、USART、Timer、GPIO

备注　具体请参考 5.2 节。

等，如图 12-1 所示。

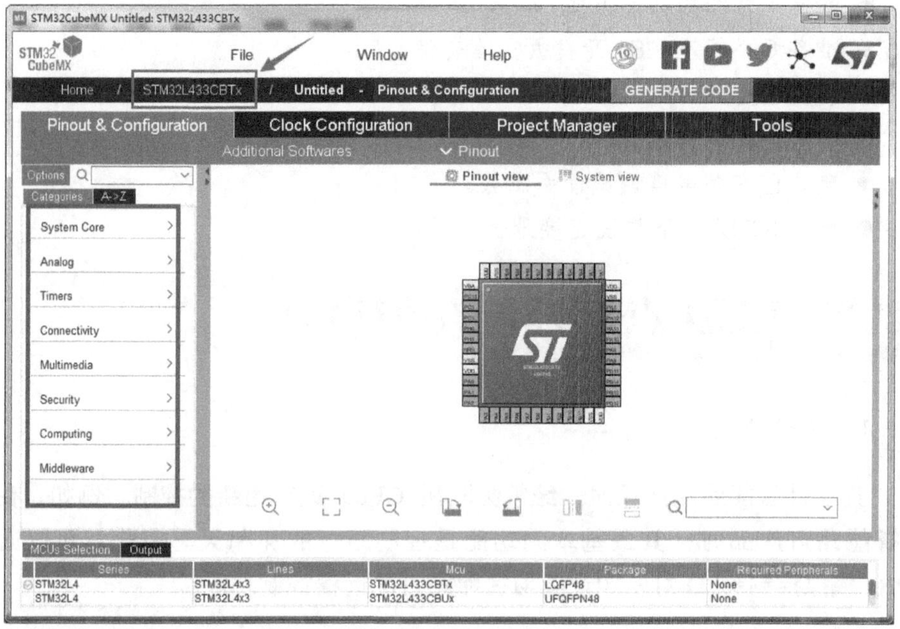

图 12-1
MCU 管脚和接口配置界面

在本节案例中，MCU 的 PB4 管脚控制 D5U 绿色 LED 灯；MCU 的 PB5、PB6、PB7 管脚控制 D6U 三色 LED 灯。需设置 PB4、PB5、PB6、PB7 管脚为输出模式。在 MCU 图形中选择对应的管脚编号，管脚属性菜单自动展开，双击属性菜单中的 GPIO_Output 属性就可以完成对应管脚输出模式的设置，如图 12-2 所示。

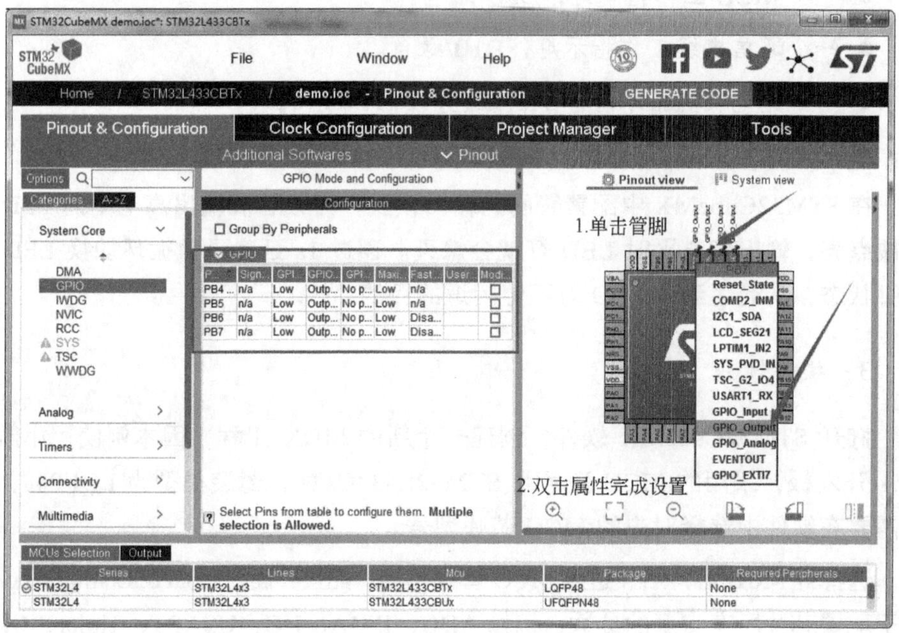

图 12-2
配置芯片管脚输出模式

在【System Core】中设置 RCC 外部高速时钟（HSE）源类型为石英晶振（小熊座 KE1 开发板使用 8MHz 石英晶振），如图 12-3 所示。

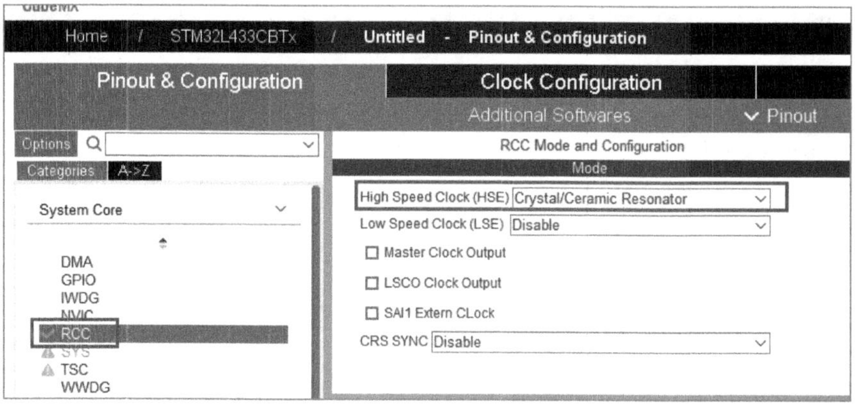

图 12-3
设置 HSE 时钟源类型

进入【Clock Configuration】配置界面，选择 HSE 作为系统时钟，如图 12-4 所示。

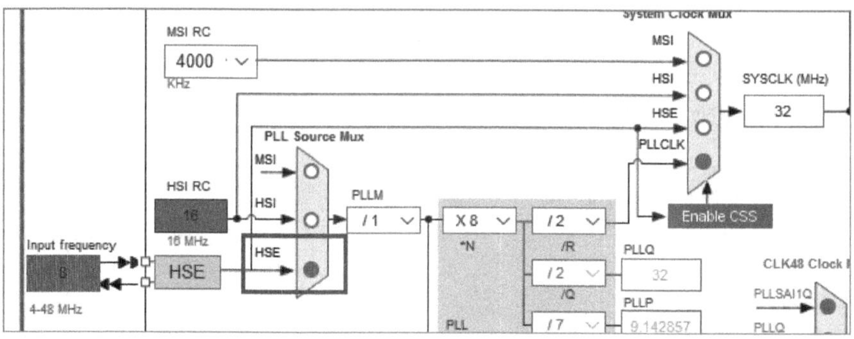

图 12-4
设置系统时钟为 HSE

设置完所需管脚功能后，进入【Project Manager】界面进行工程管理配置，如图 12-5 所示。其中包括工程名称和路径设置，需要注意的是在设置工程 IDE 类型时，因为本节使用的开发环境是 MDK 版本为 V5，所以本例设置的工程 IDE 参数为 MDK-ARM V5。

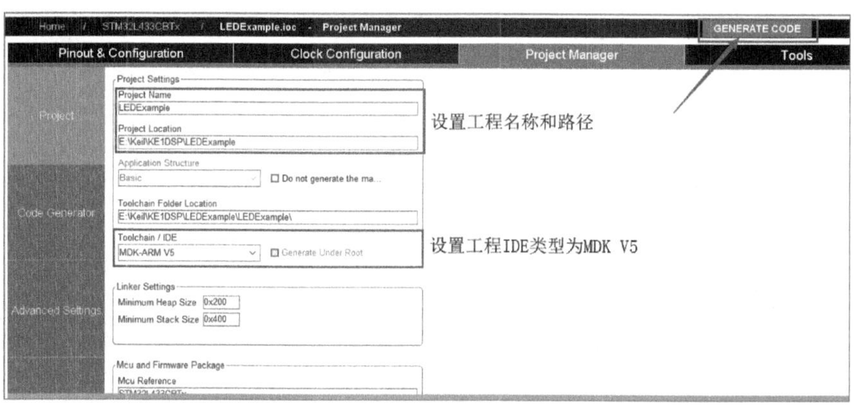

图 12-5
工程管理配置

在各种参数配置完成之后，单击右上角的【GENERATE CODE】按钮，即可生成 MDK 工程代码，如图 12-6 所示。

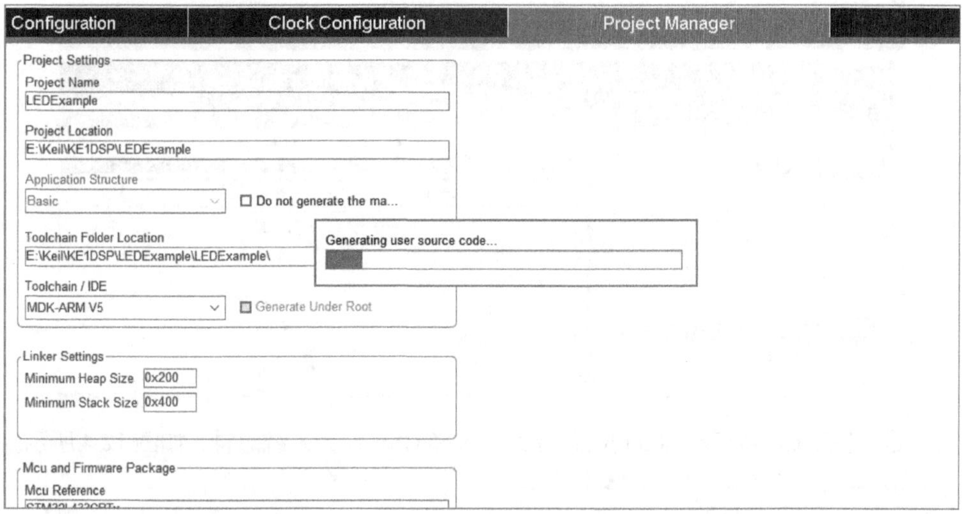

图 12-6
工程代码生成

> **备注** 实际操作中，在使用 STM32CubeMX 开发 STM32 系列芯片的时候，初始化代码由 STM32CubeMX 生成，不需要关心 while(1)之前的代码。如果使用 STM32CubeMX 进行配置修改，就需要对整个工程重新编译。

在 STM32CubeMX 生成完工程代码后，MDK 工程文件所在的目录是 MDK-ARM。详细的工程代码文件结构如图 12-7 所示。

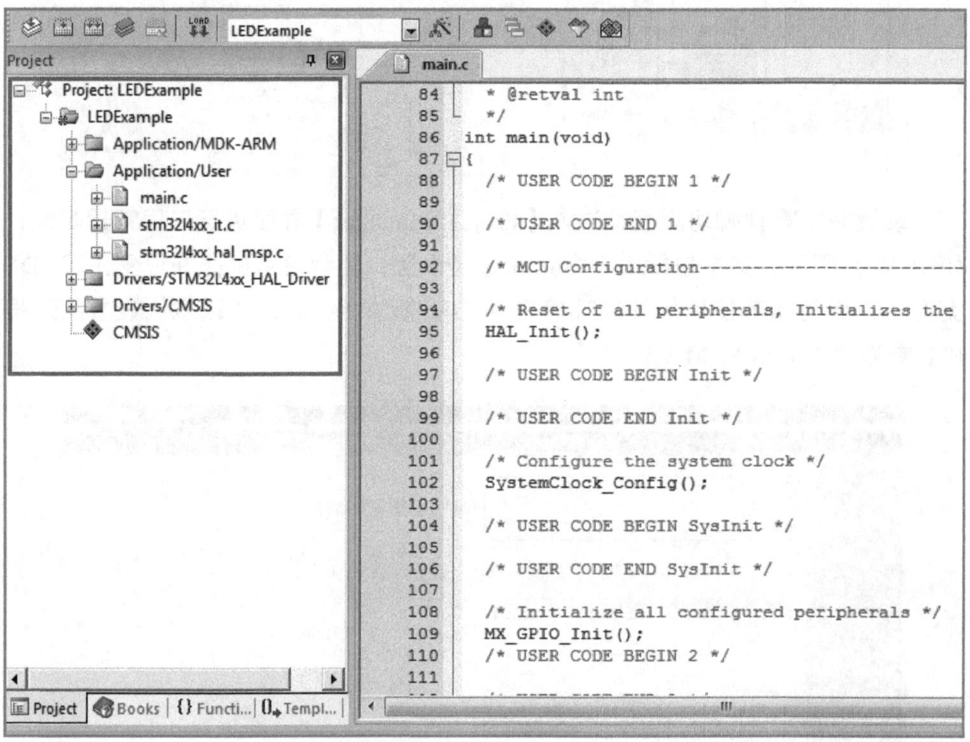

图 12-7
工程代码文件结构

STM32CubeMX 生成的工程文件已经将基本的 MDK 配置环境设置好了，接下来只需在指定位置添加逻辑代码即可。例如，本例是需要让小熊座 KE1 的 LED 灯不停地闪烁，所以需要添加的代码如图 12-8 所示。

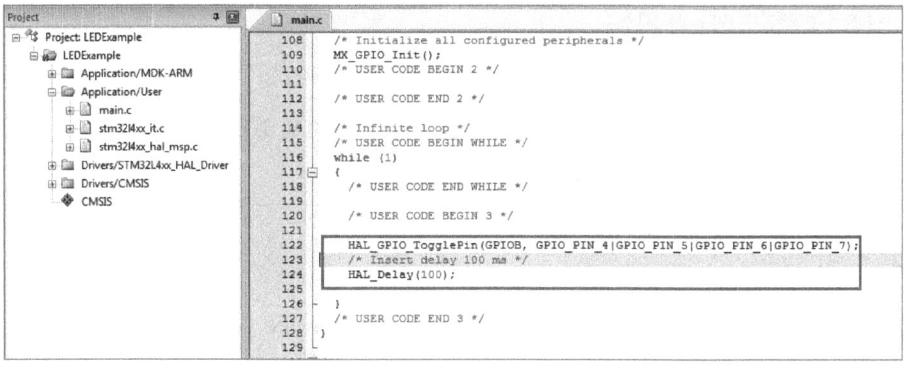

图 12-8
添加示例代码

4. 代码编写

（1）GPIO 接口函数

打开工程，查看 main.c 函数，该工程首先重置所有外设，初始化 Flash 接口和 Systick，然后配置初始化系统时钟，再配置初始化 GPIO，之后就可以添加自主设计的代码。

本实例的作用是使 LED 灯间隔 1s 闪烁。

由于 HAL 库封装得比较好，工程师不需要与底层的寄存器打交道，只需要利用外设库提供的接口即可，若想让 LED 灯闪烁，就是让对应的 GPIO 管脚拉低和拉高，需要的接口函数在 stm32l4xx_hal_gpio.h 中。

> 备注　在 STM32CubeMX 生成的文件中添加用户代码时，必须写在 /* USER CODE BEGIN n*/和 /* USER CODE END n */之间。这样如果需要改变 Cube 工程的配置，在重新生成代码时，这两句注释之间的语句不会被覆盖，而用户新建或添加的文件不会受到影响。

打开步骤如下：

进入 Drivers/STM32L4xx_HAL_Driver 目录，单击 stm32l4xx_hal_gpio.c 前面的“+”，打开 stm32l4xx_hal_gpio.h 文件，在最后面可以看到下面这些有关 GPIO 的接口函数。

```
/* IO operation functions *****************************************************/
GPIO_PinState     HAL_GPIO_ReadPin(GPIO_TypeDef* GPIOx, uint16_t GPIO_Pin);
void     HAL_GPIO_WritePin(GPIO_TypeDef* GPIOx, uint16_t GPIO_Pin, GPIO_PinState PinState);
void     HAL_GPIO_TogglePin(GPIO_TypeDef* GPIOx, uint16_t GPIO_Pin);
HAL_StatusTypeDef     HAL_GPIO_LockPin(GPIO_TypeDef* GPIOx, uint16_t GPIO_Pin);
void     HAL_GPIO_EXTI_IRQHandler(uint16_t GPIO_Pin);
void     HAL_GPIO_EXTI_Callback(uint16_t GPIO_Pin);
```

其中，HAL_GPIO_WritePin()是设置拉高/拉低 GPIO 管脚；HAL_GPIO_TogglePin()是将 GPIO 管脚状态进行切换，即管脚当前状态为低时就拉高，为高就拉低。

备注 HAL_Delay()函数是 HAL 库的延时函数，单位是 1ms。插入 1000ms 即可实现 1000ms 的延时切换，从而实现控制 LED 灯闪烁的目的。

（2）控制 LED 灯闪烁

本例采用管脚状态切换函数 HAL_GPIO_TogglePin()和延时函数 HAL_Delay()。

在 main.c 文件里 while 循环函数中的 USER CODE BEGIN 3 和 USER CODE END 3 之间添加这两个函数。

```
while(1)
{
    /* USER CODE BEGIN 3 */
    HAL_GPIO_TogglePin(GPIOB, GPIO_PIN_4|GPIO_PIN_5|GPIO_PIN_6|GPIO_PIN_7);
    HAL_Delay(1000);            /* Insert delay 1000 ms */
    /* USER CODE END 3 */
}
```

代码编写完成后，需再次编译工程，无错误、警告之后，即可使用 ST-Link 工具烧录程序到小熊座 KE1 开发板中。烧录成功后，MCU 会自动重启并运行程序，此时就能看到 LED 灯间隔闪烁的效果。

12.3　串口通信功能设计

备注 本节利用小熊座 KE1 开发板作为实例参考，实现 LOG 信息输出和串口数据收发功能。读者也可以利用自己的 NB-IoT 智能终端进行实训操作。

1. 实现功能

在设计智能终端产品时，经常会用到串口通信。例如，MCU 和 NB-IoT 通信模组之间采用串口进行通信； MCU 的调试接口可以是串口通信；NB-IoT 通信模组的调试接口可以是串口通信；LOG 信息输出可以是串口通信。

工程师需要熟悉 LOG 信息的输出和串口收发数据的功能。LOG 信息输出就是执行串口 Printf 打印功能。在串口收发数据功能设计中，发送数据采用串口 Printf 打印，接收数据采用中断接收，都可以调用 MCU 提供的 HAL 库函数实现。

2. 功能设计

以小熊座 KE1 开发板为例，使用了多个串口通信功能，包括：

1）UART1（串口 1）属于调试串口，用于实现 MCU 和 PC 之间的数据收发。

2）UART2（串口 2）属于扩展串口，用于连接 MCU 和外围电路，扩展连接其他串口设备。

3）UART3（串口 3）属于板上的电路，用于实现 MCU 和 NB-IoT 通信模组之间的数据通信。

4）NB_DBG 属于通信模组的调试串口，用于输出 LOG 信息。

备注　本节利用代码设计，通过串口 1 的案例实现串口打印功能，通过串口 3 的案例实现串口透传功能。

3．操作过程

打开 STM32CubeMX 软件，创建一个新的 MDK 工程，因本例使用小熊座 KE1 开发板，采用的 MCU 型号为 STM32L433CxT6，封装类型为 LQFP48，因此需要在软件中选择对应的 MCU 芯片型号。

选择好 MCU 芯片后，进入 MCU 管脚和接口配置界面【Pinout & Configuration】，勾选 USART1 并进行配置，如图 12-9 所示。

备注　具体请参考 5.2 节。

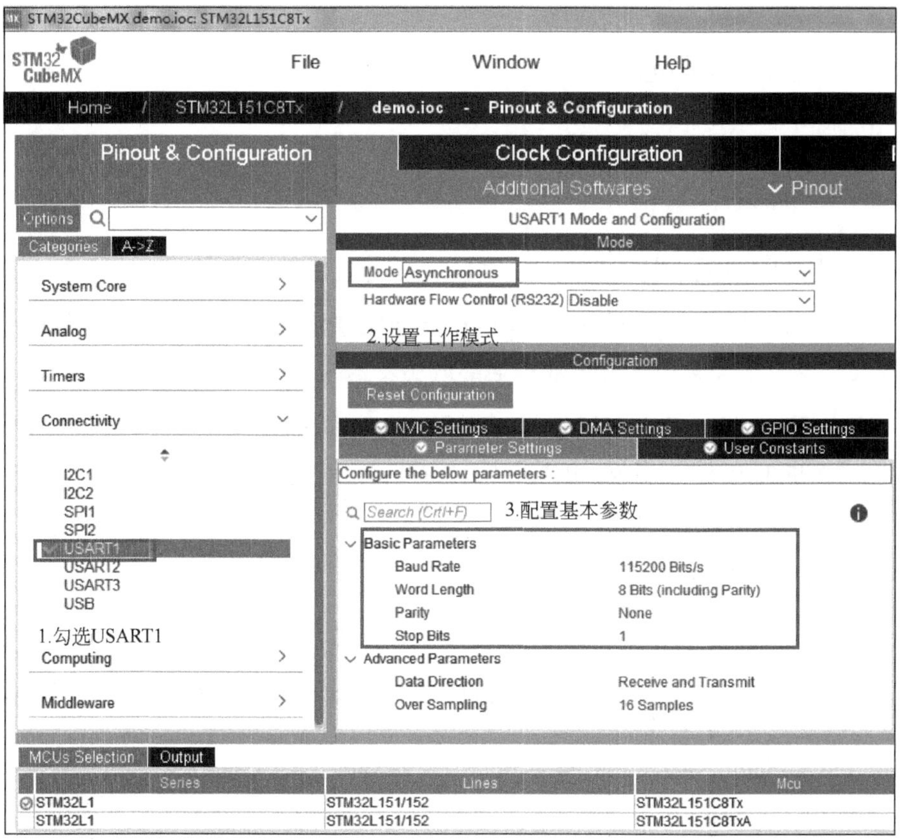

图 12-9
配置串口工作模式

在 USART1 的工作模式配置中，选择 Asynchronous 模式。

在【Basic Parameters】中设置参数，波特率设置为 115200b/s，数据位长选择 8 位数据位，奇偶校验位设置为无校验，1 位停止位。

在【Advanced Parameters】中设置串口工作的高级模式，默认值即可。

在各种参数配置完成之后，单击右上角的【GENERATE CODE】按钮，即可生成 MDK 工程代码。即在原有代码的基础上增加了函数 MX_USART1_UART_Init();，该函数的作用是执行串口 1 的初始化工作。

4. 代码编写

（1）串口 Printf 打印功能

LOG 信息输出就是执行串口 Printf 打印功能。

打开 usart.c 函数，在/* USER CODE BEGIN 0 */ 和 /* USER CODE END 0 */ 之间编写 Printf 函数 fputc()，在函数中调用了串口数据发送 HAL 库函数 HAL_UART_Transmit()，代码如下：

```
/* USER CODE BEGIN 0 */
int fputc(int ch,FILE *f)
{
    HAL_UART_Transmit(&huart1, (uint8_t *)&ch, 1, 0xFF);
    return ch;
}
/* USER CODE END 0 */
```

HAL 库函数 HAL_UART_Transmit()是以阻塞模式发送指定长度的数据（阻塞模式可以简单理解为只有把数据全部成功发送或者返回错误）。例如，

HAL_StatusTypeDef HAL_UART_Transmit(UART_HandleTypeDef *huart, uint8_t *pData, uint16_t Size, uint32_t Timeout);

函数参数描述如表 12-1 所示。

表 12-1 函数参数描述

函数参数	描述
UART_HandleTypeDef *huart	指向 UART_HandleTypeDef 结构的指针，该结构包含指定 UART 模组的配置信息
uint8_t *pData	发送的数据
uint16_t Size	传输的字节数
uint32_t Timeout	传输时限，HAL 函数全部都是采用实时机制，如果在设定的时间内没有完成传输就会返回 error

打开 main.c 函数，在/* USER CODE BEGIN 3 */ 和 /* USER CODE END 3 */ 之间编写需要打印的数据，代码如下：

```
/* USER CODE BEGIN 3 */
     Printf("Welcome to NB-IoT-LAB!\r\n");
     HAL_Delay(500);
/* USER CODE END 3 */
```

代码编写完成后，需再次编译工程，无错误和警告之后，即可使用 ST-Link 工具烧录程序到小熊座 KE1 开发板中。烧录成功后，MCU 会自动重启并运行程序，此时就能在串口调试助手看到打印的信息。

小熊座 KE1 开发板使用 USB-TypeC 连接到计算机后会虚拟一个串口并连接到 USART1，此时只需打开计算机端的串口调试助手，连接开发板的串口就可以利用 USART1 收发数据。设置串口调试工具中的串口参数与代码中的 USART1 一致，打开串口就可以看到接收窗口不断地收到从 USART1 发送来的字符串“Welcome to NB-IoT-LAB！”，如图 12-10 所示。

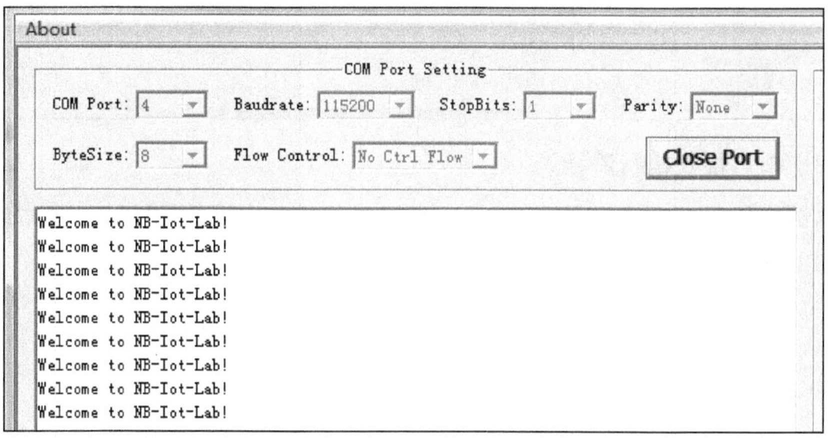

图 12-10
串口数据输出

（2）串口收发数据功能

在串口收发数据功能设计中，发送数据采用串口 Printf 打印，接收数据采用中断接收，都可以调用 MCU 提供的 HAL 库函数进行实现。

在实现串口透传功能时，选择好 MCU 芯片后，进入 MCU 管脚和接口配置界面【Pinout & Configuration】，勾选 USART1 和 USART3 并进行配置，USART1 和 USART3 的波特率都为 9600b/s。由于需要使用串口中断，在【NVIC】界面设置 USART1 中断抢占优先级为 3，USART3 中断抢占优先级为 1（数值越小所代表的优先级就越高），如图 12-11 所示。

本节通过串口调试助手工具连接 USART1，并通过该工具发送 AT 命令。程序接收到从 USART1 发来的数据后，直接把数据转发给 NB-IoT 通信模组连接的 USART3。程序同时会把 NB-IoT 通信模组返回的数据信息直接返回给串口调试助手工具，从而实现 USART1 和 USART3 的串口透传功能，这样就可以通过串口工具直观地操作 NB-IoT 通信模组。

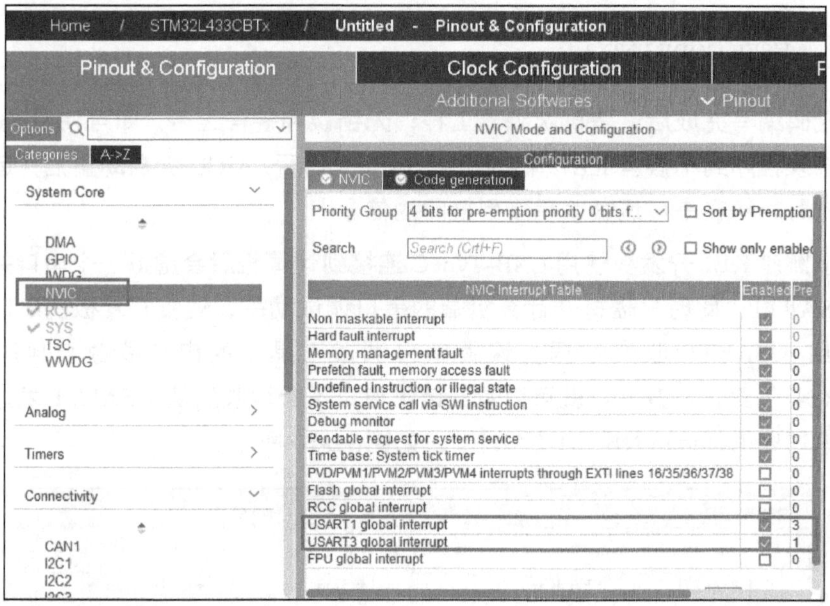

图 12-11
设置 USART3

(3)串口接收执行流程

本例将使用 USART1 和 USART3 串口中断模式进行数据接收，基本流程如图 12-12 所示。

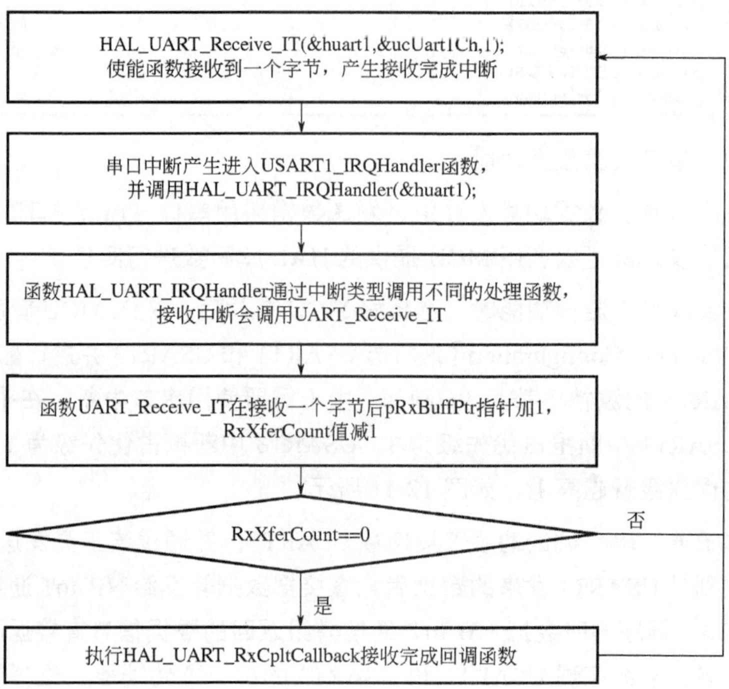

图 12-12
串口接收执行流程

根据串口接收的中断流程图，中断使能函数 HAL_UART_Receive_IT()能够设置接收多少字节的数据才进入一次接收数据完成中断。在串口接收数据时，串口在接收中断的最后都会执行接收数据完成的回调函数 HAL_UART_RxCpltCallback()。例如，

HAL_UART_Receive_IT(UART_HandleTypeDef *huart, uint8_t*pData, uint16_t Size);

串口代码接收有两种方式：

1）一次性接收 N 字节数据，若收发固定长度的数据，宜采用该方式。

2）一次性接收 1 字节数据，剩下的由自己编写状态机确定要接收多少。

当设置 Size=N 时，即如果接收的数据少于 N 个就是一直在中断管理函数中执行处理，而不会进入 HAL_UART_RxCpltCallback()函数。只有完整接收到大于等于 N 字节的时候才会进入 HAL_UART_RxCpltCallback()函数。中断接收过程是把接收函数的 N 写入服务变量中，然后每次接收到 1 字节，这个变量就减 1，最后减少到 0 的时候进入 HAL_UART_ RxCpltCallback()函数。在 HAL_UART_RxCpltCallback()函数里把数据取出来，再执行其他的操作。

当设置 Size=1 时，即设置每次只接收 1 字节的数据，只要接收 1 字节数据就会进入中断服务函数，最后进入 HAL_UART_RxCpltCallback()函数，在 HAL_UART_RxCpltCallback()函数里可进行快速的数据接收。

（4）串口数据收发代码编写实现

首先需要定义所需的基本变量，代码如下：

```
#define   UART_BUFF_SZ   256
uint8_t  aucUsart1_Rev_Buf[UART_BUFF_SZ] = {0},  ucUart1Ch = 0,  ucUart3Ch = 0;
volatile   uint8_t   ucUsart1_In = 0,   ucUsart1_Out = 0;
uint8_t   aucUsart3_Rev_Buf[UART_BUFF_SZ] = {0};
volatile   uint8_t   ucUsart3_In = 0,   ucUsart3_Out = 0;
```

因为 USART1 和 USART3 需要接收的数据长度不是固定的，所以这里采用第二种方法，即设置 Size=1 实现上述功能。使用函数如下：

- HAL_UART_Receive_IT(&huart1, &ucUart1Ch, 1);
- HAL_UART_Receive_IT(&huart3, &ucUart3Ch, 1);

按照前面所介绍的，当设置 Size=1 时，函数 HAL_UART_RxCpltCallback()会在每收到 1 字节时被调用。所以需要定义一个数组在函数 HAL_UART_RxCpltCallback()中保存收到的数据。

参考代码如下：

```
void HAL_UART_RxCpltCallback(UART_HandleTypeDef *UartHandle)
{
    /* Set transmission flag: transfer complete */
    if(USART3 == UartHandle->Instance)
    {
        aucUsart3_Rev_Buf[ucUsart3_In++] = ucUart3Ch;
        HAL_UART_Receive_IT(&huart3, &ucUart3Ch, 1);
    }
    if(USART1 == UartHandle->Instance)
    {
        aucUsart1_Rev_Buf[ucUsart1_In++] = ucUart1Ch;
        HAL_UART_Receive_IT(&huart1, &ucUart1Ch, 1);
    }
}
```

在接收到数据后，主函数代码逻辑就是把 USART1 接收到的数据发送给 USART3，从 USART3 接收到的数据发送给 USART1，从而实现串口透传的目的。实现代码如下：

```
while (1)
{
    /* USER CODE BEGIN 3 */
    if(ucUsart1_Out != ucUsart1_In)
    {
        ch = aucUsart1_Rev_Buf[ucUsart1_Out++];
        HAL_UART_Transmit(&huart3, &ch, 1, 0xFF);
    }
    if(ucUsart3_Out != ucUsart3_In)
    {
        ch = aucUsart3_Rev_Buf[ucUsart3_Out++];
        HAL_UART_Transmit(&huart1, &ch, 1, 0xFF);
    }
    /* USER CODE END 3 */
}
```

代码编写完成后，需再次编译工程，无错误和警告之后，即可使用 ST-Link 工具烧录程序到小熊座 KE1 开发板中。烧录成功后，MCU 会自动重启并运行程序，此时就能在串口调试助手看到打印的信息，如图 12-13 所示。

图 12-13

串口数据输出

12.4　温湿度数据采集功能设计

> 备注　本节利用小熊座 KE1 开发板作为实例参考，利用 MCU 读取温湿度传感器的数据，实现本地 OLED 屏幕显示，也可以利用小程序进行温湿度数据的显示。读者还可以利用自己的 NB-IoT 智能终端进行实训操作。

1．实现功能

在数据上报型智能终端产品设计时，需要把传感器采集到的数据进行转换，形成人类可以理解的数据格式，并进行本地数据显示或远程数据显示。例如，在设计智能温湿度传感器的产品时，MCU 通过 I^{2}C 总线读取温湿度传感器的数据，最终把温湿度数据显示在智能终端和远程控制平台。

2．功能设计

以小熊座 KE1 开发板为例，使用的温湿度传感器为 SHT3x，利用 STM32L433CxT6 自带的 I^{2}C 总线直接对 SHT3x 进行温湿度数据的读取，GPIO 管脚为 PB13 和 PB14，并通过串口 1 将获取到的数据发送到串口调试助手。

3．操作过程

打开 STM32CubeMX 软件，创建一个新的工程，因本例使用小熊座 KE1 开发板，采用的 MCU 型号为 STM32L433CxT6，封装类型为 LQFP48，因此需要在软件中选择对应的 MCU 芯片型号。

> 备注　具体请参考 5.2 节。

选择好 MCU 芯片后，进入 MCU 管脚和接口配置界面【Pinout & Configuration】，配置 PB13 和 PB14 管脚为 I²C 功能模式，如图 12-14 所示。

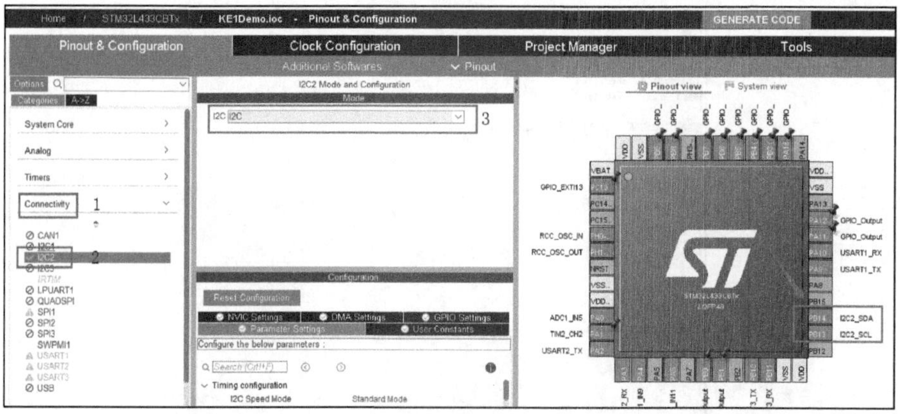

图 12-14 配置 I²C 管脚接口模式

在 STM32CubeMX【Connectivity】下拉框中选择 I2C2，配置模式【Mode】下拉选择为 I²C，并在【NVIC Settings】中使能其中断，如图 12-15 所示，其他的参数采用默认值即可。

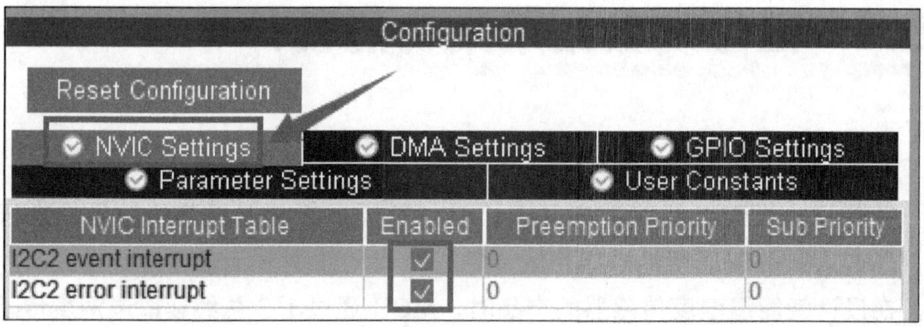

图 12-15 I²C 使能中断界面

在各种参数配置完成之后，单击右上角的【GENERATE CODE】按钮，即可生成 MDK 工程代码。

4. 代码编写

打开 MDK 工程代码，即可以添加读取温湿度传感器的数据和数据转换的代码。

备注 可在 SHT3x 手册中查询其所支持的其他命令。

定义 SHT3x 传感器 I²C 总线地址和温湿度读取命令，代码如下：

```
#define SHT30_ADDR_WR        0x88              //写地址 0x44<<1
#define SHT30_ADDR_RD        0x89              //读地址  0x44<<1 | 0x01
#define CMD_MEAS_POLLING_M = 0x240B，  //获取温湿度的命令为轮询
```

定义基本临时变量，代码如下：

```
uint16_t   usVal = 0;
uint8_t       DataBuf[6] = {0};         // data buffer
float         fTemperature = 0.00;      // temperature
float         fHumidity = 0.00;         // relative humidity [%RH]
```

I^2C 读 SHT3x 温湿度方法，代码如下：

```
HAL_I2C_Mem_Read ( &hi2c2,   SHT30_ADDR_RD,   CMD_MEAS_POLLING_M,
                              I2C_MEMADD_SIZE_16BIT,   DataBuf,   6,   0xFFFF );
```

SHT3x 温湿度数据转换，代码如下：

```
usVal = (DataBuf[0] << 8) | DataBuf[1];
fTemperature = 175.0f * (ft)usVal / 65535.0f - 45.0f;
usVal = (DataBuf[3] << 8) | DataBuf[4];
fHumidity = 100.0f * (ft)usVal / 65535.0f;
printf("TEMP:%.2f, RH:%.2f\n", fTemperature, fHumidity);
```

代码编写完成后，需再次编译工程，无错误和警告之后，即可使用 ST-Link 工具烧录程序到小熊座 KE1 开发板中。烧录成功后，MCU 会自动重启并运行程序，此时就能在串口调试助手看到接收到的信息，如图 12-16 所示。

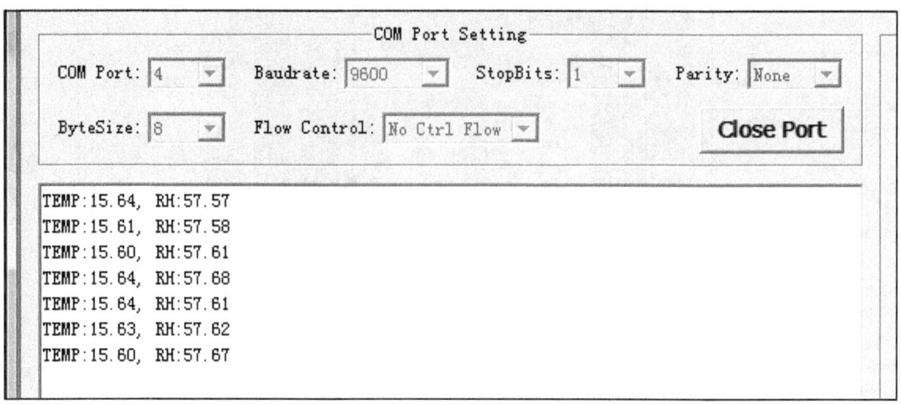

图 12-16
温湿度数据输出

12.5　环境光传感器功能设计

1. 实现功能

在控制型智能终端产品设计时，需要把传感器采集到的数据进行转换，形

> **备注** 本节利用小熊座 KE1 开发板作为实例参考，利用 MCU 读取环境光传感器的数据，实现本地 OLED 屏幕显示，也可以利用小程序进行环境光数据的显示。读者还可以利用自己的 NB-IoT 智能终端进行实训操作。

成设备自动控制的条件，从而实现本地控制或远程控制。例如，在设计人机交互的产品时，需要根据周围环境的光照强度改变屏幕的亮度，MCU 通过 ADC 采样环境光传感器的数据，根据预设的阈值条件进行终端屏幕亮度的调节。

2. 功能设计

以小熊座 KE1 开发板为例，使用的环境光传感器为 TEMT6000X01，利用 STM32L433CxT6 的 GPIO 管脚 PA4 对 TEMT6000X01 的输出信号进行 ADC 采样转换，并通过串口 1 将获取到的数据发送到串口调试助手。

3. 操作过程

打开 STM32CubeMX 软件，创建一个新的工程，因本例使用小熊座 KE1 开发板，采用的 MCU 型号为 STM32L433CxT6，封装类型为 LQFP48，因此需要在软件中选择对应的 MCU 芯片型号。

> **备注** 具体请参考 5.2 节。

选择好 MCU 芯片后，进入 MCU 管脚和接口配置界面【Pinout & Configuration】，配置 PA4 管脚为 ADC 功能模式，如图 12-17 所示。

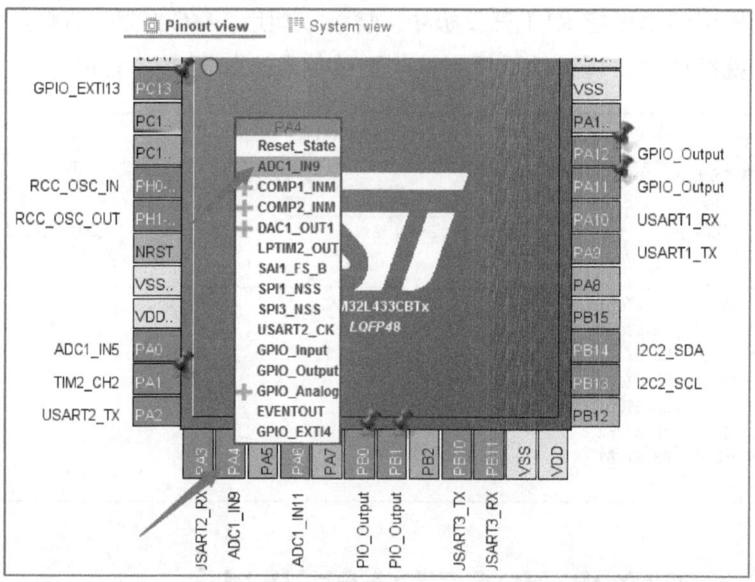

图 12-17 配置环境光传感器接口功能模式

配置成 ADC 功能后，更多的配置需进入【Analog】界面，选择【ADC1】，并在【Parameter Settings】界面进行配置。ADC 配置界面如图 12-18 所示，本例使用默认值即可。

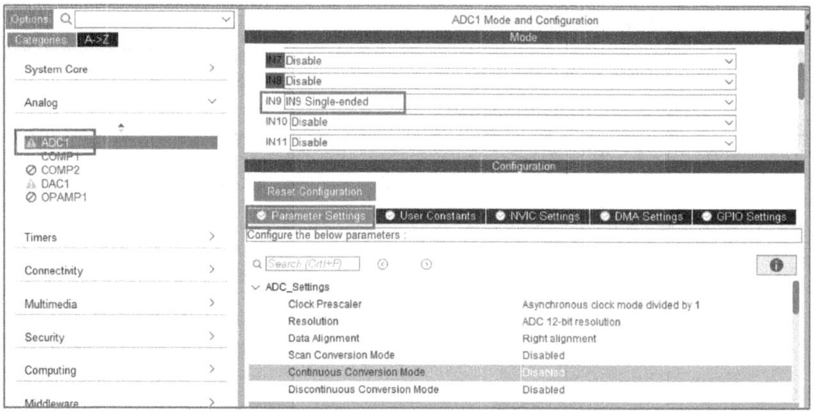

图 12-18
ADC 配置界面

因本例使用 DMA 方式对 ADC 的数据进行高速读取，所以需添加 ADC 的 DMA 数据传输方式，单击进入【DMA Settings】界面，进行【Add】操作配置，如图 12-19 所示。

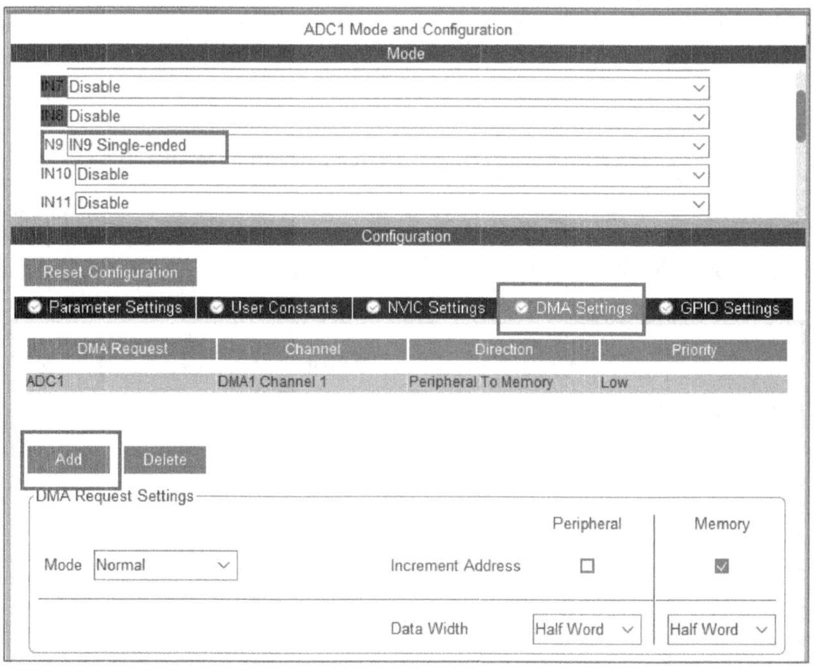

图 12-19
添加 ADC 的 DMA 数据传输方式

在各种参数配置完成之后，单击右上角的【GENERATE CODE】按钮，即可生成 MDK 工程代码。

4．代码编写

打开 MDK 工程代码，即可针对环境光传感器的输出数据进行 ADC 采样和转换。

定义基本临时变量，代码如下：

```
#define   ADC_CONVERTED_DATA_BUFFER_SIZE      1
static  uint16_t  aADCxConvertedData[ADC_CONVERTED_DATA_BUFFER_ SIZE];
```

通过 DMA 方式获取 ADC 采样的数据，这部分代码编写在 while 循环中可以重复读取 ADC 采样值。

```
if ( HAL_ADC_Start_DMA ( &hadc1,  (uint32_t *)aADCxConvertedData,
   ADC_CONVERTED_DATA_BUFFER_SIZE )  !=  HAL_OK )
{
    Error_Handler();
}
    printf("PA4_ADC:%d\n", aADCxConvertedData[0]);
    HAL_ADC_Stop_DMA(&hadc1);
```

读取的 ADC 采样值转换成照度值的参考算法，代码如下：

```
float fVolts = (((3.3f*aADCxConvertedData[0])/4096.0f)*2);
float fAmps = fVolts / 10000.0f;
float fMicroamps = fAmps * 1000000;
float fLux = fMicroamps * 2.0f;
printf("PA4_ADC:%d - %.2fLux\n", aADCxConvertedData[0], fLux);
```

在代码编写完成后，需再次编译工程，无错误和警告之后，即可以使用 ST-Link 工具烧录程序到小熊座 KE1 开发板中，烧录成功后 MCU 会自动重启并运行程序，此时就能在串口调试助手看到接收到的信息。

为了方便测试，可以使用手机闪光灯慢慢照射传感器，此时可以直观地发现传感器输出的值明显地发生着变化，如图 12-20 所示。

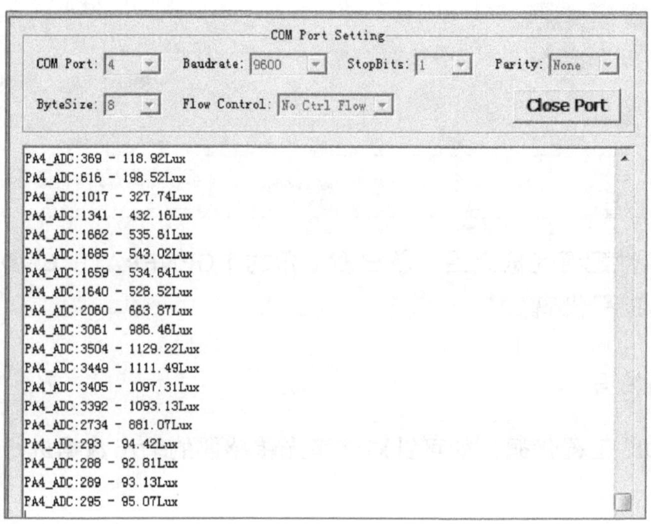

图 12-20
光线传感器输出值

12.6 蜂鸣器控制功能设计

> 备注 本节利用小熊座 KE1 开发板作为实例参考，利用 GPIO 对蜂鸣器进行触发控制，也可以利用小程序进行蜂鸣器的触发控制。读者还可以利用自己的 NB-IoT 智能终端进行实训操作。

1. 实现功能

在设计报警类智能终端产品时，需要根据设置的阈值进行声音报警，从而实现本地控制或远程控制。例如，在设计智能烟感产品时，在烟雾达到指定的浓度时，需要进行本地声光报警，MCU 在收到条件触发后，通过 PWM 方式控制蜂鸣器的共振，从而实现本地声音报警。

2. 功能设计

以小熊座 KE1 开发板为例，使用的蜂鸣器为贴片式无源蜂鸣器，采用 PWM 方式控制，共振频率为 2.7kHz。利用 STM32L433CxT6 的 GPIO 管脚 PA1 输出一个 2.7kHz 的 PWM 波形驱动无源蜂鸣器。

3. 操作过程

> 备注 具体请参考 5.2 节。

打开 STM32CubeMX 软件，创建一个新的工程，因本例使用小熊座 KE1 开发板，采用的 MCU 型号为 STM32L433CxT6，封装类型为 LQFP48，因此需要在软件中选择对应的 MCU 芯片型号。

选择好 MCU 芯片后，进入 MCU 管脚和接口配置界面【Pinout & Configuration】，配置 PA1 管脚为 TIM2_CH2 功能模式，如图 12-21 所示。

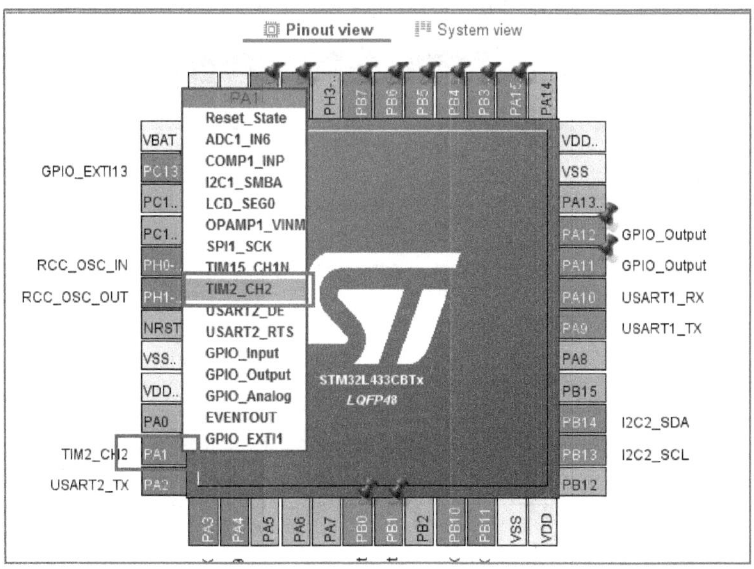

图 12-21 配置蜂鸣器管脚接口功能模式

在【Timers】界面中选择【TIM2】，下拉 Channel2，配置模式为 PWM Generation CH2，如图 12-22 所示。

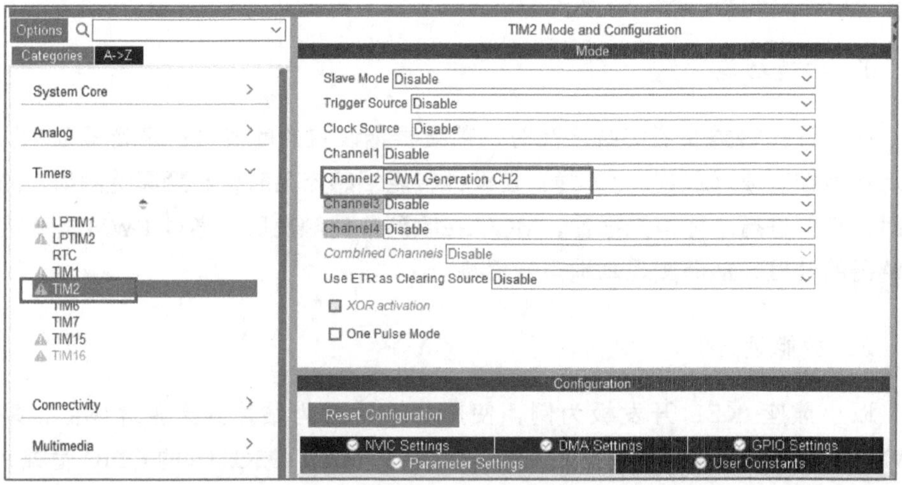

图 12-22
配置 PWM 功能

在配置完 PWM 功能后，需要设置 PWM 参数，使其能产生频率为 2.7kHz、占空比为 50%的 PWM 波形。决定 PWM 输出频率和占空比的参数主要有以下几个：

1）Prescaler：预分频系数，用于设置频率范围。

2）Counter Period：自动重装载值，用于设置频率值。

3）Pulse：脉宽值，用于设置占空比。

备注　时钟总线频率是配置 PWM 的一个关键参数。

配置管脚 PA1 为 TIM2_CH2，说明 PA1 使用 TIM2 定时器产生 PWM，通过 STM32L433 芯片手册可得知 TIM2 挂接的时钟总线是 APB1，在【Clock Configuration】时钟配置界面可得到 PWM 使用的时钟总线频率为 64MHz，如图 12-23 所示。

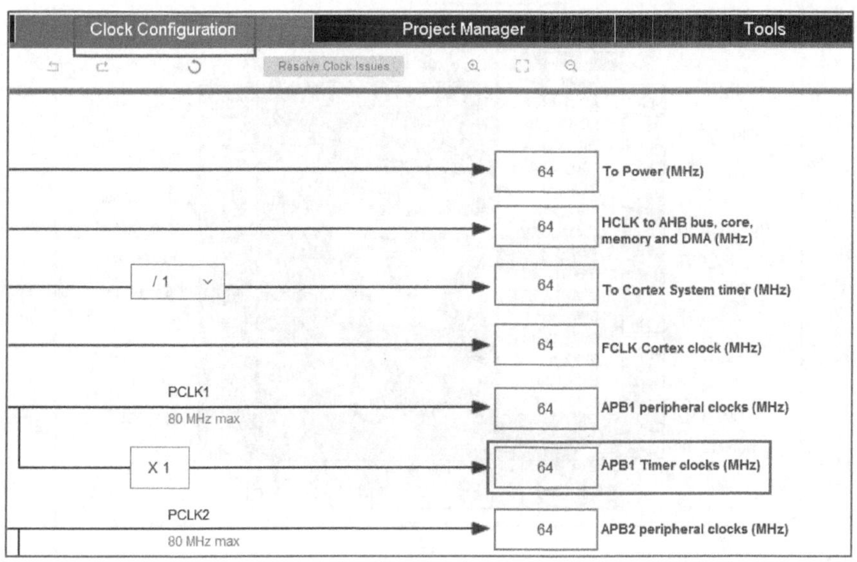

图 12-23
时钟配置界面

在获得这些参数后，即可配置 PWM 参数。打开 TIM2 的【Parameter Setttings】界面，设置频率为 2.7kHz、占空比为 50%的 PWM 参数，如图 12-24 所示。

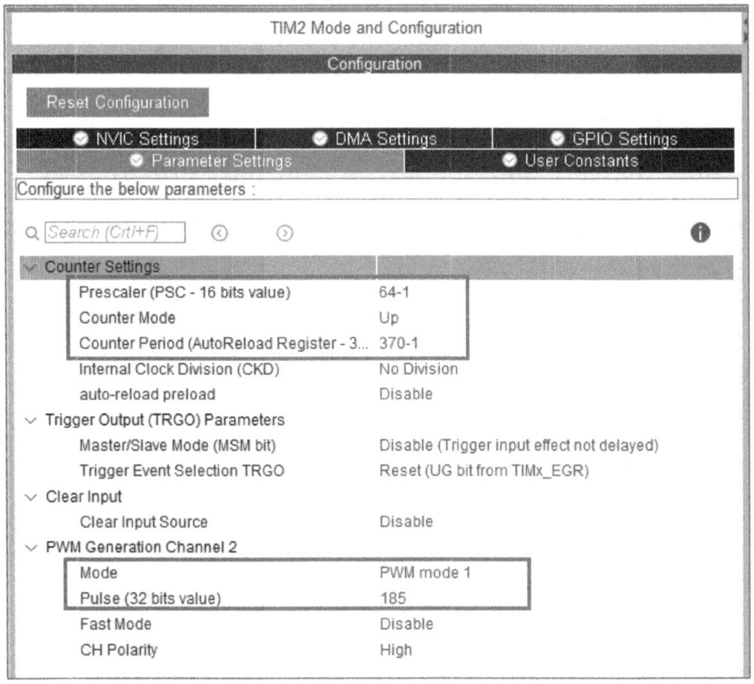

图 12-24
PWM 参数配置

PWM 参数配置如下：

1）Prescaler：设置成 64-1。定时器时钟频率设置为 64MHz/TIM_Prescaler，所以定时器一个振荡周期为 1MHz。

2）Counter Period：设置成 370-1。

3）PWM 频率计算方法：（TIM_Prescaler / 64M）/ TIM_Period，即 2700Hz ≈（64/64M）/ 370。

4）Pulse：设置成 185。

5）PWM 占空比计算方法：TIM_Pulse / TIM_Period，即 50% = 185/370。

在各种参数配置完成之后，单击右上角的【GENERATE CODE】按钮，即可生成 MDK 工程代码。

4. 代码编写

打开 MDK 工程代码文件，添加函数开启 TIM2 的 PWM 功能，使管脚 PA1 输出 2.7kHz、占空比为 50%的 PWM 波形驱动蜂鸣器发声。基本代码如下：

（1）开启 TIM2 的 PWM 函数接口

HAL_TIM_PWM_Start(&htim2, TIM_CHANNEL_2);

（2）关闭 TIM2 的 PWM 函数接口

HAL_TIM_PWM_Stop(&htim2, TIM_CHANNEL_2);

（3）恢复初始状态函数接口

HAL_GPIO_WritePin(GPIOA, GPIO_PIN_1, GPIO_PIN_RESET);

在关闭 PWM 后需要将蜂鸣器所在管脚 PA1 设置成初始状态，防止该管脚一直处于工作状态。

代码编写完成后，需再次编译工程，无错误和警告之后，即可使用 ST-Link 工具烧录程序到小熊座 KE1 开发板中。烧录成功后，MCU 会自动重启并运行程序，此时蜂鸣器就会开始发出声音。

第 13 章 物联网系统架构设计

一通百通

13.1 物联网系统架构设计概述

在设计 NB-IoT 智能终端产品时，需从物联网系统架构的整体角度考虑，才能设计出符合垂直行业应用诉求的终端产品。

为了帮助读者理解和实践，本书在小熊座 KE1 开发板的基础上，借助 NB-IoT 通信模组实现无线网络的连接，利用 MCU 实现与传感器和通信模组的数据传输和控制。

由于 NB-IoT 智能终端必须接入运营商的 NB-IoT 基站，因此需要掌握如何把 NB-IoT 智能终端接入运营商 NB-IoT 网络。

> **备注** 读者可以利用本书对应的小熊座 KE1 开发板，利用 MCU、NB-IoT 通信模组和传感器的组合搭配，实现智能终端的创新创意设计。

由于 NB-IoT 智能终端的数据要传输到物联网平台服务器，因此需要掌握利用 UDP 协议的透传功能开发。

因每家运营商都有自己的物联网平台，本书仅描述如何连接中国电信物联网平台。

由于要管理大量的 NB-IoT 智能终端，因此在物联网平台的基础上，要开发适合行业应用的管理平台界面，包括 Web 端管理、手机 App 设计或小程序设计等。

在进行智能终端功能设计之前，必须掌握一些基础知识和技能，包括：

- 阅读本书第 6 章。
- 阅读本书第 7 章。
- 阅读本书第 8 章。
- 阅读本书第 9 章。
- 准备好小熊座 KE1 开发板实验套件。

13.2 NB-IoT 智能终端接入运营商网络

1. 实现功能

通过输入 AT 命令，根据返回结果判断 NB-IoT 智能终端是否已经连接到了运营商网络。

2．工作准备

（1）硬件准备

- 小熊座 KE1 开发板。
- 一张物联网 SIM 卡，按照指示方向插入开发板 SIM 卡槽（若使用 eSIM 芯片，请忽略）。
- 安装天线到开发板指定位置。
- 一根数据线（USB 转 USB Type-C 接口），用于连接 PC 和开发板。

（2）软件准备

- 给小熊座 KE1 开发板烧录串口透传程序（固件程序名为 UART_Forward.bin）。
- 在计算机端打开串口调试助手，选择 KE1 开发板所用的串口号并设置波特率为 115200，其他参数默认即可。

备注　本节利用小熊座 KE1 开发板作为实例说明，读者也可以利用自己的 NB-IoT 智能终端来操作。

3．入网流程

打开小熊座 KE1 开发板的开关电源，置于 ON 位置，LED 指示灯 D4U 蓝色常亮，表示系统运行正常。其中，NB-IoT 通信模组默认为自动入网，可以通过操作以下 AT 命令，熟悉 NB-IoT 网络的基本运行。

指令一：复位 NB-IoT 通信模组。

AT 命令	AT+NRB
响应样例	REBOOTING

说明：NB-IoT 通信模组重启后，需等待 NB-IoT 通信模组成功附着网络后才可以执行下面的操作。

指令二：判断 SIM 卡是否初始化成功。

AT 命令	AT+CIMI?
响应样例	+CIMI: 460030916875923

说明：查询 SIM 卡的 IMSI，判断 SIM 卡是否初始化成功。若返回一串数字，说明 SIM 卡工作正常；若返回 0，可能的原因是 SIM 卡与 NB-IoT 通信模组没有连接上，检查 SIM 卡是否没插好或者卡槽是否损坏。

备注　SIM 卡不支持热拔插，需重启 NB- IoT 通信模组。

指令三：查询智能终端的信号强度。

AT 命令	AT+CSQ
响应样例	+CSQ: **, ##

说明：**应在 0～31 之间（99 表示无信号），数值越大表明信号质量越好；##为误码率，值在 0～99 之间，否则应检查天线或 SIM 卡是否正确安装。

指令四：查询是否附着 NB-IoT 网络。

AT 命令	AT+CGATT?
响应样例	+ CGATT:*

【*】取值说明如下：

0：没有附着 NB-IoT 网络。

1：已附着 NB-IoT 网络，可正常进行数据收发。

指令五：查询网络注册状态。

AT 命令	AT+CEREG?
响应样例	+CEREG:*,#

【*】取值说明如下：

0：表示禁用网络注册的主动上报结果码。

1：启用网络注册的主动上报结果码。

【#】取值说明如下：

如果#的值是 1 或者 5 则表示数据业务可以使用，2、3、4 表示数据业务不可用。

0：没有搜寻一个新的运营商进行注册。

1：已注册成功，本地网络。

2：未注册，正在搜寻一个新的运营商进行注册。

3：注册被拒绝。

4：未知。

5：已注册成功，漫游网络。

指令六：查询网络注册信息。

AT 命令	AT+NUESTATS
响应样例	Signal power:-942 Total power:-856 TX power:210 TX time:3839 RX time:82398 Cell ID:183678314 ECL:0

续表

响应样例	SNR:86 EARFCN:3738 PCI:476 RSRQ:-112 OPERATOR MODE:4

说明：请参考 7.2.3 节常用的 AT 命令。

4．常见问题及解决方法

问题一：发送指令没有回复。

解决方法：检查端口、波特率是否设置正确，发送的 AT 命令末尾是否有回车换行符。

问题二：信号强度弱。

解决方法：检查天线是否安装好。

13.3　UDP 协议通信功能开发

1．实现功能

NB-IoT 智能终端可以使用 UDP 协议发送任意数据到指定服务器，当服务器接收到消息时会立刻返回指定的字符串给智能终端，以此来判断 NB-IoT 上下行通信链路是否工作正常。

> 备注　本节利用小熊座 KE1 开发板作为实例说明，读者也可以利用自己的 NB-IoT 智能终端来操作。

2．工作准备

（1）硬件准备

- 小熊座 KE1 开发板。
- 一张物联网 SIM 卡，按照指示方向插入开发板 SIM 卡槽（若使用 eSIM 芯片，请忽略）。
- 安装天线到开发板指定位置。
- 一根数据线（USB 转 USB Type-C 接口），用于连接 PC 和开发板。

> 备注　本案例使用的 UDP 测试服务器是 47.91.238. 235:7385，开发者也可自行连接其他服务器。

（2）软件准备

- 给小熊座 KE1 开发板烧录串口透传程序（固件程序名为 UART_ Forward.bin）。

● 在计算机端打开串口调试助手，选择 KE1 开发板所用的串口号并设置波特率为 115200，其他参数默认即可。

● 确认 NB-IoT 智能终端已经接入 NB-IoT 网络。

3．操作案例

指令一：创建 UDP Socket ID。

AT 命令	AT+NSOCR=<模式>,<17>,<本地端口>,<1>
发送命令	AT+NSOCR=DGRAM,17,3000,1
响应参考	1

备注　同一个端口重复创建会报错。

说明：返回的数字即为创建的 Socket ID，并且在收发 UDP 数据时要用到这个 ID 值。本例返回的 Socket ID 为 1。

指令二：发送 UDP 数据。

AT 命令	AT+NSOST=<socket id>,<主机 ip>,<主机端口>,<数据长度>,<十六进制数据>
发送命令	AT+NSOST=1, 47.91.238.235,7385,10,31323334353637383930
响应参考	1,10

说明：发送的数据格式为 HEX（十六进制），本例 31323334353637383930 为 1234567890 的十六进制表现形式。

NB-IoT 通信模组接收到 UDP 数据时会自动返回指令：+NSONMI。

返回例子：+NSONMI:1,25。

说明：表示 Socket ID 为 1 的端口已经收到服务器发来的 25 字节长度数据。

指令三：接收 UDP 数据。

AT 命令	AT+NSORF=<socket id>,<数据长度>
发送命令	AT+NSORF=1,25
响应参考	1, 47.91.238.235,7385,29, 7777772E7A686979656B6574616E672E636F6D 31323334353637383930,0

说明：7777772E7A686979656B6574616E672E636F6D31323334353637383930 为 www.zhiyeketang.com 的十六进制表现形式。

13.4　连接电信物联网平台功能设计

备注　本节利用小熊座 KE1 开发板作为实例说明，读者也可以利用自己的 NB-IoT 智能终端来操作。

1．实现功能

若想使 NB-IoT 智能终端正常工作，需要连接到物联网平台进行设备管理、数据管理、资费管理、应用管理等。中国电信物联网平台的数据通信协议为 CoAP 协议，NB-IoT 智能终端通过 CoAP 协议和中国电信物联网平台进行交互。

2．工作准备

（1）硬件准备

- 小熊座 KE1 开发板。
- 一张物联网 SIM 卡，按照指示方向插入开发板 SIM 卡槽（若使用 eSIM 芯片，请忽略）。
- 安装天线到开发板指定位置。
- 一根数据线（USB 转 USB Type-C 接口），用于连接 PC 和开发板。

（2）软件准备

- 给小熊座 KE1 开发板烧录串口透传程序（固件程序名为 UART_Forward.bin）。
- 在计算机端打开串口调试助手，选择 KE1 开发板所用的串口号并设置波特率为 115200，其他参数默认即可。
- 根据 8.5 节获得的电信开放实验室测试账号用户名和密码。

备注　当前所有的 KE1 开发板都已经在电信物联网平台完成注册，但是还处在未绑定状态，所以开发者只需按照本例程的操作去激活绑定设备即可，无需再去注册。图 13-1 即为未绑定设备的状态。

3．操作案例

小熊座 KE1 开发板上电后，就可以使用串口工具通过 AT 命令配置 KE1 开发板上的 NB-IoT 通信模组，具体操作按照以下 AT 命令顺序执行即可。

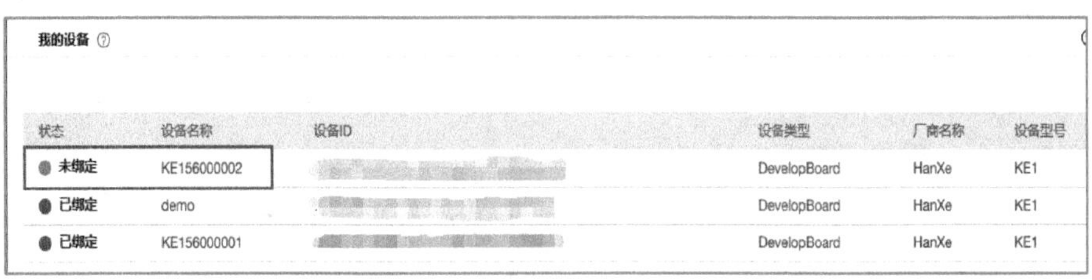

图 13-1
未绑定设备状态

指令一：查询 NB-IoT 通信模组的信号强度。

AT 命令	AT+CSQ
响应样例	+CSQ:20,99

备注 查询该命令，直到 NB-IoT 通信模组成功附着到网络才可以执行下面的操作。

指令二：检查 NB-IoT 通信模组是否成功附着到网络。

AT 命令	AT+CEREG?
响应样例	+CEREG: 0,1

指令三：查询 NB-IoT 通信模组 IMEI 号。

备注 IMEI是国际移动设备识别码，在物联网平台上需要 IMEI 号进行注册设备，且只能注册一次。

AT 命令	AT+CGSN=1
响应样例	+CGSN:867725030319580

指令四：设置电信物联网平台南向接口连接地址 180.101.147.115:5683。

AT 命令	AT+NCDP=180.101.147.115,5683
响应样例	OK

备注 入网成功，则返回 IP 地址，如果获取 IP 地址失败，则说明入网失败。

指令五：设置核心网 APN。

AT 命令	AT+CGDCONT=1,"IP","CTNB"
响应样例	OK

备注 NB-IoT 通信模组重启后，需等待 NB-IoT 通信模组成功附着网络后才可以执行下面的操作。

指令六：激活 NB-IoT 通信模组进行网络附着。

AT 命令	AT+CGATT=1
响应样例	OK

指令七：获取 NB-IoT 通信模组的 IP 地址。

备注 数字 11 代表数据长度为 11 个字节。“00160003FF30101211CD00”的数据格式为 KE1 开发板在电信物联网云平台定义的私有格式，如表 13-1 所示。

AT 命令	AT+CGPADDR
响应样例	+CGPADDR:0,10.39.232.58 +CGPADDR:1 OK

指令八：重启 NB-IoT 通信模组。

AT 命令	AT+NRB
响应样例	REBOOTING

指令九：发送数据。

AT 命令	AT+NMGS=11,00160003FF30101211CD00
响应样例	OK

表 13-1　KE1 开发板在电信物联网云平台定义的私有格式

标识	消息头	湿度	温度	噪声	光线强度	电池电压	按键状态
长度	1Byte	2Byte	2Byte	1Byte	2Byte	2Byte	1Byte
样例值（十六进制）	00（固定值）	1600	03FF	30	1012	11CD	00
实际值（十进制）	—	56.32%	10.23.C	48	4114	4557mV	0

服务器收到 KE1 开发板上报的数据后的响应数据样例如下：

+NNMI:4,AAAA0000

如果能收到上述数据，说明已经成功绑定 KE1 开发板到电信物联网云平台，并且可以上传数据。通过再次查看【我的设备】，即可以看到设备已绑定并且可以在设备历史数据中查看所上传的数据，如图 13-2 所示。

图 13-2
绑定成功状态

可以通过查看历史数据了解注册设备，如图 13-3 所示。

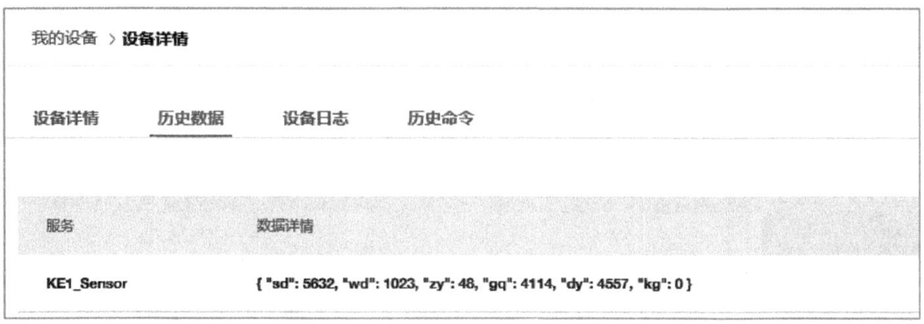

图 13-3
查看设备历史数据

13.5　中国电信物联网平台开发

1. 实现功能

任何一家物联网平台若想接入 NB-IoT 智能终端，需要进行相应的平台开

备注 本节利用小熊座 KE1 开发板作为实例说明，读者也可以利用自己的 NB-IoT 智能终端来操作。

发，添加设备信息、管理海量设备、下发配置文件、收集上传数据等。配置一台终端和配置多台终端的原理和操作是一致的。

本节使用中国电信物联网平台开发物联网行业应用，以此来阐述物联网平台应用的开发。

2. 工作准备

（1）硬件准备

- 小熊座 KE1 开发板。
- 一张物联网 SIM 卡，按照指示方向插入开发板 SIM 卡槽（若使用 eSIM 芯片，请忽略）。
- 安装天线到开发板指定位置。
- 一根数据线（USB 转 USB Type-C 接口），用于连接 PC 和开发板。

（2）软件准备

- 给小熊座KE1开发板烧录串口透传程序(固件程序名为UART_Forward.bin)。
- 在计算机端打开串口调试助手，选择 KE1 开发板所用的串口号并设置波特率为 115200，其他参数默认即可。
- 根据 8.5 节获得的电信开放实验室测试账号用户名和密码。

13.5.1 开发 Profile 和编辑插件

设备的 Profile 文件是用来描述设备类型和设备服务能力的文件，定义了同一类设备具备的服务能力、属性、命令等。

单击【Profile 开发】>【Profile 在线开发】，单击页面右上角的【自定义产品】，转至【产品模板】页面，如图 13-4 所示。

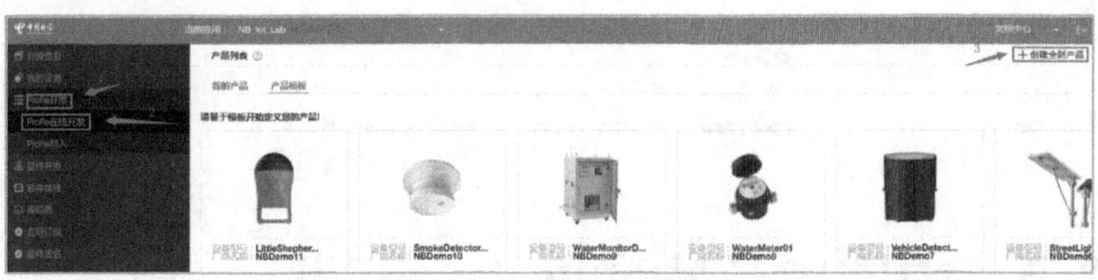

图 13-4
制作 Profile 界面

1. 添加设备信息

根据实际填写【设备类型】【设备型号】【厂商 ID】【厂商名称】等数据，单击【确定】，添加产品完成，如图 13-5 所示。

2. 添加服务

添加完设备信息之后，选择【新建服务】，添加相关服务。

（1）添加上传数据服务

此处可添加各类传感器的总数据，将服务名称填写为“KE1_Sensor”。本方案以添加温度传感器的属性为例，如图 13-6 和图 13-7 所示。

添加完新增属性之后，以同样的方式增加噪声、光感、湿度、电源和开关传感器的属性。

备注　可以使用模板定义产品，单击产品模板右上角的【立即使用】，这里的参数需要根据所选设备进行定义；也可以单击右上角的【创建全新产品】，直接定义产品。此处以创建全新产品为例。

备注　如果在之后的部署任务上出现失败部署问题，请注意厂商 ID 是否被电信物理网平台认可（不认可也不会报错，但是会影响后面的部署）。如果不被认可，厂商 ID 可填写华为（HUAWEI）或者移远（Quectel）。

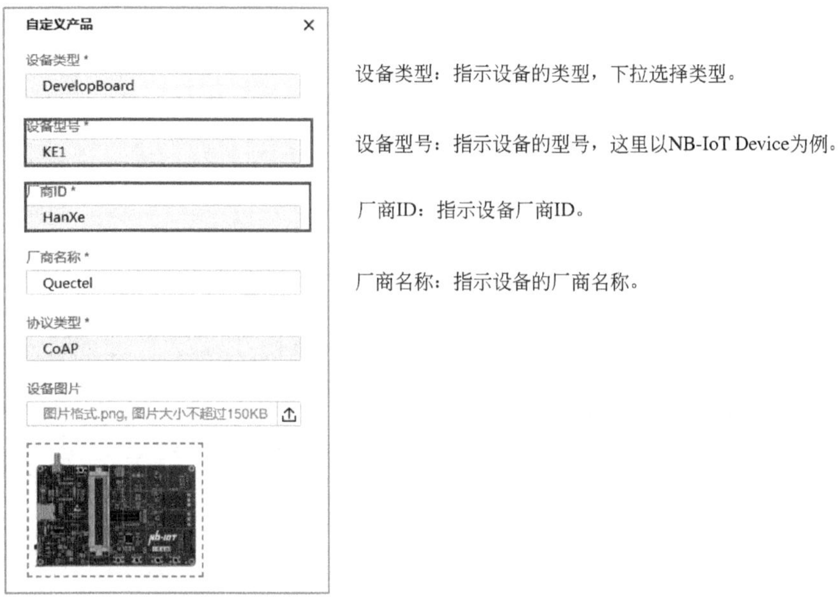

图 13-5
添加设备信息

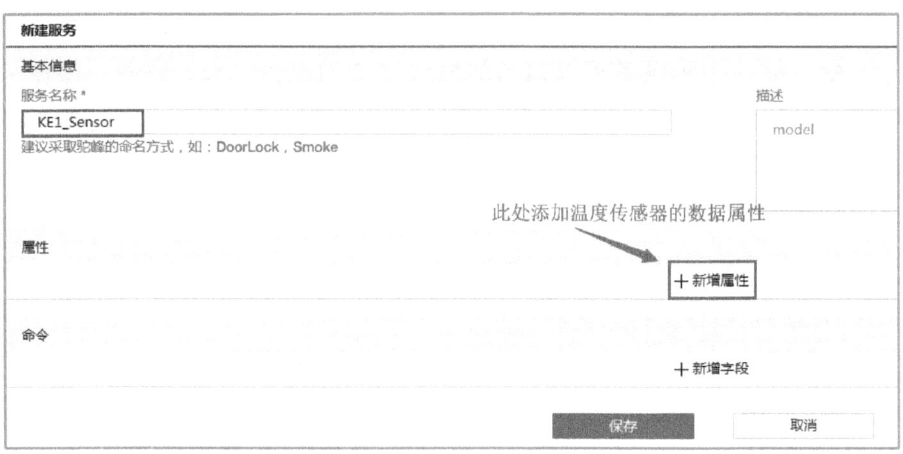

图 13-6
添加传感器数据

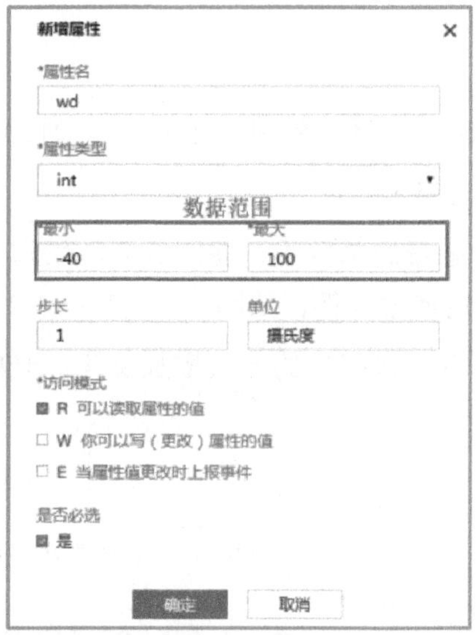

图 13-7
新增属性

备注 属性名只能使用大小写字母和数字命名。

备注	
属性名（propertyName）	属性名称，此处以 KE1_Sensor 为例
属性类型（dataType）	指示数据类型。取值范围：int、float、datetime、string、jsonObject、array。这里以 int 类型为例。上报数据时，复杂类型数据格式如下：DateTime：yyyyMMdd'T'HHmmss'Z' 如：20151212T121212Z
jsonObject	自定义 json 结构体，平台不解析，只透传。最小（min）/最大值（max）：指示最小/最大值。仅当 dataType 为 int、float 时生效，逻辑大于等于/小于等于
访问模式（method）	指示访问模式。R：可读；W：可写；E：可订阅。取值范围：R、RW、RE、RWE、NULL

（2）添加命令控制

命令名称：指示设备可以执行的命令。如门磁的 Lock 命令、摄像头的 VIDEO_RECORD 命令。这里以继电器的控制命令（JDQ_Cmd）为例，如图 13-8 所示。添加完命令控制之后，填写新增字段的内容，以开关为例，如图 13-9 所示。

（3）添加相应字段

命令名与参数共同构成一个完整的命令，在页面上单击【新增字段】。其中，各字段的说明和属性中的字段类似。

单击【新增字段】后，填写字段名、属性和枚举值（便于理解），选择【必选】，如图 13-10 所示。

图 13-8　新增命令名称填写

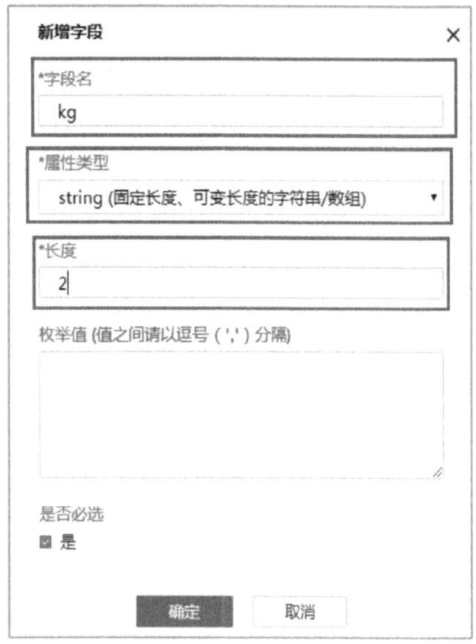

图 13-9　新增字段填写

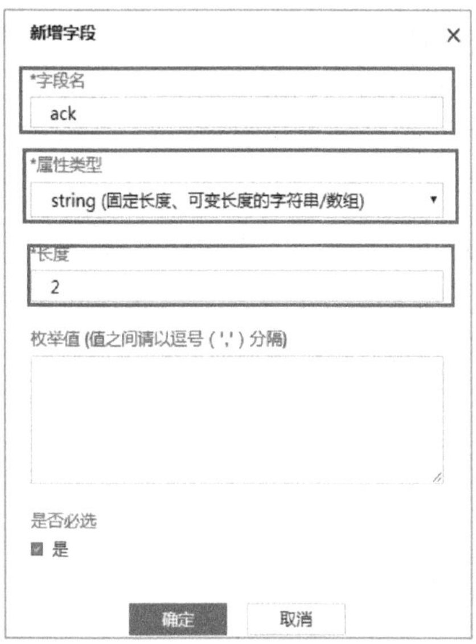

图 13-10
新增字段

上述都创建完成后，可生成相应的服务列表。

（4）编解码插件制作

开发完 Profile 文件后，可以在界面上通过图形化的方式完成设备与平台之间的消息映射。在平台中预集成了编解码插件的模板，可以根据设备类型和接入协议在插件模板中选择模板修改开发编解码插件。单击【插件开发】，单击右上角的【添加插件】，转到【插件模板】页签，单击【查看】，可以查看各个模板的内容。

若开发的业务与模板有类似的应用，可使用模板再根据实际来修改。若不需要使用模板，则可自己新建插件。

（5）新建上报数据消息

单击左上角的【插件模板】，选择右上角的【新建插件】，选择前面创建的 Profile（KE1）：

进入界面后，选择【新建消息】，如图 13-11 所示。

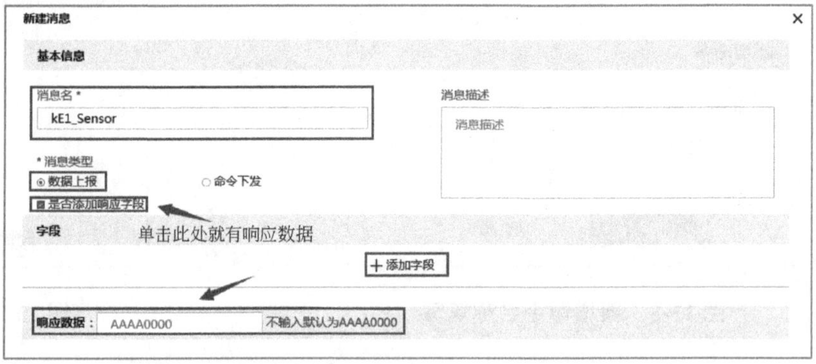

图 13-11 新建消息

说明：每个新建的消息必须有消息地址域。地址域为标识此消息的唯一 ID 字段，即唯一标识不同的消息。地址域的名称必须为 messageId，且只有地址域的名称可以为 messageId。这里要模拟数据上报，命令下发的完整过程，需要创建【数据上报】【命令下发】【命令下发响应】三种类型的消息。

勾选【标记为地址域】即可，单击【完成】，如图 13-12 所示。添加完地址域字段后，开始添加与 Profile 服务属性之中定义相连的字段，如图 13-13 所示。

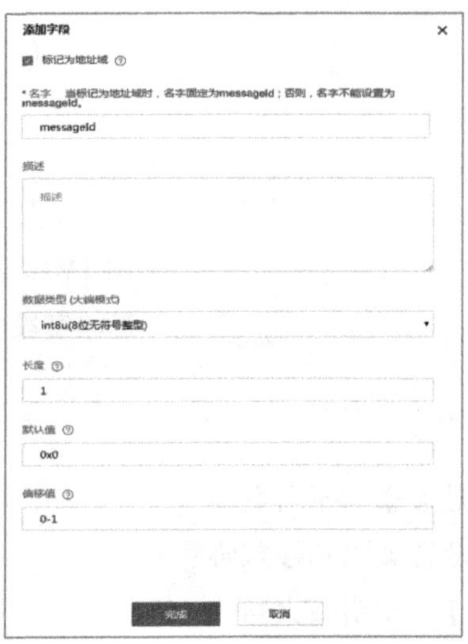

图 13-12 添加字段

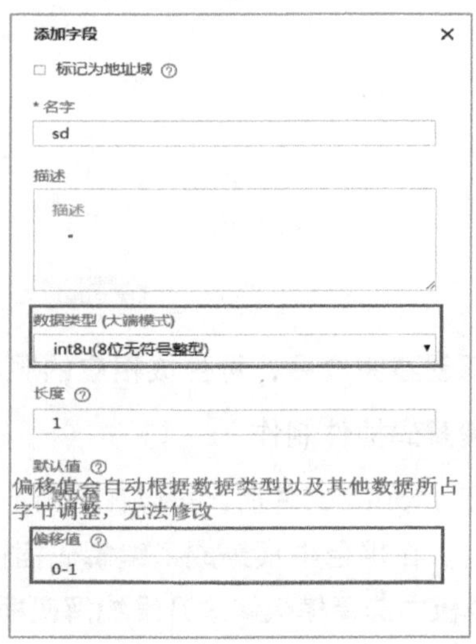

图 13-13 添加数据类型

新建完成后，单击【完成】，然后以同样添加字段方式添加温度、噪声、光感、电源和开关字段。

创建了新的消息之后需要将 Profile 与新消息建立连接，也就意味着新消息与 Profile 定义的属性信息建立完映射关系，如图 13-14 所示。

再以同样的方式将温度、噪声、光感、电源和开关等 Profile 属性建立映射关系。其中，光感和电源的类型为 int16u（16 位无符号整型）、温度为 int8（8 位有符号整型）、噪声和开关为 int8u（8 位无符号整型）。

备注　①当标记字段为地址域时，字段名称默认为 messageId。②数据类型是指该字段的数据属性（字符数据、整型数据等），会影响偏移值。③长度值是指该字段的数据所占字节长度，会影响偏移值。④偏移值是指该字段在整个数据报文中的起始位置，即所占字节的范围，偏移值和长度会随着数据类型的选择而改变。

备注　messageId 不需要建立映射关系。

（6）新建命令下发消息

单击左上角【新建消息】，选择命令下发，如图 13-15 所示。

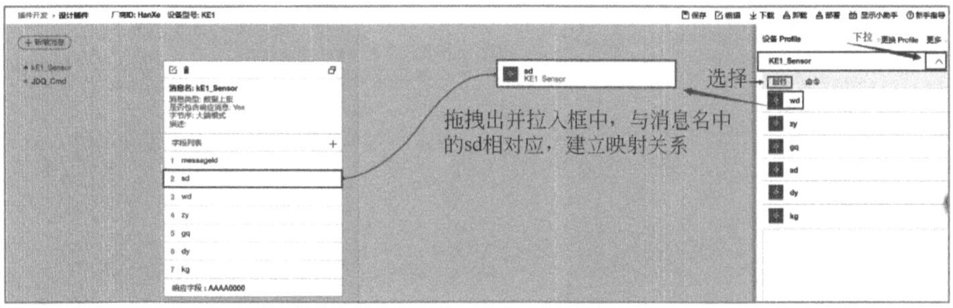

图 13-14

新消息与 **Profile** 建立映射关系

图 13-15

新建命令下发消息

与数据上报的消息相同，也需要建立一个属于命令下发的消息对应的地址域。

同样地，也和数据上报相同，第一个建立的是地址域，第二个添加命令下发字段。第三个是在【添加字段】之中，添加响应表示字段，只需勾选响应字段即可。

备注　此时会发现，地址域的默认值会自动+1，即为 0x1，这是为了区分消息的地址而产生的。

【添加响应字段】的作用是指设备执行完下发命令之后返回一个执行结果到物联网平台，因此也需要建立地址域。建完地址后其值应该为 0x2（一共 3 个地址域，第一个地址域是 0x0 开始递增），再添加响应字段：只需勾选命令执行状态字段即可，并且数据类型和 Profile 命令中 ack 的数据保持一致。最后添加一个响应标识字段。

建立完映射之后的消息图如图 13-16 所示。

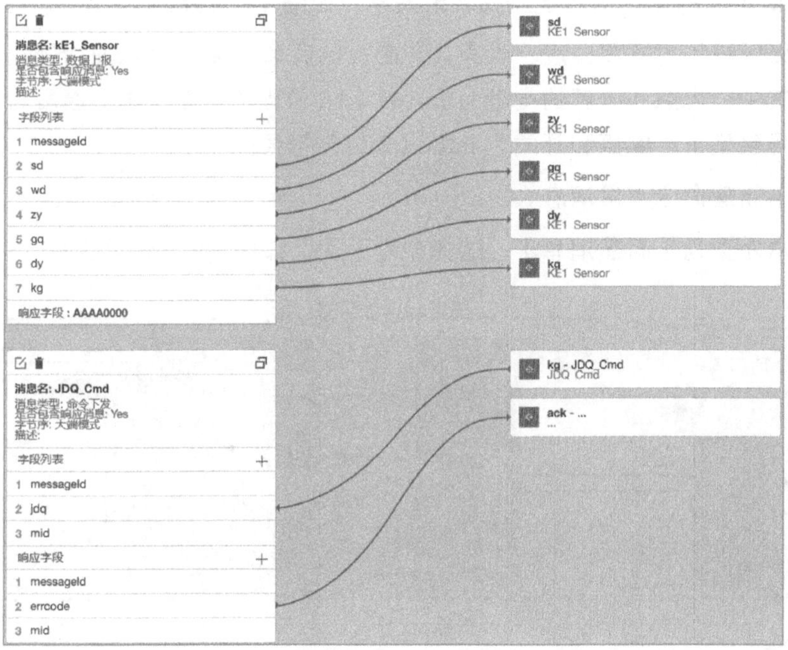

图 13-16
映射之后的消息图

完成映射关系后，单击页面右上角的【部署】，部署成功后，系统会将设计结果自动生成编解码插件包。

13.5.2 模拟 NB-IoT 设备接入到平台

所有 NB-IoT 智能设备需要先在物联网平台进行注册，才允许连接到物联网平台，物联网平台支持通过北向 API 进行注册，也支持通过物联网平台的 Portal 界面进行注册。通过注册设备，物联网平台会为每个设备分配一个唯一的标识 deviceId 和 PSK（如果北向 API 中携带了 PSK 参数，那物联网平台就使用北向接口中的 PSK，不再自动分配），后续 App 应用操作这个设备时都通过 deviceId 来指定设备。

NB-IoT 设备模拟器可用于模拟生成的插件是否按预期进行执行，而不需要真实的 NB-IoT 设备进行调试，极大地方便了开发者的调试成本。找到【我的设备】，选择【注册设备】，如图 13-17 所示。

图 13-17
注册设备

选择创建的 Profile，填写设备名称及验证码(验证码不能与其他设备重复)。在学习阶段推荐使用【不加密】设备，最后单击注册，如图 13-18 所示。

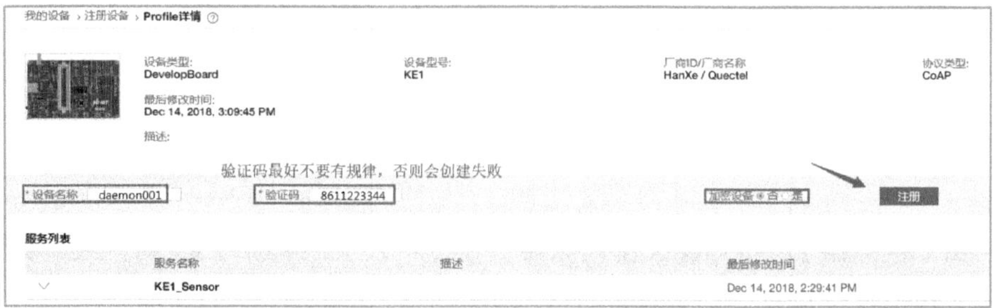

图 13-18
注册指定设备

注册完之后，在【我的设备】列表之中可以看见一个新产生的设备，该设备显示的状态为【未绑定】。设备的状态还存在离线和绑定状态等。

> **备注** 记住填写的验证码，选择是否加密设备将影响到设备接入时的端口，但模拟器只需选择对应即可。

在模拟器的操作之中，需要到【模拟器】→【NB-IoT 模拟器】下操作，找到【绑定设备】并填写记住的验证码完成绑定。此时，再到【我的设备】列表中会出现【未绑定】到【绑定】状态的转换，以此证明模拟设备绑定成功。选择【绑定设备】，所填写的验证码就是先前注册设备记住的验证码。

利用模拟器对生成的 Profile 进行测试，按照预先定义的 Profile 数据格式进行发送十六进制码流。

例如：发送一段十六进制的业务码流 00160003FF30101211CD00。

在【NB 模拟设备器】之中选择【十六进制码流】，在【输入】框填入业务码流，发送后会在旁边的黑色框之中看到上报数据的业务码流情况。

为了确认数据是否到达物联网平台，可以到【我的设备】选择对应的设备名称（daemon001），单击【历史数据】即可查看历史数据，如图 13-19 所示。

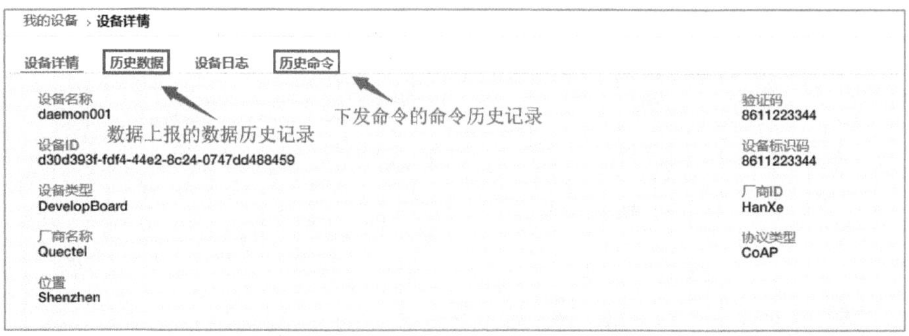

图 13-19
历史数据查看

（1）命令下发

在【我的设备】选择绑定设备对应的命令下发选项。

电信物联网平台提供了两种下发命令的方式，分别是立即下发和缓存下发，缓存下发可以设置一个缓存时间，让其经过缓存时间之后下发命令。

命令下发数据报文格式如图 13-20 所示。

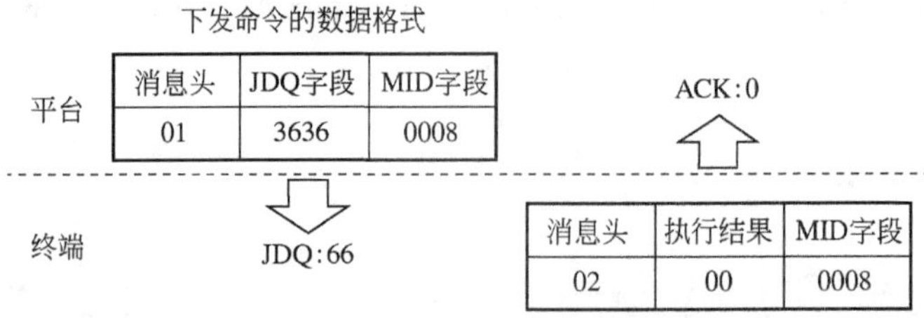

图 13-20
命令下发数据格式

> **备注** 这里只需要填写下发的数据即可，messageId 和 mid 字段会自行添加到报文中，其中 mid 字段数值会自动累加。

在【模拟器】→【NB 设备模拟器】→【十六进制码流】选择【数据接收】可查看模拟设备接收到的数据。

（2）命令响应

在【模拟器】→【NB 设备模拟器】→【发送】框中填入 02000008 业务码流并发送，用来对平台下发命令的响应。

> **备注** 在执行结果当中，00 表示执行成功，不为 0 的值表示执行失败。命令响应报文中的 mid 字段的值必须与下发命令中 mid 值相同。

（3）命令执行状态

在【我的设备】→【历史命令】查看历史命令。在状态栏会存在执行成功、失败、已送达、发送中和超时等状态。

13.5.3 数据上传和命令下发

1．数据上传

给终端设备上电，检查 SIM 卡是否注册、NB-IoT 通信模组信号强度、设备是否入网和是否获取到终端 IP 等信息，如图 13-21 所示。

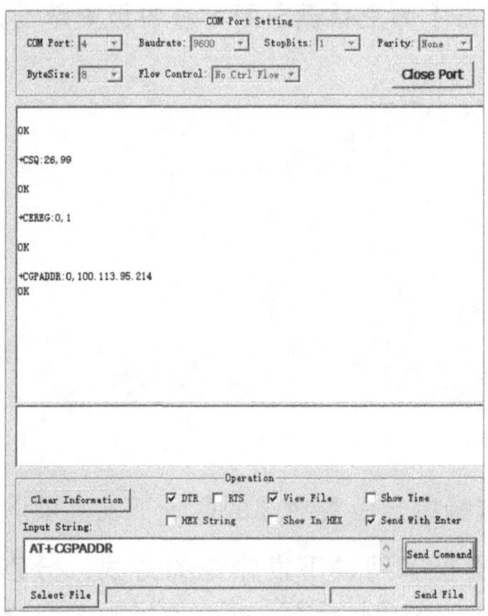

图 13-21
通过串口发送 AT 命令

使用串口软件发送 AT 命令：这里使用 AT+NMGS=N,xxxx 的命令发送，如发送 AT+NMGS=9, 006011500123045600。

查看数据到达平台有两种方式：一种是到平台【我的设备】的历史数据之中查看；另外一种是利用串口软件查看数据到达之后会返回一个 AAAA0000 的响应值，此时终端发送的数据就会存在一定延迟到达平台，如图 13-22 所示。

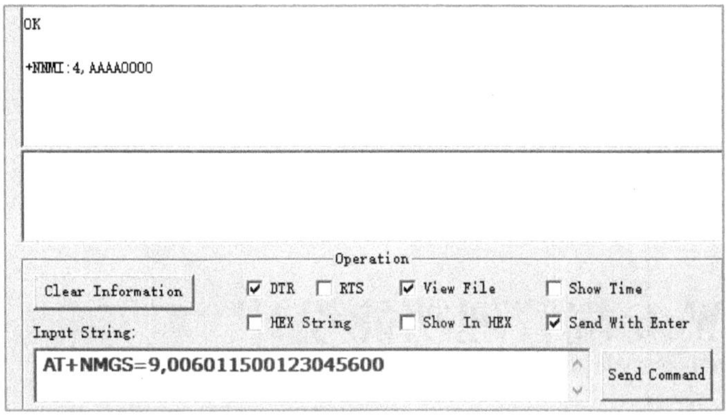

图 13-22
查看数据

2．命令的下发

在【我的设备】中选择【命令下发】标志，这里以发送业务码流 66 为例，如图 13-23 所示。

图 13-23
发送命令

在终端设备的串口软件中，接收到来自平台的数据业务码流 0136360012。根据 Profile，需要按照接收到的命令去执行，执行完后返回平台一个执行结果值，这里填业务码流为 02000012，如图 13-24 所示。

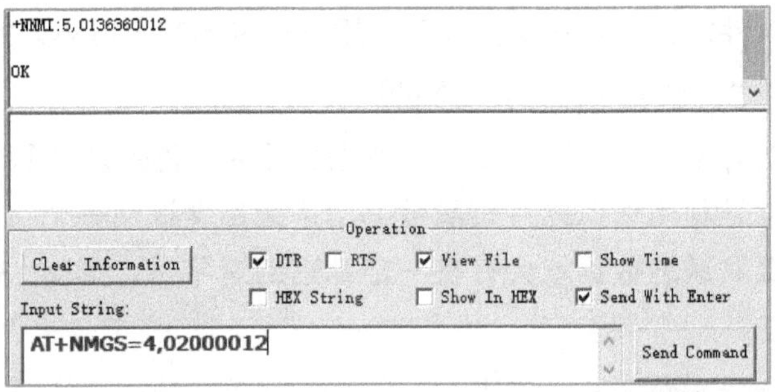

图 13-24
发送业务码流

等待一段时间后，查看对应设备的历史数据，可看到状态由已送达转变成执行成功。

至此，已完成真实设备接入平台并完成数据上报和命令下发。

13.6 Web 端管理功能设计

1. 实现功能

> **备注** 本节利用小熊座 KE1 开发板作为实例说明，读者也可以利用自己的 NB-IoT 智能终端来操作。

Web 端管理软件通常用于运营管理人员，方便运维人员添加设备、配置设备、管理设备等。由于 Web 管理界面和具体的行业应用场景关系密切，需要开发人员结合实际需求进行定制开发。

2. 操作过程

登录网址 http://www.zhiyeketang.com/iotLab。

仪表盘如图 13-25 所示。

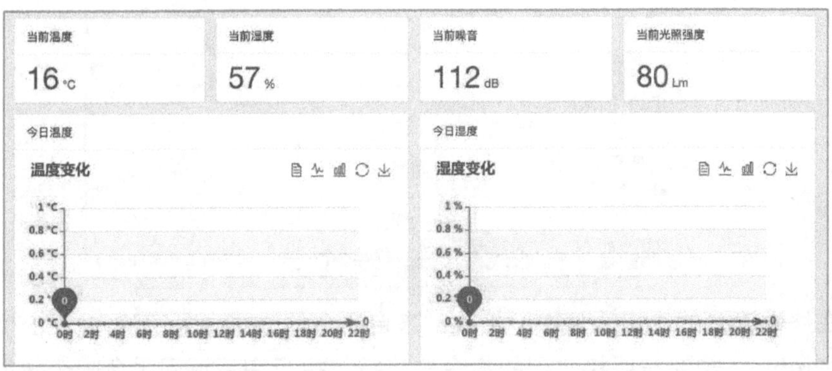

图 13-25
仪表盘

展示设备数据如图 13-26 所示。

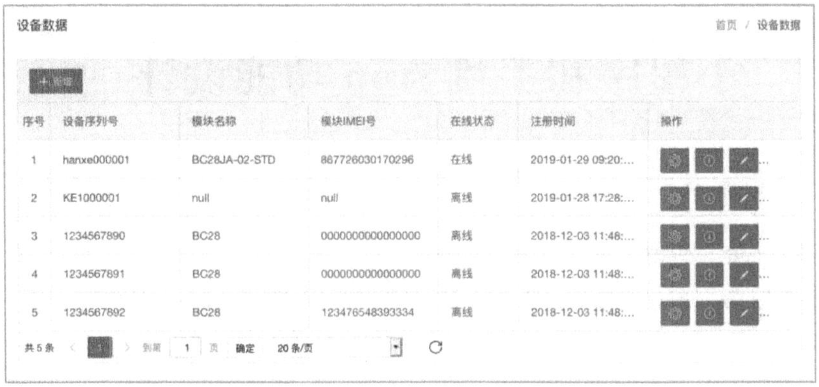

图 13-26
展示设备数据

查看和修改设备数据如图 13-27 所示。

图 13-27
查看和修改设备数据

传感器数据如图 13-28 所示。

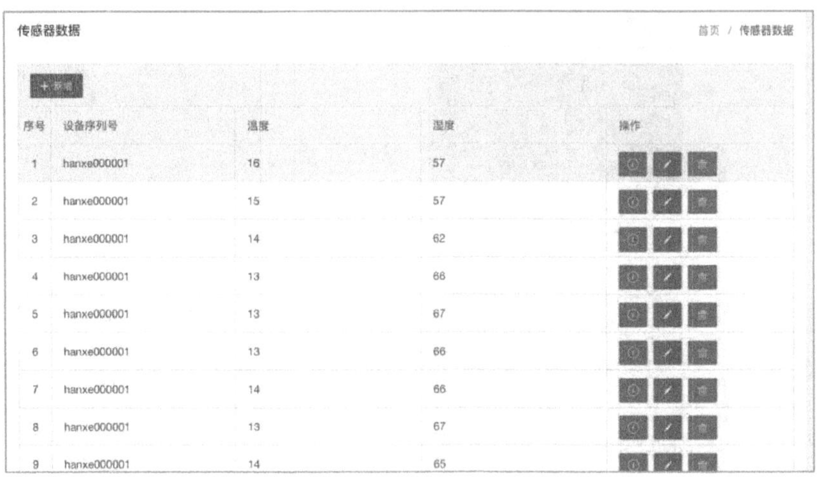

图 13-28
展示传感器数据

13.7 小程序和手机 App 功能设计

> 备注　本节利用小熊座 KE1 开发板作为实例说明，读者也可以利用自己的 NB-IoT 智能终端来操作。

1. 实现功能

我们习惯了利用智能手机的工作和生活，因此针对 NB-IoT 智能终端管理的 App 软件成为很多应用的配置。读者可通过实例尝试开发小程序或手机 App，若想实现更多更炫的功能，需读者自行创意。

2. 工作准备

- 小熊座 KE1 开发板。
- 小程序或手机 App 安装软件，本案例提供基于微信小程序平台开发的小程序，小程序名称为“NBIoT 实验室”。

3. 操作过程

安装指定的小程序或手机 App，根据提示进行安装。

在微信小程序中搜索“NBIoT 实验”，进入小程序操作界面。如果是新增设备，需要点击中间的二维码进行设备添加，如图 13-29 所示。点击“扫码绑定”后需用摄像头对准 NB-IoT 通信模组的二维码，如图 13-30 所示。绑定设备后可修改设备的备注信息，如图 13-31 所示。若添加更多的设备，点击右下角的“+”图标进行操作。

图 13-29　绑定设备

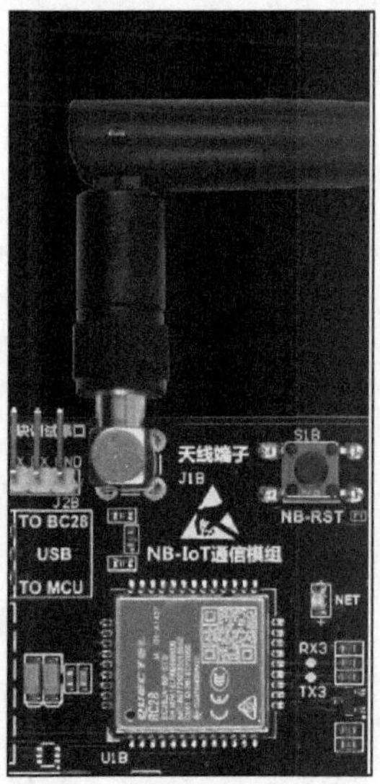

图 13-30　扫描通信模组二维

图 13-31　管理设备

点击对应设备，实时数据显示如图 13-32 所示。点击“控制设备”可进行相应的控制操作，如图 13-33 所示。点击“历史数据”可查看对应设备的历史数据，如图 13-34 所示。

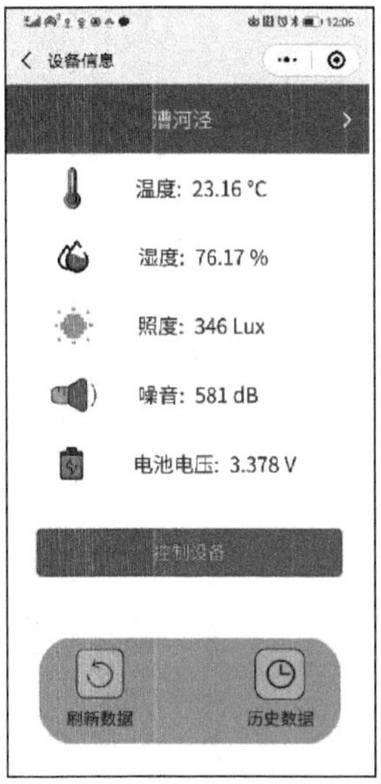

图 13-32 实时数据显示

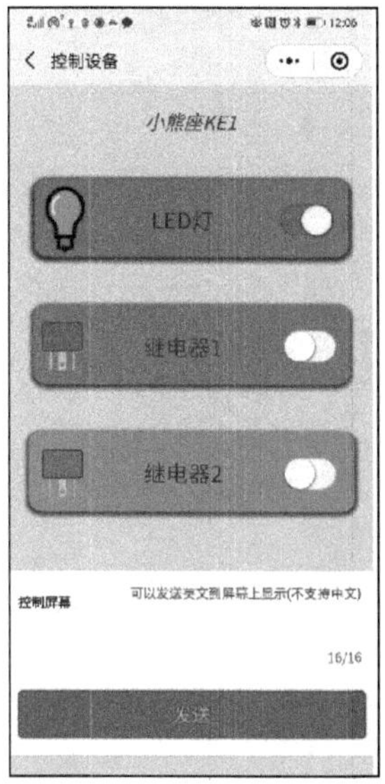

图 13-33 设备控制界面

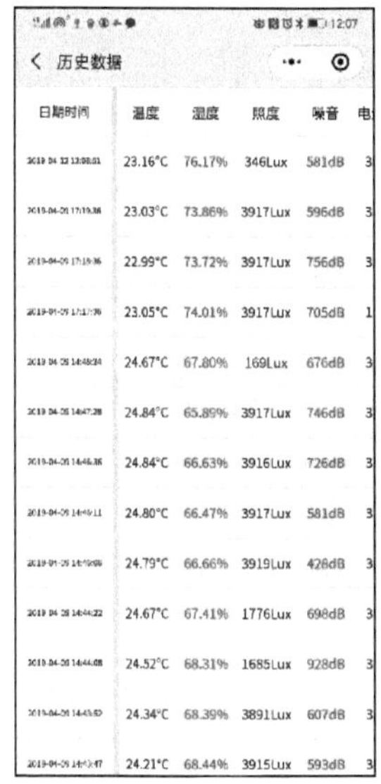

图 13-34 历史数据显示

第 14 章

NB-IoT 终端产品设计实例

实践检验真理

14.1 智能烟感设计实例

若想设计一款符合市场需求的智能烟感（smart smoke detection），首先要分析智能烟感的应用场景，因此需要了解消防系统。消防系统分为报警系统和灭火系统，消防报警设备作为消防系统的前端预警设备，在整个消防产品体系中占据重要的地位。提高火灾报警装备水平，提前发现火灾隐患，及时启动自动灭火系统或采取扑救措施，是减少经济、人员损失的关键环节。

智能消防系统是在传统消防的基础上实现智能管理的能力，把消防设施和消防管理形成高效的联动机制，降低意外情况的发生和快速有效的干预处理。消防报警设备作为消防系统的前端预警设备，在整个消防产品体系中占据重要的地位，目的是提高火灾报警装备水平，提前发现火灾隐患，及时启动自动灭火系统或采取扑救措施，是减少经济、人员损失的关键环节。

智能消防系统具备火灾初期自动报警功能，一旦发生火灾，能立即在本区域发出报警信号，同时通知消防接警中心，显示发生火灾的位置，管理人员接到警情后立即启动应急响应机制。包括但不限于实施火警广播、启动消防电梯、打开自动灭火控制系统、关闭防火门、自动喷淋、自动喷洒灭火剂、开动消防泵、启动自动排烟装置等。

智能烟感属于消防报警设备。为了更好地掌握和理解智能烟感，本例采用上海昊想智能科技有限公司的智能卫士 H5 产品，实物图如图 14-1 所示。

> **备注** 上海昊想智能科技有限公司网址为 http://www.hothink.net.cn。

图 14-1
智能烟感实物图

火灾的起火过程一般都伴有烟、热、光三种燃烧产物。在火灾初始阶段，由于温度较低，物质多处于阴燃阶段，因此产生大量烟雾。此时的火灾范围较小，可燃物刚刚达到临界温度燃烧，不会产生高热量辐射及高强度的气体对流，燃烧所产生的有害气体尚未达到致命的危险，被困人员有一定时间逃生，对建筑物还未达到破坏性。这时，如果及时报警，立刻采取人员疏散和正确的消防扑救方法，不但可以保全人员的安全，还可以把火灾控制在局部，甚至完全消灭。

备注 消防安全管理的特点非常有个性。消防设备平时不用，用时必须100%高可靠。

烟雾报警器具有监测烟雾的感应功能，可以探测 70%以上的火灾，一旦发生火灾危险，报警器便会发出高分贝的声音或发出电子信息及时警醒人们发现火灾，以减少人员伤亡和损失，所以，烟雾报警器是目前世界上应用比较普及、数量较多的火灾报警器。众多数据表明，采用烟雾报警器的好处可以在着火时迅速发现火灾、减少人员伤亡和火灾损失。

消防场所主要分为三类，分别是公共楼宇建筑、住宅家庭和小场所，如表 14-1 所示。

表 14-1 消防场所分类

场所类别	公共楼宇建筑	住宅家庭	小场所
监管限制	法规标准强制	非法规标准强制	非法规标准强制
监管类型	消防监管范畴	非政府监管范畴	街道政府监管
场所特性	规模大、人员密集	单一个体	类型复杂，多而分散，弱势群体，隐患多
责任归属	企业单位主体负责	个人负责	责任主体不明晰，最终由政府负责
消防安全措施	法规标准强制	纯凭个人安全意识	无或简单措施

在烟感领域，主要有三类产品，分别是点型火灾烟雾探测器(有线烟雾报警器)、独立式感烟火灾探测报警器（独立式烟感）和联网型独立式感烟火灾探测报警器（智能烟感）。

独立式烟雾报警器是家用安防报警器领域中的主要产品，内置的光电烟雾传感器主要用来感知烟雾，在明火产生前 15～30min 的时间内烟雾达到一定浓度时，报警器会发出高分贝声光报警或通过无线通信传递报警信息，及时提醒业主有可能发生火灾，最终实现减少人员伤亡和财产损失，是火灾预警和消防安全的第一道防线。

独立式烟雾报警器可及时探测火灾并发出警报，提醒现场人员迅速报警并疏散逃生，具有结构简单、安装方便、维护容易、报警迅速、效果明显等特点，是防范应对各类居住、养老等场所“小火亡人”灾害的有效技术手段。

有数据分析，安装了独立式烟雾报警器的家庭，在发生火灾时，逃生的机会比未安装或安装未有效工作的家庭高 63%，尤其是在火灾很小时，独立式烟雾报警器及时报警增加了初期火灾扑救和逃生的机会，死亡率仅为 1%。

备注　智能烟感不只是一个简单的硬件，而是一套完整的软硬件系统和管理系统，只有全方位联动发挥功能，才能起到真正的“防患于未燃”的理想作用。

14.1.1　智能烟感系统架构

若设计一款符合市场需求的智能烟感系统，需要考虑硬件系统、软件系统、管理系统。硬件系统涉及 MCU 主板、传感器、迷宫、NB-IoT 通信模组、天线、SIM 卡、电池。软件系统涉及运营商物联网平台、烟感运营管理平台、日常运营管理 App。管理系统涉及运营服务人员、网格化人员、消防接警人员、业务使用人员。智能烟感系统架构如图 14-2 所示。

图 14-2
智能烟感系统架构

NB-IoT 技术应用于智能烟感之前，采用的无线技术包括 433MHz、ZigBee、Wi-Fi、LoRa 等技术，这些技术都必须配备智能网关才能部署。传统的智能烟感组网模式如图 14-3 所示。

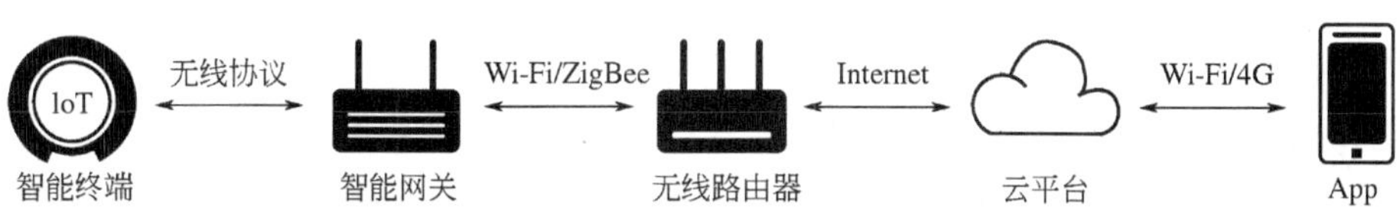

图 14-3
传统的智能烟感组网模式

在采用其他技术组网时，智能烟感需通过智能网关接入，再连入无线路由器，最后通过互联网接入物联网云平台，用户可通过智能手机的 App 进行管理和维护。在部署的时候，需要安装人员安装和技术人员配置，效率较低。在平常工作的时候，若出现故障，需要自主判断网络是否正常。

NB-IoT 技术应用于智能烟感，焕发了智能烟感的青春，综合成本的降低、运营安装人员的减少，用户体验度提升等，同时促进了烟感技术升级换代的良好机遇。NB-IoT 智能烟感组网模式如图 14-4 所示。

图 14-4 NB-IoT 智能烟感组网模式

在采用 NB-IoT 技术组网时，智能烟感只需通过运营商的 NB-IoT 基站接入物联网云平台，用户可通过智能手机的 App 进行管理和维护。在部署的时候，不需要智能网关，也不需要技术人员配置，效率较高。在平常工作的时候，较少出现故障，用户体验较好。

在独立式烟感领域，NB-IoT 技术可解决其他技术无法达到的综合优势，包括：

- 整体功耗的降低可使一节锂电池供电 3～5 年。
- 运营商实施 NB-IoT 网络信号的覆盖，用户无须建网投资和运营维护，适合大规模分散性部署。
- 采用授权频谱进行通信，不用担心无线信号干扰影响通信的难题。
- NB-IoT 全球“一张网络”，各个国家的 NB-IoT 信号采用 3GPP 统一标准，减轻终端厂家的产品设计和区域认证的复杂度。
- NB-IoT 芯片和 NB-IoT 通信模组的多样性，降低烟感终端厂家对单一供应商的依赖度。
- 采用单一技术部署的消防报警运营服务平台适合进行规模化部署，可实现新型商业模式的突破。

14.1.2 智能烟感报警功能

为了大规模部署 NB-IoT 智能烟感，也需要完善的软件管理功能。NB-IoT 智能烟感报警功能如表 14-2 所示。

表 14-2 NB-IoT 智能烟感报警功能

功能种类	功能特点
现场出警管理功能	在烟雾浓度达到国家标准时，NB-IoT 智能烟感触发本地报警，可通过 App 将相关信息推送给现场相关人员，信息包括报警地址、报警房间号、建筑物名称、报警时间、关联视频（或安装时现场采集的图片）查看，警情复核结果录入功能

续表

功能种类	功能特点
现场警情通知功能	NB-IoT 智能烟感在本地触发报警后，将警报通过电话、App（或微信）方式通知业主或居住人。业主或居住人确认火灾报警后，通知附近使用该终端的居住人，同时，社区消防安全员、物业、居委、业主和相关联系人等也会收到相应的提示
报警器多点联动功能	NB-IoT 智能烟感应具备多点联动功能，可对多个终端进行组群，当群内出现两个以上点位同时报警时，平台可立即确认为火警，并通知相关责任人
远程消音功能	在 NB-IoT 智能烟感持续报警时，可通过远程命令进行设备的现场消音（平台需通过用户端系统上传现场照片或视频信息，或与业主、居住人确认后，予以确认消音；或管理平台调用已关联的监控设备直接远程消音；或业主、居住人通过 App 端进行消音处理）
防拆卸报警功能	NB-IoT 智能烟感被拆卸后，管理平台可立即报警，并通知业主相关信息
免调试安装辅助功能	NB-IoT 智能烟感应具备免调试工具的安装辅助指示灯，通过指示灯的闪烁方式，来判定上电、入网、发包、故障，明确指导设备是否安装成功
设备管理平台功能	终端设备管理平台应具备物理安装信息（生产商、投运日期、使用年限、安装人）、图片、视频信息的编辑采集功能，以及消息通知类型设置的功能
持续报警推送功能	NB-IoT 智能烟感应具备持续报警推送功能，在持续发生报警期间内平均每隔 1min 推送 1 次，需具有越级上报功能，管理平台应具备调整持续报警时间间隔的功能
用户分级管理功能	运营管理平台应具备支持用户分级管理，能够根据管理区域查看数据分析报告和推送相关信息，并且在平台中能显示明确的通知结果（电话呼叫次数）
终端设备低温性能	NB-IoT 智能烟感为适应冬季低温火灾高发的特点，以保证在低温（-10℃）时具备持续正常的物联通信能力
离散算法能力	NB-IoT 智能烟感应具备心跳机制，并采用离散算法，不能在同一时间点内造成上报并发拥塞
数据安全能力	运营管理平台应具备数据安全保障能力，包括存储周期、存储策略、保障机制
业主主动上报功能	运营管理平台提供 App 或者微信主动报警功能，可上传火灾现场视频、图片、语音及定位功能

企业专有平台需具备向指定的第三方平台推送业务数据的接口能力。至少包括：

- 业务类告警事件（烟雾告警、烟雾告警解除、火警、火警解除等），目的是实现快速报警并通知处置。
- 联网类告警事件（上线、失联、电量正常、电量低、自检故障告警、自检故障修复等），目的是实现主动管理。

- 告警事件通知状态（不通知、通知已到达、通知未到达）获取，目的是实现信息公开透明。
- 能够采集并提供营运商网络侧信息，以便更好地在日常运维过程中配合运营商进行网络优化和保障。
- 避免因停电、人为、系统升级等造成数据丢失，应具备数据灾备功能和历史数据追溯功能，数据保存时间不少于 12 个月。

智能烟感在触发报警后，除了实现本地蜂鸣报警之外，系统会立即自动拨打用户绑定的手机号码进行语音报警，并同时向管理员或家人等绑定的手机号码群发报警。当报警终端出现断电断网时也会及时向用户通知。

智能烟感采用 NB-IoT 蜂窝无线技术，使用运营商授权频谱，不需要自建基站和维护基站，只需向运营商支付少量的连接费用，安装方便，后台易于管理。

智能烟感适合进行统一的运营和维护，7×24h 全天候安全监管服务，并且业主对设备无感，大规模部署后有可能衍变出更多的新型商业模式。

智能烟感作为安防报警器领域的重要产品，能够通过烟雾报警器对周围环境识别，判断是否存在火灾风险，并产生预警和报警。由于智能烟感的应用领域不断扩大，在各种不同环境下，需要对其精度、性能、稳定性、误报率等方面提出不同级别的要求。

衡量智能烟感的重要参数就是低误报率、高稳定性、高灵敏度、高可靠性。此类产品的发展依赖于光学、气体、温度传感器的发展，除传感器因素外，智能烟感的技术主要表现于产品的硬件设计、软件功能、数据通信、生产制造等方面。

在硬件设计方面，要选择可靠的传感器、无线通信模组、稳定的电池、优质的天线，还要严格要求传感室异物防护、布线结构、高 DB 声腔等。

在软件功能方面，以处理器为载体，通过不同的算法，用以控制响应阈值、空气运动、重复精度、火灾灵敏度等指标来满足烟雾报警器产品的严格认证。

总体来说，智能烟感行业的发展趋势是利用先进的技术和工艺，选择恰当的光学迷宫、气体传感器，促进烟雾报警器行业向低功耗、低误报率，报警信号无线远距离传输、多功能、集成化和系统化的方向发展。

14.1.3 智能烟感组装作业指导流程

为了设计或使用智能烟感产品，可组装一台智能烟感进行本书内容的实践。智能烟感的硬件组件如表 14-3 所示。

表 14-3　智能烟感硬件组件系统

智能烟感硬件组件	数量
PCBA	1 块
天线	1 根
电池	1 块
SIM 卡	1 张
外壳	1 组
说明书	1 张
安装组件	1 组
包装盒	1 个

在组装好智能烟感之后，可根据本书提供的管理软件系统进行配置和使用。

智能烟感组装作业指导流程如图 14-5 所示。

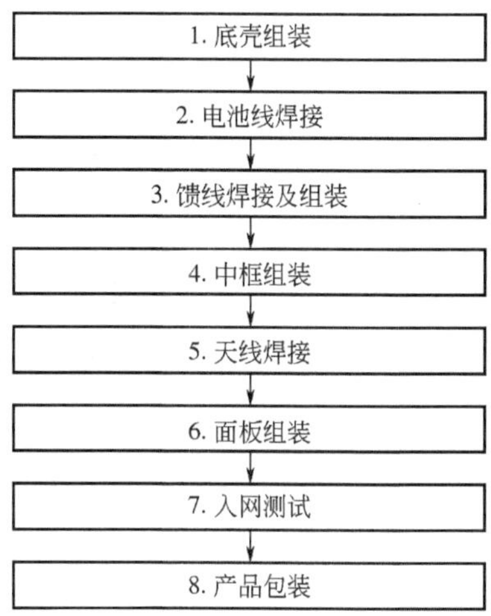

图 14-5　智能烟感组装作业指导流程

1. 第 1 道工序：底壳组装

底壳组装所需的物料包括：底壳、电池正弹片、电池负弹片、防呆柱。

步骤 1：取出底壳，把电池正极片的引脚朝下装入底壳“+”处，负极片的引脚装入底壳“-”处。

步骤 2：将装好正负弹片的底壳翻转，同时对两个弹片进行折弯处理，折弯角度为 90° ～135° 。

步骤 3：安装防呆柱，较短一端正对电池仓的孔，较长一端对着另一只孔装配到位。

步骤 4：把装配好的组件交予第 2 道工序。

2. 第 2 道工序：电池线焊接

电池线焊接所需的物料包括：第 1 道工序组件、电池端子、底座盖板。

步骤 1：在第 1 道工序组装好的底壳上，用电铬铁将电池连接线的红黑线正确焊接到电池正负弹片上。

步骤 2：将黑线拉直并卡入底壳的卡口内。

步骤 3：将底壳盖板以正确的方向装入底壳并扣紧。

步骤 4：把装配好的组件交予第 3 道工序。

3．第 3 道工序：馈线焊接及组装

馈线焊接及组装所需的物料包括：第 2 道工序组件、通信板、天线连接线。

步骤 1：用电铬铁将天线连接线以正确方式焊接在通信板上。

步骤 2：在第 2 道工序组件的基础上，将通信板以正确的方式卡入底壳。顺序是先将通信板卡入底壳的卡扣 1 和卡扣 2，然后轻压通信板的空白无元件处，将卡扣 3 扣住通信板。馈线焊接及组装示意图如图 14-6 所示。

步骤 3：将电池连接线有端子（母座）一端插入通信板的连接器（公座）上，并注意方向的正确性。

步骤 4：把装配好的组件交予第 4 道工序。

4．第 4 道工序：中框组装

中框组装所需的物料包括：第 3 道工序组件、烟感主板、防呆弹簧、防虫网、面壳总成。

步骤 1：将通信板上的天线连接线拉直并卡在底壳的卡线槽，卡线槽之后的天线连接线需要往外部整理。

步骤 2：取出第 3 道工序组件，将迷宫朝上，两个扣位正对着底壳的两个定位柱方向，将烟感主板卡入通信板，将主板按压到位，按压时不能按在迷宫上，需按在烟感主板无元件的位置。烟感主板扣合到位以后，将天线连接线朝上，卡进主板对应的卡槽内。

步骤 3：取出一片防虫网钢片，双手各拿防虫网一端，有扣一端从外向里，穿过另一端的两只孔，将防虫网组成一个类似圆形状。

步骤 4：取出一片面壳总成，将防虫网装进面壳上，要求防虫网上的定位口必须与面壳的定位点重合，不能偏倚超过 1mm。

步骤 5：取出一只面壳和一只底壳，把面壳蜂鸣器带端子一端按正确的方向接插到底壳主板上的 BZ1 位置，注意主板 BZ1 有防呆措施，方向必须正确。

步骤 6：取出一片防呆弹簧，将防呆弹簧较小一端装进底壳的防呆柱对应的位置。

步骤 7：整理天线连接线，将天线连接线穿过面壳的天线孔位。

步骤 8：将防呆弹簧对应面壳上的限位孔，上壳和下壳位置对正，轻压上壳和底壳，让四个扣位完全扣合，如图 14-7 所示。

步骤 9：将产品轻轻摇动，看是否听到内部有响声；如无响声，把装配好的组件交予第 5 道工序。

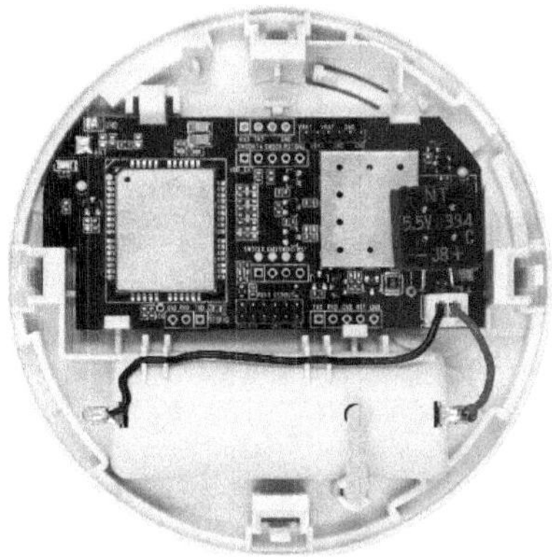

图 14-6　馈线焊接及组装示意图

图 14-7　中框组装示意图

5. 第 5 道工序：天线焊接

天线焊接所需的物料包括：第 4 道工序组件、FPC 天线、导光环。

步骤 1：撕去天线背胶的保护纸，贴装到面壳的天线位置。在贴天线的时候，背胶一面要朝着面壳，连接线要穿过天线孔贴好后稍用力压一下天线的三个点：两端和中间位置。

步骤 2：把天线连接线焊接到天线上。在天线焊盘 1 上焊接天线连接线的导体端，在接地焊盘 2 上焊接天线连接线的屏蔽层。注意焊接时需要足量的锡，焊接时间控制在 1～3s 为宜。

步骤 3：将导光环的导光柱正对着面壳的导光柱孔安装，直到导光柱完全贴进面壳里面为止。

步骤 4：把装配好的组件交予第 6 道工序。

6. 第 6 道工序：面板组装

面板组装所需的物料包括：第 5 道工序组件、面壳盖板、导光圈、按钮、面壳总成。

步骤 1：把面罩上的小卡扣对应上壳的小卡槽，其他三个大卡扣分别对应三个大卡槽进行扣合。

步骤 2：将按键压入面罩，直到按键三个卡扣正常扣入面罩为宜。

步骤 3：剪去蜂鸣器旁边的三个支架。将按键的三个定位柱对着导光圈三个孔装进去，用烙铁点焊按键。

步骤 4：对产品目检有无不良，把装配好的智能烟感裸机良品交予第 7 道工序。

7．第 7 道工序：入网测试

入网测试所需的物料包括：智能烟感裸机、SIM 卡、锂亚硫酰氯电池、标签。

步骤 1：在智能烟感的 SIM 卡槽按照接口方向插入 SIM 卡，把电池扣入电池槽，如图 14-8 所示。

> **备注** 智能烟感本身不能灭火，只能帮助人们及早发现火灾的发生。如果报警器报警后人们不及时采取行动，甚至不采取行动，那么报警器在保护人们生命安全上发挥的作用就非常有限。

步骤 2：取出一张标签贴于智能烟感产品的挂板上，如图 14-8 所示。

步骤 3：根据 14.1.4 小节智能烟感功能作业指导流程进行安装和入网测试。

步骤 4：把装配好的智能烟感交予第 8 道工序。

8．第 8 道工序：产品包装

产品包装所需的物料包括：智能烟感、SIM 卡、锂亚硫酰氯电池、螺丝包、包装袋、产品说明书、包装盒。

步骤 1：在测试完成后，取出 SIM 卡和电池。

步骤 2：准备好所有物料，将产品装入包装袋，将所有产品装入彩盒。

至此，完整组装成一台智能烟感的硬件终端，如图 14-9 所示。

图 14-8　安装 SIM 卡和电池

图 14-9　智能烟感终端

14.1.4　智能烟感功能作业指导流程

在智能烟感的使用过程中，需要实施一些软件配置的功能，本例采用微信公众号进行使用和管理。

首先，需要关注上海昊想智能科技有限公司的微信公众号，扫描二维码。

昊想智能微信公众号

然后，单击【我的设备】，选择【自助安装正式版】，如图 14-10 所示。

在设备自助安装功能界面，扫描或者手动输入设备条码进行安装，如图 14-11 所示。在扫描设备条码时，请将手机摄像头对准设备标签条码，如图 14-12 所示。

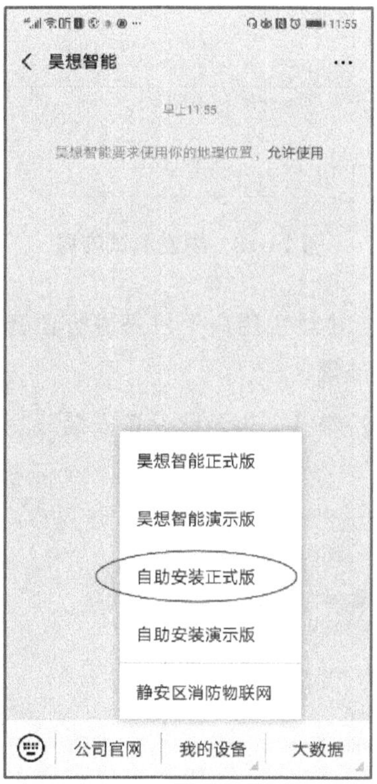

图 14-10　自助安装导航

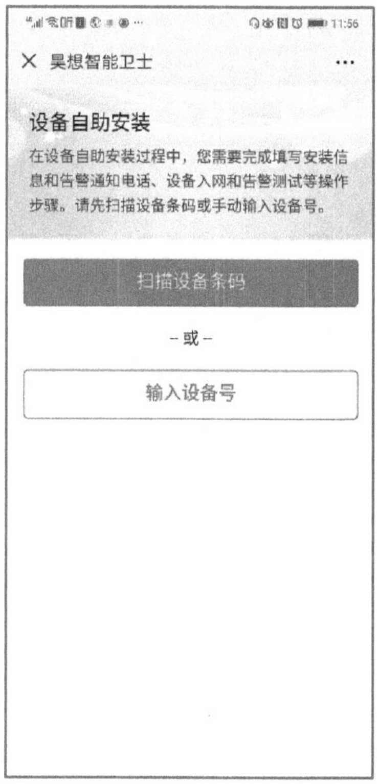

图 14-11　扫描设备条码

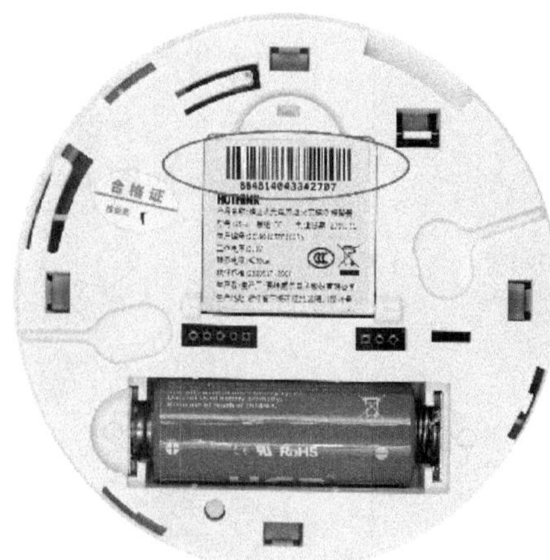

图 14-12　设备条形码

在设备开始安装的过程中，只需要经历四个步骤。

步骤 1：录入用户使用信息，包括安装地址、报警通知手机号等信息，如图 14-13 所示。

步骤 2：安装 SIM 卡，设备上电，等待设备入网，大概需要 1min。云平台收到设备入网信息后会自动进入下一步，如图 14-14 所示。

步骤 3：触发测试告警，如图 14-15 所示，长按测试键响六下，触发模拟报警，测试键如图 14-16 所示。

图 14-13　录入设备信息

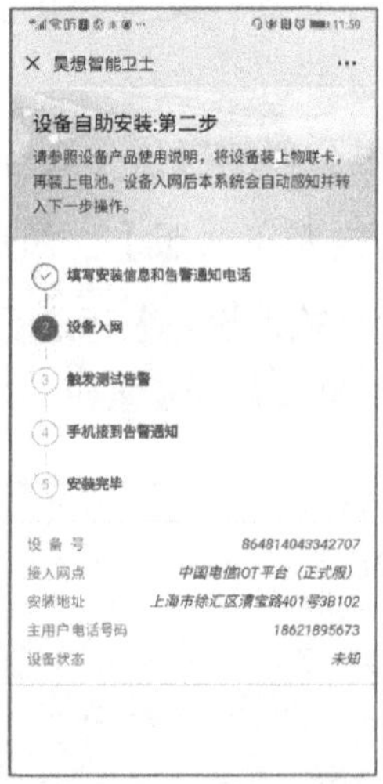

图 14-14　设备自动入网

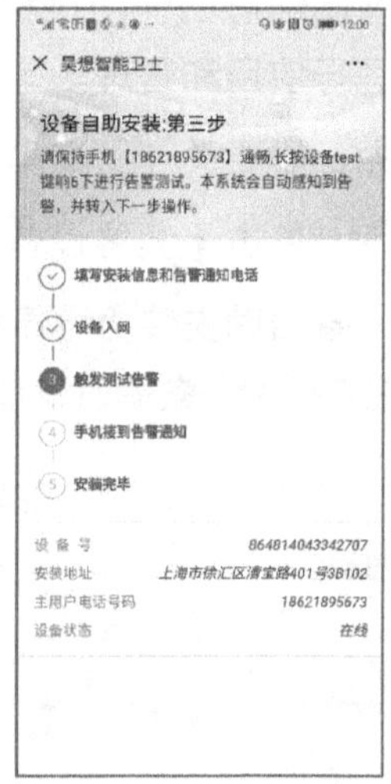

图 14-15　触发测试告警

步骤 4：测试报警成功后，提示测试成功，并对主用户手机号进行语音通知。若无反应，建议等待 1min 后重新触发测试告警。

当手机接到语音告警通知后，若显示【安装完毕】，表示此设备安装成功，如图 14-17 所示。

图 14-16　测试按键

图 14-17　设备安装成功

至此，配置完成后，一台正常运行的智能烟感设置完成。

14.1.5　智能烟感使用

备注　在安装和使用设备过程中，若有任何问题请联系客服热线：400-961-811。

在微信公众号主界面，单击【我的设备】→【昊想智能正式版】进入设备管理登录界面，如图 14-18 所示。

同意协议并下一步，如图 14-19 所示，输入安装时填写的手机号，获取验证码进行登录。

可添加多台设备进行使用和管理，设备管理界面如图 14-20 所示。

单击底部菜单【我】→【获取帮助】，可查看设备管理/使用详细操作说明。

至此，已经安装和配置好智能烟感设备。根据自己的需求，可以把智能烟感固定在厨房、卧室、客厅等需要的地方，让它静静地守卫大家的安全。

图 14-18　昊想智能正式版

图 14-19　设备管理界面入口

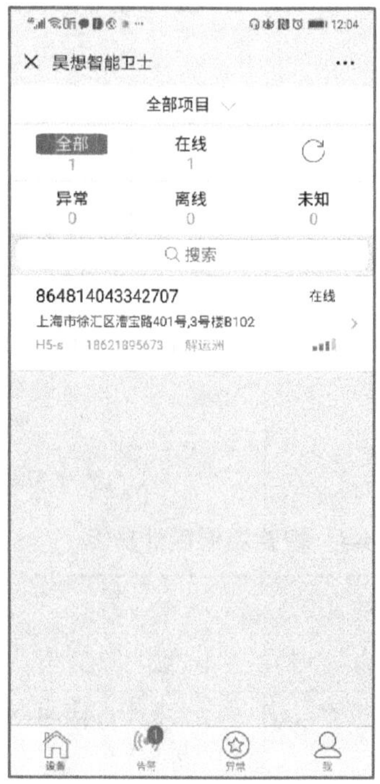

图 14-20　设备管理界面

14.2　智能温湿度计设计实例

备注　瑞米特公司网址为 http://www.remotemeter.com。

智能温湿度计广泛应用于家庭、办公室、仓库等场合，为了更好地掌握和理解智能温湿度计，本例采用西安瑞米特节能设备有限公司的智能温湿度计产品，实物如图 14-21 所示。

图 14-21　智能温湿度计实物图

14.2.1　智能温湿度计功能

1. 智能温湿度计技术参数

- 电源：2 节 AAA1.5V 电池。
- 温度量程：−9.9 ～ 60℃。
- 湿度量程：0 ～ 99%。
- 温度精度：±0.5℃。
- 湿度精度：±3%。
- 自身功耗：< 0.1W。

2. 产品特点

- 高亮背光显示，方便操作。
- 支持摄氏度和华氏度切换。
- 数据定时存储。
- NB-IoT 网络，功耗低，信号覆盖广。
- 支持微信公众号和网页版系统查看历史数据。

智能温湿度计功能如表 14-4 所示。

表 14-4　智能温湿度计功能

功能	实现方式
温度切换	在主界面下，按下调键可实现摄氏度和华氏度的切换
数据上传	设备会按照预设的周期和时间自动进行一次数据上传，或者在主界面下长按上调键 3s，手动上传一次
功能显示	循环按功能键，依次显示设备地址高八位、地址低六位、上传周期和上传时间
低电提示	电池全显，电量充足，电池闪烁，需要更换新电池
背光显示	用户在操作过程中背光点亮；操作完成后背光熄灭以节省电量

14.2.2　智能温湿度计组装作业指导流程

为了设计或使用智能温湿度计产品，可组装一台智能温湿度计进行本书内容的实践。智能温湿度计的硬件组件如表 14-5 所示。

表 14-5　智能温湿度计硬件组件系统

智能温湿度计硬件组件	数量
PCBA	1 块
天线	1 根
电池	1 块
SIM 卡	1 张
外壳	1 组
说明书	1 张
包装盒	1 个

在组装好智能温湿度计之后，可根据本书提供的管理软件系统进行配置和使用。

西安瑞米特节能设备有限公司公众号

智能温湿度计使用流程如下：

步骤 1：扫描二维码，关注公众号。

步骤 2：单击【我的服务】，选择【温湿度采集】。

步骤 3：扫描或输入设备编号，单击【下一步】。

步骤 4：输入手机号，获取验证码，单击【下一步】进入温湿度采集平台首页。

14.2.3　智能温湿度计 App 应用示例

智能温湿度计包括当前温湿度显示、数据查询、温湿度数据图形分析、温湿度报警设置、用户信息设置等功能。

智能温湿度计 App 应用示例如图 14-22 所示；设备注册如图 14-23 所示；设备清单如图 14-24 所示；温度曲线如图 14-25 所示；湿度曲线如图 14-26 所示。

14.2.4　智能温湿度计 Web 应用示例

智能温湿度计 Web 应用与 App 应用的功能一致，同样包括当前温湿度显示、数据查询、温湿度数据图形分析、温湿度报警设置、用户信息设置等功能。智能温湿度计 Web 端设备管理应用示例如图 14-27 所示。

图 14-22　温湿度管理

图 14-23　设备注册

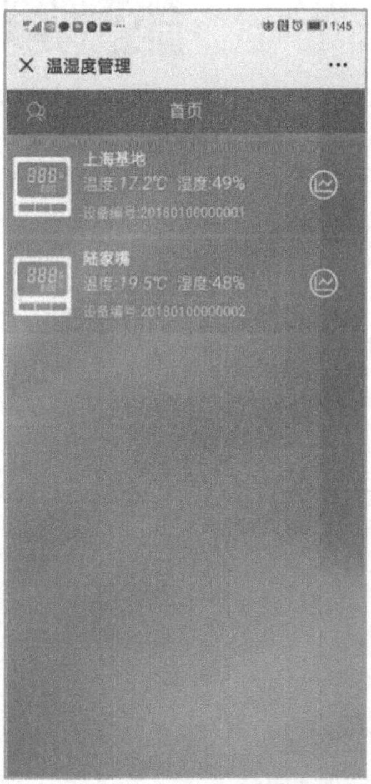

图 14-24　设备清单

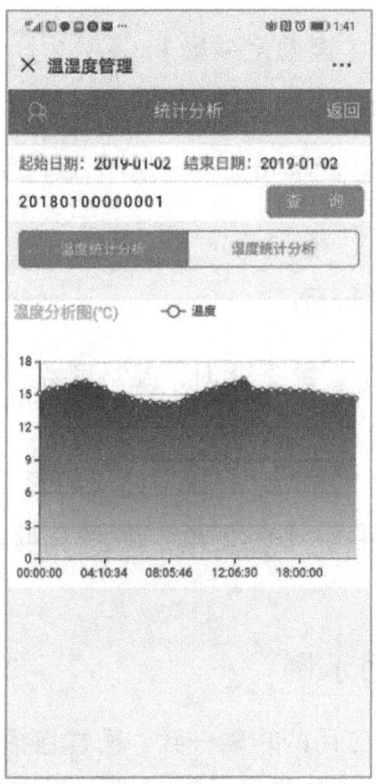

图 14-25　温度曲线

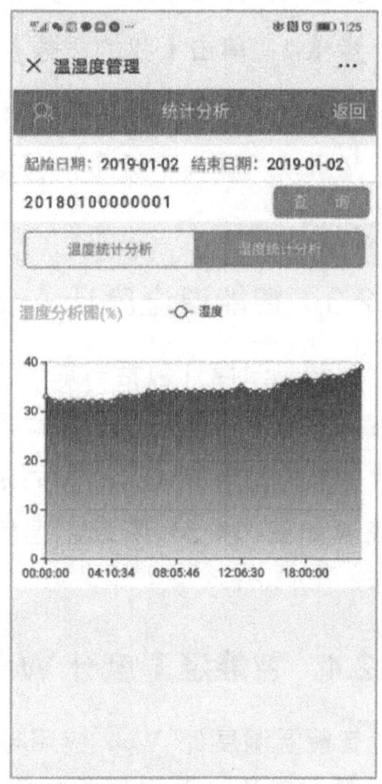

图 14-26　湿度曲线

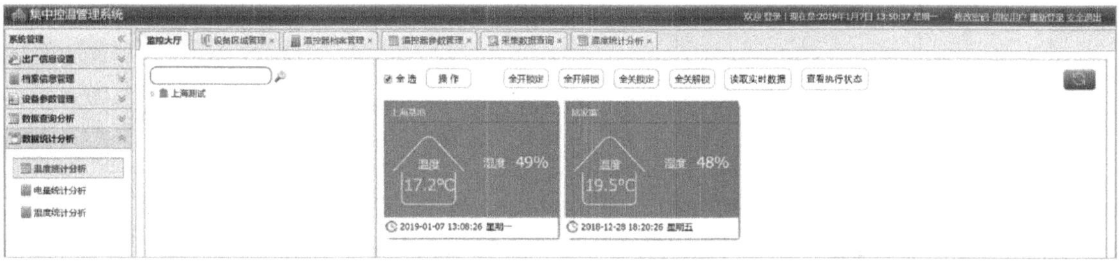

图 14-27　Web 端设备管理

Web 端温度曲线如图 14-28 所示。

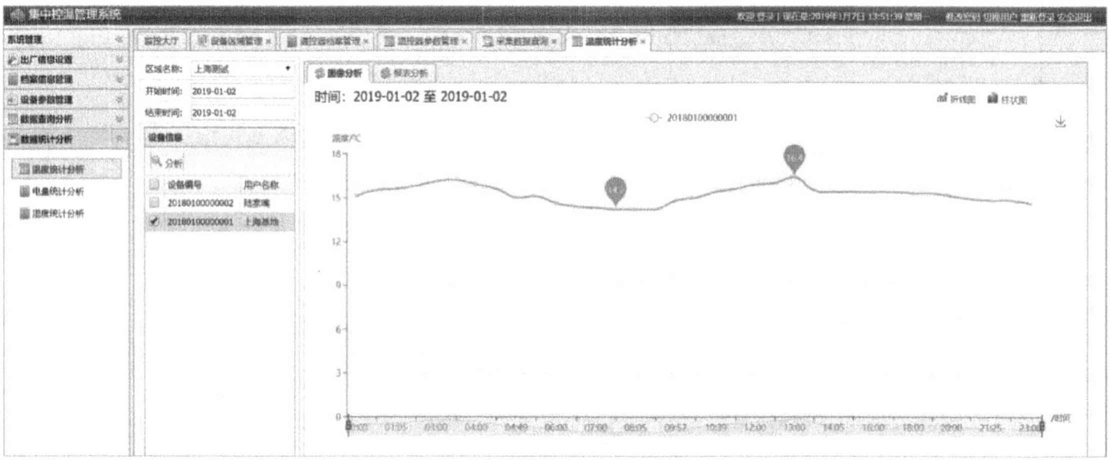

图 14-28　Web 端温度曲线

Web 端湿度曲线如图 14-29 所示。

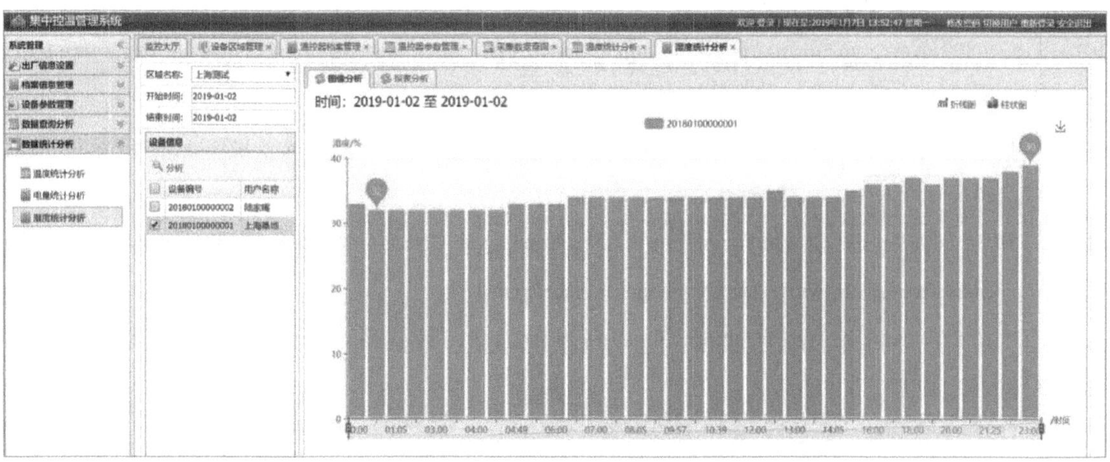

图 14-29　Web 端湿度曲线

至此，已经安装和配置好智能温湿度计设备。根据自己的需求，可以把智能温湿度计固定在 86 盒内，或者放置在办公室、卧室、客厅等需要的地方，让它用数字来传递身边的温度和湿度，从而提升生活品质。

参 考 文 献

解运洲，2017. NB-IoT 技术详解与行业应用[M]. 北京：科学出版社.

Boudica120&150 终端应用指导 V1.2.

Quectel_BC95&BC35-G&BC28_应用设计指导_V1.1.

3GPP，2013. TS 36.300 V11.4.0 演进通用陆地无线接入（E-UTRA）和演进通用陆地无线接入网络（E-UTRAN）；总体描述［LTE；Evolved Universal Terrestrial Radio Access（E-UTRA）and Evolved Universal Terrestrial Radio Access Network（E-UTRAN）；Overall description（Release 13）］.

3GPP，2008. TS 36.414 V8.2.0. LTE；演进通用陆地无线接入网络（E-UTRAN）；S1 数据传输［LTE；Evolved Universal Terrestrial Access Network（E-UTRAN）；S1 data transport（Release 13）］.

3GPP，2008. TS 36.424 V8.3.0. LTE；演进通用陆地无线接入网络（E-UTRAN）；X2 数据传输［LTE；Evolved Universal Terrestrial Access Network（E-UTRAN）；X2 data transport（Release 13）］.

3GPP，2012. TS 36.523-1 V11.0.0. 演进通用陆地无线接入（E-UTRA）和演进分组核心（EPC）：用户设备（UE）一致性规范；第 1 部分：协议一致性规范［Evolved Universal Terrestrial Radio Access（E-UTRA）and Evolved Packet Core（EPC）；User Equipment（UE）conformance specification；Part 1：Protocol conformance specification］.

3GPP，2016. TR 23.720.Study on architecture enhancements for Cellular Internet of Things（Release 13）.

3GPP，2015. TR 23.770. Study on system impacts of extended Discontinuous Reception（DRX）cycle for power consumption optimization（Release 13）.

3GPP，2016. TR 36.802. Narrowband Internet of Things（NB-IoT）；Technical Report for BS and UE radio transmission and reception（Release 13）.

3GPP，2013. TR 36.888. Study on provision of low-cost Machine-Type Communications（MTC）User Equipments（UEs）based on LTE（Release 12）.

3GPP，2013. TR 37.869. Study on Enhancements to Machine-Type Communications（MTC）and other Mobile Data Applications；Radio Access Network（RAN）aspects（Release 12）.

3GPP，2015. TR 45.820. Cellular system support for ultra-low complexity and low throughput Internet of Things（CIoT）（Release 13）.

YD/T 2581.1. LTE 数字蜂窝移动通信网 通用集成电路卡（UICC）与终端间 Cu 接口测试方法.

YD/T 2583.14. 蜂窝式移动通信设备电磁兼容性能要求和测量方法 第 14 部分：LTE 用户设备及其辅助设备.

附录　缩　略　语

简称	全称	中文含义
3GPP	3rd generation partnership project	第三代合作伙伴计划
AI	artificial intelligence	人工智能
AEP	application enablement platform	应用使能平台
APN	access point network	接入点网络
AS	access stratum	接入层
AT	active timer	激活定时器
BAP	business analytics platform	商业分析平台
BB	base band	数字基带电路
BBU	building base band unit	基带处理单元
CCC	China compulsory certification	中国强制认证
CDMA	code division multiple access	码分多址
CE Level	coverage enhancement level	覆盖增强等级
CioT	cellular Internet of things	蜂窝物联网
CMP	connectivity management platform	连接管理平台
CoAP	constrained application protocol	受限制的应用协议
dB	decibel	分贝
DCE	data circuit terminal equipment	数据电路终端设备
DC-DC	direct current-direct current	直流电压转直流电压
DDN	digital data network	数字数据网络
DMA	direct memory access	直接内存存取
DMP	device management platform	设备管理平台
DRX	discontinuous reception	非连续接收
DSP	digital signal processing	数字信号处理器
DSSS	direct sequence spread spectrum	直接序列扩频
DTE	data terminal equipment	数据终端设备
ECC	error correcting code	错误检查和纠正

续表

简称	全称	中文含义
E-CID	enhanced cell ID	增强版的小区标志
eDRX	enhanced discontinuous reception	增强型非连续接收
eMBB	enhance mobile broadband	增强宽带移动通信
EMC	electro magnetic compatibility	电磁兼容性
eNB	eNodeB	基站
eNB-IoT	enhancement of NB-IoT	增强版的 NB-IoT
EPC	evolved packet core	演进的核心系统
ETM	embedded trace macrocell	嵌入式跟踪宏单元
eUICC	embedded universal integrated circuit card	嵌入式通用集成电路卡
FCC	federal communications commission	美国联邦通信委员会
FDD	frequency division duplexing	频分双工
FDMA	frequency division multiple access	频分多址
FOTA	firmware over-the-air	固件在线升级
FPU	float point unit	浮点运算单元
GEO	geostationary earth orbit	地球同步轨道卫星
GPRS	general packet radio service	通用分组无线服务
GPS	global positioning system	全球定位系统
GSM	global system for mobile communications	全球移动通信系统
HD-FDD	half-duplex FDD	FDD 半双工
HLC	high latency communication	高时延通信
HSE	high speed external	外部高速时钟
HSS	home subscriber server	归属签约用户服务器
HTTP	hypertext transfer protocol	超文本传输协议
IaaS	infrastructure as a service	基础设施即服务
IDE	integrated development environment	集成开发环境
LEO	low earth orbit	低轨道卫星

续表

简称	全称	中文含义
LDO	low dropout voltage	低压差线性稳压器
LoRa	long range radio	远距离无线电
LPWAN	low power wide area network	低功耗广域网
LTE	long term evolution	长期演进
LTE-M	LTE-machine-to-machine	LTE 机器到机器
LVD	low voltage electrical equipment	低电压电气设备
MAC	media access control	介质访问控制
MCU	microprogrammed control unit	微控制器单元
MCL	maximum coupling loss	最大耦合损耗
ME	mobile equipment	移动设备
MEMS	micro-electro-mechanical system	微机电系统
MEO	medium earth orbit	中轨道卫星
MIB	master information block	主系统模块
MIMO	multi-input multi-output	多输入多输出
MME	mobility management entity	移动性管理实体
mMTC	massive machine type communication	巨量机器类型通信
MO	mobile original	终端发送
MQTT	message queuing telemetry transport	消息队列遥测传输
MPU	micro processor unit	微处理器
MSC	mobile switching center	移动交换中心
MT	mobile termination	移动终端
NAS	non-access stratum	非接入层
NB-IoT	narrow band-Internet of things	窄带物联网
NIDD	non IP data delivery	非 IP 数据传输
OFC	optical fiber communications	光纤通信
OFDM	orthogonal frequency division multiplexing	正交频分复用

续表

简称	全称	中文含义
OTA	over-the-air	空中升级
OTDOA	observed time difference of arrival	观察到达时间差
PA	power amplifier	功率放大器
PaaS	platform as a service	平台即服务
PCI	physical cell identifier	物理小区标识
PDN	packet data network	分组数据网络
P-GW	PDN gateway	分组数据网关
PLC	power line carrier	电力线载波
PLMN	public land mobile network	公共陆地移动网络
PoC	proof of concept	基本能力验证
PSD	power spectrum density	功率谱密度
PSM	power saving mode	功耗节省模式
QoS	quality of service	服务质量
RF	radio frequency	射频
RFID	radio frequency identification	无线射频识别
RRC	radio resource control	无线资源控制
RRU	remote radio unit	远端射频单元
RSRP	reference signal receiving power	参考信号接收功率
SaaS	software as a service	软件即服务
SAR	specific absorption rate	人体比吸收率
SCEF	service capability exposure function	业务能力开放单元
SC-PTM	single-cell point-to-multipoint	单小区多播
SDK	software development kit	软件开发工具包
SGSN	serving GPRS support node	服务 GPRS 支持节点
S-GW	serving gate way	服务网关
SIB	system information block	系统信息模块

续表

简称	全称	中文含义
SIM	subscriber identification module	用户身份识别卡
SNR	signal-to-noise ratio	信噪比
SoC	system on chip	片上系统
SOTA	software over-the-air	软件远程升级
TAU	tracking area update	跟踪区更新
TCP	transmission control protocol	传输控制协议
TE	terminal equipment	终端设备
UDP	user datagram protocol	用户数据协议
UE	user equipment	用户终端
UICC	universal integrated circuit card	通用集成电路卡
uRLLC	ultra reliable & low latency communication	超可靠及低时延通信
UTDOA	uplink time difference of arrival	上行到达时间差
USIM	universal subscriber identity module	通用用户身份识别模块
WCDMA	wideband code division multipe access	宽带码分多址
WLAN	wireless local area networks	无线局域网络